JN017401

ITO
MAKOTO
FAST
TRACK
SERIES

伊藤 真ファーストトラックシリーズ 3

刑法

第2版

伊藤 真 監修／伊藤塾 著

弘文堂

シリーズ刊行に際して── 今こそ法律を学ぶチャンス

法律の勉強を始めるのに決まった時期などありません。年齢、性別、学歴、国籍などもいっさい関係ありません。中学生や高校生でも、社会人、シニアでも、いつからでも法律は学べます。学び始めるのに早すぎることも、遅すぎることもありません。

やってみよう、読んでみようと思ったときが始めるのに一番いいタイミングなのです。

今、日本は大きく変わろうとしています。

経済成長、エネルギー、安全保障、TPP、社会保障、少子化、超高齢社会等、科学技術や芸術の発展、変化だけでなく、国のあり方や社会のあり方も大きく変わろうとしています。こうした社会の変化はすべて法律問題として現れてきます。今、法律を学び、こうした問題を法的にみる目を養っておくことは、将来こうした問題に的確に対処するうえで不可欠です。これからますます法律が重要になってきます。

法律は、わたしたちの生活にとても身近で、興味深いものです。

コンビニでおにぎりを買うことも、就職することも、結婚することも、ベンチャー企業を起こすことも、NPO・NGOを立ち上げることも、ブログを書くことも、何もかもすべて法律が関わっています。そして、それは日本国内にとどまりません。法は世界のあらゆるところで顔をだします。コンプライアンスの意味がわからなければ、民間企業で働くことはできません。就活にも不可欠の知識です。

法律を学ぶとどう変わると思いますか？

人気テレビ番組の法律クイズに答えられるような知識はもちろん身につきますが、一番は、社会との関わりのなかで答えがわからない問題について、自分で考えて結論をだせるようになるのです。そして、その結論を事実と論理と言葉で説得できるようになります。

実は法律は説得の道具なのです。

世の中は何が正しいのかわからない問題であふれています。たとえば、原発、普天間、TPP、年金、地方活性化などの国政や行政に関わる問題から、新商品開発、新しい営業や新会社の設立などの企業に関わる問題や、就活、結婚、育児、相続など個人的な問題まで、何が正しい答えなのかわからない問題ばかりです。

そうした問題に対して、インターネットから答えを探してくるのではなく、自分の頭で考えて、自分の価値観で判断して答えを創りだすことができるようになります。しかも、かぎられた情報と時間のなかで決断する能力を身につけることができるようになります。その結果を、感情に訴えて説得するのではなく、論理的に事実に基づいて、正確な言葉で説得できるようになるのです。

法的な思考方法は世界共通です。

この国で生活する良き市民として、企業人として、世界で活躍する地球市民として、法的思考方法は不可欠な素養となっていきます。本シリーズ「伊藤真 Fast track」ではこうした力を身につけるきっかけとして、法律に気軽に触れ、楽しみながら学習できるようにさまざまな工夫をこらしました。これから遭遇するエキサイティングな法律の世界を、楽しんでめぐってみてください。

2014年5月　伊藤　真

第2版　はしがき ●●●●●●●●●●●●●●●●●●●●●

　知ること、知識を得ることは楽しいと感じる人はとても多いと思います。この本を読んでいるあなたも、法律を知りたい、勉強したいという思いが起きたから手に取ったのではないでしょうか。人間は、知りえたことを次に活かすことによって進歩してきました。

　このファーストトラックシリーズは、発売以来多くの方から感想をいただきました。たとえば、60代の方からは「Caseが大変興味深い内容で、読み進めると自然にAnswerに導かれるところが面白かった」、20代の講師の方からは「わかりやすくタメになった」、また「自身の再勉強と甥・姪にも読ませたい」という方もあり、学生やビジネスマンはもちろん、法律に興味のあるさまざまな方に読んでいただくことができました。

　これは、First Track——はじめて法律の世界を知る人たちに、難しく感じる法律の知識や議論を迅速に理解してもらえるように、という本書のコンセプトが受け入れられたのだろうと嬉しく思います。

　さて、今回の改訂では、主に、2017年6月16日に成立した「刑法の一部を改正する法律」（平成29年法律第72号）の内容を反映させました。この改正による変更点として、強姦罪の構成要件および法定刑の見直し、監護者わいせつ罪および監護者性交等罪の新設、強盗強姦罪の構成要件の見直し等、性犯罪の非親告罪化があります。この改正は、2017年7月13日に施行されました。

　この法改正の内容を反映させることが今回の改訂の大きな目的ですが、そのほかにも、初版を見直し、重要な内容をいくつか新たに追加するとともに、文章もよりわかりやすく適切な表現に改めました。

　現代のめまぐるしい社会変化に伴って、犯罪のあり方や犯人の処罰に関する考え方も変化しています。罪を犯すのも人であれば、これを裁くのも人であり、人が社会の変化とともに変わりゆくものである以上、これは自然なことといえるでしょう。そして、刑法はこのような変化に対応していく必要があります。もしあなたが、刑法を以前に勉強したことがあれば、法改正による新たな制度を通して人や社会の変化に触れることにわくわくできることでしょう。もしあなたが、刑法を初めて勉強するのであれば、インターネットや新聞で目にしたニュースの見

方が変わり、社会の変化を面白いと感じることでしょう。本書ですばやく、楽しく刑法を学んでいきましょう。

　今回の改訂にあたって、多くの方に関わっていただきました。特に2019年の予備試験に合格し、翌2020年の司法試験に優れた成績で合格された福島大輝さんをはじめとする伊藤塾の誇る優秀なスタッフ、ならびに弘文堂のみなさんのご協力があり刊行となりました。ここに改めて感謝の意を表します。

　　2021年6月

伊藤　真

はしがき──だれでも楽しめる法律の世界へ ●●●●●●●●

1 何が不安ですか？

　法律に興味はあるのだけれど、法律の勉強は量も多くて難しそうだし、大変だと思い込んでいませんか。ですが、法律の勉強ほど実は楽しく、ある意味で簡単なものはありません。こう言うと誤解を受けそうなのですが、ほかの分野の勉強と比較してみるとわかります。まず、物理や数学という自然科学の世界は、まさに自然がつくったものを人間が解明しようとするのですから、これは理解するだけでも相当に大変だとわかります。文学、哲学、心理学などの人文科学の世界は、人間の心の問題を扱います。人間とは何か、人は何のために生きるのか、複雑奇怪な人間の感情を問題にします。自分の感情でさえわからないことがあるのですから、これまた極めるのは大変なことです。社会科学の分野でも、経済は高等数学が必要ですし、政治学は現実の政治を相手にするのですから、相当の覚悟が必要です。

　ですが、**法律の勉強**は、たかだか百数十年前に人間がつくった**法律という道具を使いこなせるようになればいいだけ**です。基本的には対立する利益を調整するための道具ですから、どうバランスをとればいいのかという常識的な判断と、どのように説明すればいいのかという多少の理屈を学べば、だれでも使いこなすことができます。

　わたしはよく、**法律の勉強は語学と同じ**だと言っています。学び始める前はとても難しく感じる言葉であっても、慣れるとそれなりに使えるようになります。日本では日本語を、アメリカやイギリスでは英語を、その国では子どもでもその国の言葉を使って生活をしています。学べばだれでも身につけることができるものなのです。法律もまったく同じです。難しく思える法律用語がたくさんありますが、日本語ですから、ほかの国の言語より簡単に学べます。

　では、法律が難しいと感じてしまう原因はどこにあるのでしょうか。わたしは、3つあると思っています。1つ目は勉強する量が多くて途中で挫折してしまうこと、2つ目は何が重要なのかわからずに全体が見えなくなること、3つ目は、**抽象的な議論が多いうえに言葉が難しい**ことです。ですから、この3つの原因を解決してしまえば、簡単に楽しく勉強できるのです。

1つ目の量の多さに関しては、**本当に重要なものに絞り込んで全体の学習量を圧縮してしまえばいいだけです**。ただ、量を減らすだけでは意味がありません。**まずは木の幹にあたる部分だけをしっかりと学びます**。すると木の幹が見えてきて、その法律のフォームが見えてきます。そうすると、法律の勉強を続けようという意欲も湧いてきます。

　2つ目ですが、知らない分野の勉強を始めると、どこが重要かわからず、メリハリがつけられないためにわかった気がしないということがよくあります。ここも、**学習当初から適切なメリハリを意識しながら学べば大丈夫です**。まずこのシリーズで法律の幹を学習することで、その**法律の全体像、体系**というものが浮かび上がってきます。こうなったらもうこっちのものです。あとは枝を身につけ、最先端の議論をその枝の先に位置づけて学習すればいいだけです。このシリーズはできるだけ適切なメリハリをつけて法律の幹の部分の学習に重点をおいていますから、法律の森に迷い込んで方向がわからなくなってしまうことがありません。

　3つ目の抽象的な議論が多いうえに言葉が難しいという点は、このシリーズは具体的なケース（Case）をもとに具体例を意識しながら、**わかりやすい言葉で解説しています**から安心してください。難しいことを難しく説明することはだれでもできます。簡単なことを平易に解説することも容易でしょう。難しいことをわかりやすく説明するところにこのシリーズの役割があります。

2　試験対策で必要なことはたった3つだけ

　法律の勉強は語学と同じだとお話ししましたが、もう1点、語学と同じところがあります。それは、法律を学んで何をしたいのかを常に考えてみようということです。語学を学ぶときも、ただ学ぶだけでなく、その語学を使って何をしたいのかという目的意識をもって学んだほうが圧倒的に速く身につきます。法律も、試験をめざして勉強する、学部成績をアップさせる、就活に有利に使う、実際のトラブルを解決するために使う、などの目的意識がはっきりしていたほうがより速く、効果的に学習できます。

　ですから、このシリーズで基本を学んだあとは、必ず次のステップに進んでほしいと思います。

行政書士や司法書士、そして司法試験などの法律資格の取得や公務員などの就職筆記試験の合格に必要な勉強で身につけるべきことは3つだけです。

1つ目は**盤石な基礎固め**です。曖昧な100の知識よりも正確な10の知識のほうがずっと役に立ちます。知ったかぶりするための曖昧な知識を振りかざすことができても試験には絶対に合格できません。**知識は量ではなく質、精度で勝負すべき**なのです。

2つ目はその**基礎から考えて決断する訓練**です。知らない問題がでても対処できるように自分の頭で考えて**答えを創りだせるような力をつける**必要があります。

3つ目は答案を書いたり、問題を解いたりして**表現方法を訓練する**必要があります。アウトプット（答案作成力）の訓練です。これをやっておかないと、**頭ではわかっているのだけれど書けない**という悔しい思いをすることがあります。

この3つのステップにおいてもっとも重要なものは言うまでもなく、**盤石な基礎**です。どの分野の勉強でもスポーツでも音楽でもほかの芸術でも同じだと思います。基礎なくしては絶対に先に進めません。特に、これから公務員試験、司法試験、就職試験、司法書士試験、行政書士試験などさまざまな分野に進もうと決意したときに、しっかりとした基礎固めさえしておけば、後悔しないですみます。勉強を始める段階では、将来の可能性を広げておくような勉強をしておかなければなりません。このシリーズはあなたの将来の可能性を広げる役割を果たします。

3　Fast Track のめざすところ

最後に、このシリーズの名称がなぜ Fast Track なのかお話ししておきます。

Fast Track とは、ほかとは別扱いのルート＝track を通って、重要なものとか大切なもののための特別の早道とか抜け道、追い越し車線、急行列車用の線路を通るという意味です。つまり、難しく感じる法律の知識や議論を迅速に理解してもらえるようにという意味でつけました。また、はじめて法律の世界を知る人たちにとっては法律という競技場トラックの1周目ですから、First Track ともかけています。

このシリーズで、法律の世界をすばやく、楽しく1周してみてください。

ガイダンス ●●●●●●●●●●●●●●●●●●●●●●●●●●●

𝟙 このシリーズの構成

(𝟣) Case と Answer でイメージしてみよう

　このシリーズの大きな特徴として、特に重要な項目については、具体的なイメージをもって理解できるように、その冒頭に、具体的な事実関係をもとにした設例を示す Case とその解答となる Answer を設けています。Case については、まずは法律の知識を気にすることなく、常識としてどのような結論になるのだろうかという視点から考えてみてください。そのうえで Answer を読むことによって、その項目について興味をもちながら読み進めることができるはずです。

(𝟤) 法律初学者を迷わせない判例・通説に基づく説明

　法律では、たとえばある条文の解釈について考え方が何通りかに分かれている、いわゆる論点とよばれるものがいくつもあります。この論点については、裁判所の確立した先例（判例）や通説、少数説など考え方の対立が激しいものもあり、深く学習しようとすると初心者にとってはわかりにくくなってしまいがちです。そこで、このシリーズでは、論点については原則として判例・通説を拠り所として説明をするにとどめています。例外として、判例・通説以外の考え方を理解しておかないと、そのテーマについての正確な理解をすることができないなどの場合にかぎって、判例・通説以外の考え方も説明しています。

(𝟥) ビジュアル化で理解を手助け

　法律の学習においては、図や表を活用することで理解を助けます。たとえば、具体的な事例を図に描いてみたり、さまざまな知識を表に整理したりしてビジュアル化することにより、理解がしやすくなることが多いはずです。このシリーズでは、そのような観点から、各所に図・表を用いています。

(𝟦) 側注でも理解を手助け

　側注には、本文に判例を示した場合の判例の事件名または『伊藤真試験対策講座』のページ、条文、用語の説明、ほかの章やページへのリファレンスが書かれ

ています。そのなかでも特に注目しておくものには、色の罫線で囲みがあります。側注は、基本的に本文を補助するものですから、丁寧に読む必要はありません。本文で気になる箇所やわかりにくい箇所があったら、参照することで理解を助けてくれるでしょう。

（1）判例の事件名

　判例については、その判例の内容が具体的にわかるように、側注に『伊藤真試験対策講座』または『伊藤真の判例シリーズ』に掲載している事件名を入れました。これらに事件名がないものは、その表題を入れました。

　このシリーズは基本となる事項を厳選して説明しているため、判例の判決文をそのまま引用するという方法は極力避けています。そのため、このシリーズを読んで判例を更に詳しく学習してみたいと思ったときに、判例の詳細を学習することができるように、その判例が掲載されている『伊藤真試験対策講座』のページを入れました。なお、最新の判例でこれに登載されていないものについては、「☆」マークを付けたうえでその判例の内容を端的に示す事件名を入れています。

（2）条文

　条文は、法律をはじめて学習する場合、慣れるまでは読みにくく感じてしまいがちです。そこで、このシリーズでは、本文では条文をそのまま引用せずに、要約をするなど条文の内容がわかるように努めました。理解を助けるために必要と思われる条文は、側注に入れています。実際の条文がどのように書かれているのかを確認したい場合は、側注を参照してください。

（3）法律等の用語説明

　法律の学習では、あるテーマを学習するにあたり、他のテーマの知識が必要になる場合があります。また、法律には多くの法律用語があり、その意味を正しく理解することがとても重要なので、本文で学習する法律用語や知識の意味をすぐに確認することができるように、側注にその説明を加えました。すでに説明された用語でも、法律をはじめて学習するときには理解し難い用語や一般的な意味とは異なる用語などは≪復習 Word ≫として表記しています。

　また、法律用語にとどまらず、少し難しい一般用語の説明もしています。

（4）リファレンス

　本文や側注で説明をするよりも、関連する項目を説明している箇所を読んだほうが適切である場合には、リファレンスする箇所を示しています。ただし、すぐにリファレンス先のページを読むよりは、どうしても気になるとき以外は、意識が散漫になるため、学習している章や項目が読み終わってからリファレンス先を読むほうがよいでしょう。

⑤　2色刷りを有用してメリハリづけ

　キーワードや特に重要な文章は色文字で強調しています。これによって、メリハリをつけた学習や効率のよい復習が可能です。

　冒頭でお話ししたメリハリづけの重要性というのと、キーワードや重要な文章のメリハリづけとは少し違いますが、各テーマや各項目を理解するためには、色文字で強調されているところを意識して読み、記憶しておくことで、学習が進みやすくなります。

　ちなみに、冒頭でお話しした法律の森に迷い込んで方向がわからなくなってしまわないようにメリハリづけしているというのは、このシリーズで取り上げた章をさしています。法律には、このシリーズでは取り上げていないものも多くあります。法律の幹の部分となる各章の学習をして、法律の森で迷わないようにしましょう。

⑥　学習の難易度（ランク）でメリハリづけ

　このシリーズでは、メリハリをつけて効率よく学習することができるように、キ・ス・デという3段階のランクを表示しています。この3つの意味は次のとおりです。

　キ　ここは基本！：法律の学習を始めたばかりであっても、しっかり理解する必要のある基本的な事項です。まずはここを確実に理解できるようにしましょう。

　ス　できたらスゴイ！：重要な論点やそれについての判例などを含んでおり、法律の学習を始めたばかりの時期に理解できたらすご

いといえる事項です。法律の学習を進めていくうえで
重要な事項ばかりですので、早くから理解しておきた
い事項であるといえます。

デ 君ならできる！：このシリーズのなかでは難易度の高い事項であるもの
の、がんばって取り組めば法律の学習を始めたばかりで
あっても理解することができると考えられる事項です。
一読して難しいと感じた場合には読み飛ばしてもかまい
ませんが、何度か繰り返し読んでいくうちに理解できる
ようになるでしょう。

(7) プラスα文献を利用してステップアップ

　各章の末尾に、このシリーズの上位本である『伊藤真試験対策講座』、『伊藤真
の判例シリーズ』、『伊藤真の条文シリーズ』、『伊藤真新ステップアップシリーズ』
の対応箇所を示しています。本書を学習し終え、次の段階へ進む場合や、法律関
係の資格試験や公務員試験にチャレンジする場合には、これら姉妹シリーズを活
用して法律学習のステップアップを図ってください。

(8) Exercise で試験問題にチャレンジ

　各章の末尾に、関係する国家試験問題を Exercise として掲載しています。○か
×かで答えられるように、少し手を加えたものもあります。これによって、知識
の確認をしたり、国家試験で実際にどのような問題が出題されているのかを確認
したりすることができます。

　問題には、試験名と出題年度（行政書士試験については出題年度と問題番号）
を示しているため、受験を考えている試験の問題だけを解いていくという使い方
も有益でしょう。

　問題文の側注には、正誤だけでなく本文へのリファレンスも示しています。こ
のリファレンスによって、間違えてしまった場合などにはすぐに本文を参照する
ことができます。また、×の場合は、どこが誤りなのか下線を引いてあります。

2 このシリーズの使い方

(1) 体系を意識した学習

このシリーズは法律の体系に従って章を構成しているため、はじめて法律を学習するなら第1章から順番に読み進めるのが効果的です。

ただし、法律は、複数の分野が絡み合っている場合も少なくありません。その場合には、側注に用語説明やリファレンスを設けているため、上手に活用してください。それによって理解が進むはずです。

しかし、それでもよくわからないという場合には、あまり気にすることなく読み飛ばしてしまってかまいません。法律の学習を始めたばかりのうちは、わからない箇所は読み飛ばしていき、最後まで一読した後で読み直してみれば、意外にもすんなり理解することができるということが多々あります。**法律は全体像を把握してはじめて真に理解することができるもの**です。

(2) 記憶よりも理解が重要

法律の学習は覚えるものと誤解しているかもしれませんが、法律の学習で一番重要なのは、記憶することではなく理解することです。たとえば、ある条文を学習する場合に、単にその条文を覚えるのではなく、その条文はなぜそのように定められているのか（このような、条文などの存在理由・目的などを趣旨といいます）を理解することが重要なのです。このように理解する方法が身につけば、繰り返し学習をしていくなかで重要事項については自然に覚えてしまうものです。

条文の趣旨は何だろうかと考えたり、判例はなぜそのような結論をとったのかと考えたり、なぜそうなるのかという点を考え、**理解する姿勢**があれば、**無味乾燥な記憶の学習にならず、興味をもちながら楽しく法律の学習をすることができる**でしょう。

(3) 条文の読み方のコツ

条文を読む際に、意味を正確に理解しておくべき接続詞があります。「又は」と「若しくは」、「及び」と「並びに」の4つです。これらは法律では非常によくでて

くるので、ここで理解しておきましょう。

　「又は」と「若しくは」は、複数のものを選択する場合に使われます。基本的には「又は」を使いますが、選択するものに段階がある場合には「若しくは」も使います。たとえば、「A又はB若しくはC」という場合、まずはBとCが選択の関係にあり（B若しくはC）、そのうえでこれらがAと選択の関係にあります（「A」又は「B若しくはC」）。

　「及び」と「並びに」は、複数のものを併合する場合に使われます。基本的には「及び」を使いますが、併合するものに段階がある場合には「並びに」も使います。たとえば、「A及びB並びにC」という場合、まずAとBが併合の関係にあり（A及びB）、更にこれらとCが併合の関係になります（「A及びB」並びに「C」）。

A 又は B 若しくは C	A 及び B　並びに C

　このシリーズの作成にあたっては、今回も弘文堂のみなさんに大変お世話になりました。また、伊藤塾の司法試験合格者を中心とする優秀な多くのスタッフの協力がなければこのシリーズが世にでることなかったでしょう。ここに改めて感謝の意を表します。

2014年5月　伊藤　真

伊藤塾ホームページ

各章のテーマ名です。法律の世界で広く使われているものです。

サブタイトルです。各章の内容がイメージしてもらえると思います。

第21章

財産に対する罪⑤その他の財産犯
――盗品と知りつつ買ったら罪になる

キ……ここは基本！
テ…君ならできる！
ス……できたらスゴイ！

1 盗品等に関する罪がわかる！

学習の難易度をアイコンで示しています。
→詳しくは、1(6)を見よう！

Case A男くんは、B子さんの家からダイヤモンドを盗み出し、友人のC男くんにそのダイヤモンドの売却を依頼しました。その依頼を受けたC男くんは、そのダイヤモンドが盗品であることを知りながら、盗品の返還を条件に被害者から多額の金銭をもらおうと、被害者宅に盗品を運びました。そしてC男くんは、B子さんにダイヤモンドを売却し、その代金として多額の金銭を受け取りました。
C男くんの行為によりダイヤモンドは被害者であるB子さんのもとに戻ってきていますが、この場合にも、C男くんに、盗品等関与罪が成立するのでしょうか。

Answer C男くんに盗品等関与罪が成立します。

第256条　盗品譲受け等
1　盗品その他財産に対する罪に当たる行為によって領得された物を無償で譲り受けた者は、3年以下の懲役に処する。
2　前項に規定する物を運搬し、保管し、若しくは有償で譲り受け、又はその有償の処分のあっせんをした者は、10年以下の懲役及び50万円以下の罰金に処する。

特に注目しておく条文や判例、内容には囲みがあります。
→詳しくは、1(4)を見よう！

(1) 盗品等に関する罪ってどんな犯罪？

盗品等に関する罪（256条）は、本犯者が窃盗などの財産に対する罪にあたる行為により取得した物を、行為者が無償で譲り受ける行為（256条1項）、あるいは保管し、運搬、有償で譲り受ける行為、またはその有償の処分のあっせんをする行為（256条2項）を罰するものです（それぞれの意味は、後述します）。

盗品等に関する罪の行為者は、本犯者が取得した利益を確保し、その利用を手助けしているといえるので、犯罪完遂後に本犯者の手助けをするという側面もあります（事後従犯的性……

本犯者とは、財産に対する罪にあたる行為を行った者のことをいいます。

あっせんとは、うまく事が進むように間に入って世話をし、間を取りもつ行為をいいます。

重要な項目は、具体的にイメージをもてるようにCase（設例）とAnswer（解答）があります。
→詳しくは、1(1)を見よう！

……ものといえます。つまり、社……害にはあたりません。よって、……や傷害罪の構成要件に該当す……ことになります。

……んなものがあるの？

……規定されているものとして、……行為（35条後段）、正当防衛（36……の4つがあります。ただし、……法性を阻却すると考えられる事由があります。このような事由を超法規的違法性阻却事由といいます。

これらの違法性阻却事由は、その性質に応じて大きく①正当行為と②緊急行為の2つに分けられます。それぞれについて、詳しくみていきましょう。

超法規的違法性阻却事由とは、刑法に規定されている違法性阻却事由にはあたりませんが、解釈上違法性を阻却すると認められる事由のことをいいます。
たとえば、被害者の承諾や安楽死・尊厳死などがあります。

緊急行為に関しては、第6章 正当防衛、緊急避難で詳しく学習します。

5-1

- 違法性阻却事由
  - 正当行為（35条）
    - 法令行為
    - 正当業務行為
    - その他の正当行為
  - 緊急行為
    - 正当防衛（36条1項）
    - 緊急避難（37条1項本文）
    - 自救行為

知識を整理したり、具体例をイメージさせる図表です。
→詳しくは、1(3)を見よう！

各章に関連する国家試験問題とその解答です。
→詳しくは、1(8)を見よう！

1	不作為犯には、真正不作為犯と不真正不作為犯がある。真正不作為犯は、不作為の形式で規定されている構成要件を不作為で実現する犯罪であるが、刑法典には規定されておらず、特別法に申告義務違反等のかたちで規定されている。これに対して、不真正不作為犯は、作為の形式で規定されている構成要件を不作為のかたちで実現する犯罪であり、理論上、真正不作為犯以外の多くの罪に成立するが、実際上問題になるのは、殺人、放火、保護責任者遺棄等の罪である。 （国ⅠH19 年）	× 2[1]
2	甲は A 社の事務員であり、夜間残業中多量に飲酒したためうたた寝をしたところ、ストーブの火が木製の机に引火して燃焼しているのを発見した。その際、いまだ火は容易に消し止められる状態であったにもかかわらず、甲は、自己の過失による失火が発覚するのをおそれ、そのまま放置すれば、甲１人のみ所在する建物が焼損す	

あてはまるとされています (251 条、255 条)。

(2) なぜ親族間の特例があるんだろう？

　このような規定がおかれている趣旨は、親族間の紛争に国家は介入を控えるという考え（このような考えを「法は家庭に入らず」といいます）にあるとするのが通説です。つまり、家庭内のもめごとは家庭内で処理するべきだという発想です。

(3) 親族関係の必要な範囲ってどこまで？

　たとえば、O が父親 P の占有する腕時計を盗んだが、実はその腕時計の所有者は、P の友人である Q であったとしましょう。この場合、窃盗犯人である O は、腕時計の占有者 P とは親族の関係にありますが、所有者 Q とは親族の関係にありません。そこで、このような場合に、親族間の特例を適用するためには窃盗犯人とだれとの間に親族関係が必要なのかが問題になります。

　この問題に関しては、「法は家庭に入らず」という趣旨から、窃盗犯人と占有者、所有者双方との間に親族関係が必要であると考えられています（判例）。

　そのため、この例では、O の刑は免除されません。

プラスα文献
試験対策講座・刑法各論 4 章 1 節、2 節
判例シリーズ 50 事件、52 事件、55 事件
条文シリーズ 2 編 36 章■総説、235 条、243 条、244 条
ステップアップ No. 24、No. 25

更に学習したい場合、それぞれの書籍の見るべきところを示しています。
→詳しくは、1(7)を見よう！

		ったため建 に認容して しないとす （国ⅠH19 年）	
第17章		発生しない 律上の作為 慣習に基づ （国ⅠH17 年）	○ 2[4] (1)
		犯罪も成立	× 3
		できる。	× 3

重要な用語や文は色字になっています。
→詳しくは、1(5)を見よう！

16　親族相盗例
　試験対策講座・刑法各論
　141 頁

広く一般に知られている判例には名称や「試験対策講座」の頁が付いています。
→詳しくは、1(4)(1)を見よう！

条文の構造

（没収）

第19条　次に掲げる物は、没収することができる。

① 犯罪行為を組成した物

② 犯罪行為の用に供し、又は供しようとした物

③ 犯罪行為によって生じ、若しくはこれによって得た物又は犯罪行為の報酬として得た物

④ 前号に掲げる物の対価として得た物

2　没収は、犯人以外の者に属しない物に限り、これをすることができる。ただし、犯人以外の者に属する物であっても、犯罪の後にその者が情を知って取得したものであるときは、これを没収することができる。

（刑の時効）

第31条　刑（死刑を除く。）の言渡しを受けた者は、時効によりその執行の免除を得る。

（住居侵入等）

第130条　正当な理由がないのに、人の住居若しくは人の看守する邸宅、建造物若しくは艦船に侵入し、又は要求を受けたにもかかわらずこれらの場所から退去しなかった者は、3年以下の懲役又は10万円以下の罰金に処する。

吹き出し（注記）: 条名　見出し　1項の本文、柱書　1号　2項　2項ただし書　括弧書　前段　後段

伊藤 真
ファーストトラック
シリーズ 3

刑法

第 2 版

ようこそ刑法の世界へ──グーテンターク刑法

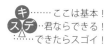
キ……ここは基本！
スデ…君ならできる！
……できたらスゴイ！

1 まずは刑法の基本原理を知ろう！

(1) 刑法はどうしてあるんだろう？

わたしたちにとって刑法は、テレビやインターネットなどの犯罪報道を通じてとてもよく聞く法律のひとつです。日本で生活をする以上、わたしたちは刑法とうまく付き合っていかなければなりません。そこで、ここでは、なぜ刑法という法律があるのか考えてみましょう。

わたしたちは子どものころ、何か悪いことをすると、両親や学校の先生にこっぴどく叱られました。わたしたちは、叱られることによって「ああ、これは悪いことなんだな」と学んでいき、こういうことをすると反省文を書かされるんだなとか、掃除当番をさせられるんだなと気づいていきます。つまり、わたしたちは、叱られることによって、悪いことをすれば、なんらかの罰が与えられることを知り、結果として悪いことを控えようと考えていきます。

そして、この考え方を応用したのが刑法です。つまり、悪いこと、たとえば人を殺してしまった場合には、5年以上刑務所に入れるなどという罰を与える、という条文を刑法で定めておけば、その罰を恐れて人を殺すことをしなくなるはずだ、という考えに基づいて刑法は定められています。

このように、刑法は、犯罪に対して罰を定めることにより、犯罪が行われないようにするために生まれた法律なのです。

(2) 刑法にはどんな役割があるんだろう？

では、この刑法には、どのような機能があるのでしょうか。

《復習 Word》
刑法は、犯罪に対して罰を定めることによって、犯罪が行われないようにするために生まれた法律です。

（1）犯罪による被害を防ぐ機能がある

（a）特別予防機能ってなんだろう？

　たとえば、子どものころに、クラスメイトが理由もなくあなたの頭を殴ったとしましょう。それを先生が見ていたら、その子は先生に強く叱られることになります。そして、その子は、先生に叱られることによって反省し、もうあなたの頭を殴ることはしなくなるでしょう。

　刑法でも同じなのです。たとえば、人を殺してしまった者に対し、5年間以上刑務所に入れるなどという重い罰を与えたら、その犯罪者は、人を殺してしまったことを深く反省し、今後は人を殺そうとしないでしょう。

　このように、刑法は、その犯罪者に将来、二度と犯罪を行わせないようにするという**機能**をもっています。この機能は、犯罪者が再び犯罪を行うことを特別に予防するので、**特別予防機能**とよばれています。

（b）**一般予防機能ってなんだろう？**

　先ほどあなたを殴った子が、先生に強く怒られることによって、それを見ていた周囲のクラスメイトも「人の頭を殴ったらあんなに怒られるんだ」と気づき、人の頭を殴ろうとはしなくなるでしょう。

　これも、刑法と同じです。つまり、犯罪者に対しては重い刑罰が加えられるということを知ることによって、他の者もそのような犯罪は行わないようにしようと思うわけです。

　このように、刑法は、一般人に犯罪を行わせないようにするという**機能**をもっています。この機能は、一般人が犯罪を行うことを予防するので、**一般予防機能**とよばれています。

（c）**法益保護機能ってなんだろう？**

　刑法の特別予防機能が、犯罪者が再び犯罪を行うことを防ぎ、一般予防機能が、一般人が犯罪を行うことを防いでくれ

るおかげで、わたしたちが犯罪の被害者となる危険性が低くなっています。

　このように、刑法は、わたしたちが被害者になることを防ぐという機能をもちます。この機能は、国民１人ひとりがもっている法律上の利益＝法益（生命・身体・財産など）を保護する機能をもっているので、**法益保護機能**とよばれています。①

法律によって保護される利**益**のことを法益といいます。

（2）理不尽に罰を与えられることを防ぐ機能がある

　たとえば、遠足に行くときに、担任の先生が「ゲーム機は絶対に持って来てはいけません。それ以外は何でも持って来ていいです」と言っていた場合、あなたは安心してゲーム機以外の物、たとえば携帯電話やマンガ本を持って行くことでしょう。たとえ、マンガ本を持っていることで怒られた

としても、先生はゲーム機以外の物は何でも持って来てもいいと言ったじゃないですか、と反論することができるわけです。子どものころは、そう反論すると更に怒られたかもしれませんが、刑法の場合はそうではありません。

　刑法の場合には、そこに定められた犯罪以外の行為ならば何をしても罰せられることはないのです。ですから、わたしたちはやってよいことと悪いことの区別が明確にできるので、安心して行動をすることができるのです。

　このような刑法の機能を**自由保障機能**といいます。犯罪以外の行為は、どのような行為をしても自由なので、このように、自由保障機能という名前がついています。

(3)　悪いことをしても法律がなければ処罰されないの？

　わたしたちは、法律がなければ処罰されません。これは、あらかじめ犯罪と刑罰が法律によって定められていなければ

処罰されないことを意味するので、**罪刑法定主義**とよばれています。

　では、憲法や刑法に明らかに書かれているわけでもないにもかかわらず、なぜこの罪刑法定主義という考え方がとられているのでしょうか。

（1）自由になるために刑法はある！

　刑法には自由保障機能があるということを学習しましたが、この自由保障機能をしっかりと発揮するためには、**あらかじめ犯罪と刑罰が定められていることが必要**なのです。

　たとえば、担任の先生が、「人の頭を殴っていけない」というクラスのルールを定めたとしましょう。このルールからすると、頭を殴ることはいけないが、それ以外は何をしても自由なんだなと思ったあなたは、友達のお腹を蹴ったら、先生に激怒されてしまいました。そこで、あなたが「頭を殴っていけないというルールがあったから、お腹を蹴りました」と言った場合に、先生から「人のお腹を蹴ってはいけないというルールもたった今、作りました」と言い返されたら、なんとも理不尽だと思うはずです。

　このように、行動してしまった後に、実はそれはやってはいけないことだと決められて処罰されたならば、わたしたちは結局、自分の行為が後に処罰されるおそれがあるため、怖くて自由に行動することができません。

　このような事態を避け、わたしたちの自由な行動を保障するために、罪刑法定主義という考え方がとられています。

（2）民主主義を実現するために刑法はある！

　罪刑法定主義によれば、わたしたちを処罰するルールは、**法律によって定められなければなりません**。そして、法律は、国民の代表機関である国会によってつくられています。要するに、罪刑法定主義のもとでは、国民が自分自身で、やって良いことと悪いことの区別をしようとしているわけです。

　このように、**国民にどのような刑罰を科すかは国民が決め**

《復習 Word》
罪刑法定主義
あらかじめ犯罪と刑罰が法律によって定められていなければ処罰されないことをいいます。

法律では、「規定する」という言葉を頻繁に使います。規定するとは、法律の条文にある内容を定めることをいいます。また、法律の条文そのものを規定ということもあります。

る、という民主主義を実現するために、罪刑法定主義という考え方がとられています。

2 犯罪はどんなときに成立するんだろう？

| Case | 1　A男くんは、公園を散歩していたところ、B子さんが5人ほどの男性に取り囲まれて

いるのを目撃しました。A男くんはけんかなど一度もしたことがなかったので、最初は怖くて離れたところから様子を見ていました。しかし、1人の男がB子さんの顔を殴ったので、A男くんは、いてもたってもいられなくなり、助けることを決意しました。そして、A男くんは、「お前ら、何してるんだ！」と叫びながら、急いでB子さんのもとに向かい、5人に対し戦いを挑みました。激闘の末、A男くんは、多くの傷を負いながらも、どうにか5人を殴るなどして、退散させることができました（ただし、5人はけがをしていません）。

2　C男くんは、精神的な病気によって幻覚や妄想が著しい状態だったため、自分をあざ笑っているように見えたD子さんを殴ってしまいました。

3　E男くんは、F子さんと結婚していますが、他人の妻であるG子さんと愛し合う仲になり、G子さんと不倫関係をもつようになりました。

1から3までのケースにおいて、A男くん、C男くん、E男くんの行為には、それぞれ犯罪が成立するでしょうか。

Answer　いずれの行為にも犯罪は成立しません。

(1)　犯罪が成立するための要件を考えてみよう！

　犯罪は、どのようなときに成立するのでしょうか。犯罪が成立するためには、何が必要なのかを考えてみましょう。

（1）構成要件該当性ってなんだろう？

　犯罪が成立するためには、まず、刑法が規定する行為にあたらなければなりません。たとえば、殺人罪（199条）②が成立するためには、「人を殺した」という部分にあてはまっていなければなりません。ほかにも、窃盗罪（235条）③が成立するためには、「他人の財物を窃取した」という部分にあてはまっていなければなりません。

　このように、ある行為が、刑法の条文にあてはまることを、**構成要件**に該当するといいます。犯罪を構成するために必要な条件をみたしているということなので、構成要件該当性などとよばれています。

　このように、犯罪が成立するためには、まず、ある行為が構成要件に該当することが必要なのです。そして、この構成要件は、更にいくつかの要素に分かれます。

（a）客観的構成要件要素ってどんなもの？

　たとえば、殺人罪（199条）が成立するためには、まず、人をピストルで撃つといった行為が必要となります。このように、人を殺してしまうなどの犯罪となる行為のことを、犯罪を実行する行為ですから、**実行行為**とよびます。

　また、殺人罪が成立するためには、実際に人が死ななければなりません。このように、人の死亡など、犯罪の結果のことを単に、**結果**とよびます。

　そして、実行行為が原因で、結果が発生したといえることが必要です。ピストルを撃ったことによって、人が死んだといえなければならないのです。このように、実行行為が原因となって結果が発生したことを、実行行為と結果との間に**因果関係**があるといいます。

　たとえば、Mが高齢のNに向かってピストルを撃ったが外れました。しかし、外れた直後Nが、なんと偶然にも寿命によって死んでしまったとしましょう。その場合には、ピストルを撃つという実行行為と、Nの死亡という結果との間に

②　第199条　殺人
人を殺した者は、死刑又は無期若しくは5年以上の懲役に処する。

③　第235条　窃盗
他人の財物を窃取した者は、窃盗の罪とし、10年以下の懲役又は50万円以下の罰金に処する。

《復習 Word》

構成要件
条文で定められている犯罪が成立するために必要な条件をいいます。
たとえば、殺人罪を定めた199条は、「人を殺した」という構成要件を規定しています。
実行行為
犯罪となる行為をいいます。

第2章 実行行為の1で、より正確に「特定の条文に該当する法益侵害の現実的危険性を有する行為」と紹介します。

結果
条文で規定されている犯罪の結果をいいます。
たとえば、殺人罪（199条）では、人の死亡という**結果**が条文で規定されています。

因果関係
「因果関係がある」とは、実行行為と結果が、原因と結果の関係にあることをいいます。
第3章で詳しく学習します。

第1章

《復習 Word》
客観的
刑法では、「客観的」という言葉は、外からみて判断できるという意味で使われます。
客観的構成要件要素
外からみて判断できる構成要件要素をいいます。
《復習 Word》
構成要件的故意
客観的構成要件要素（実行行為、結果、因果関係）があることをわかっていて、かつ、それでもかまわないと思っていることをいいます。
主観的構成要件要素
客観的構成要件要素とは違って、外からみて判断できない構成要件要素をいいます。
主観的
刑法では、「主観的」という言葉は、行為者の内心に関するものであるため、外からみて判断できないという意味で使われます。

目的とは、一定の事項を成し遂げようとする意欲をいいます。
たとえば、公文書偽造罪（155条）が成立するためには、偽造した公文書を行使する目的をもっていることが必要です。

不法領得の意思とは、窃盗罪を使用窃盗および毀棄・隠匿罪と区別するために求められる要件です。

因果関係がないので、殺人罪は成立しないということになります。ただし、殺人未遂罪は成立します。未遂については、第8章で詳しく学習します。

このように、実行行為、結果、因果関係があるかどうかは、外からみればわかります。外からみて判断できるということを、刑法では、客観的という言葉で表すことが多いです。そして、あるかどうかが外からみて判断できる構成要件要素である、実行行為、結果、因果関係は、**客観的構成要件要素**とよばれています。

（ｂ）客観的があれば、主観的構成要件要素もある

殺人罪が成立するためには、実行行為、結果、因果関係があるだけではなく、実行行為、結果、因果関係があることをわかっていたことと、殺してしまってもかまわないと思っていたことが必要です。このように、実行行為、結果、因果関係という客観的構成要件要素があることをわかっていて、更に、それでもかまわないと思っていたことを**構成要件的故意**といいます。この構成要件的故意があるかどうかは行為者の内心の問題であるため、外からでは判断できません。そのため、構成要件的故意は**主観的構成要件要素**のひとつであるとされます。

主観的という言葉は、行為者の内心に関するものであるため外からは判断できないという意味で使われます。主観的構成要件要素については、第4章 故意、過失で詳しく学習しますが、主観的構成要件要素には、故意のほかにも、行使の目的や不法領得の意思とよばれるものがあります。行使の目的については第22章 社会的法益に対する罪の2**(1)**(3)で、不法領得の意思については第17章 財産に対する罪①窃盗の2**(4)**で、それぞれ詳しく学習しますが、ここではこれらが主観的構成要件要素にあたるということが理解できれば十分です。

（c）結局、構成要件要素ってなんだろう？

　ここまでをまとめると、構成要件要素は、大きく①客観的構成要件要素と②主観的構成要件要素とに分かれます。そして、①の客観的構成要件要素は、更に実行行為、結果、因果関係に分かれます。また、②主観的構成要件要素も、更に構成要件的故意、行使の目的、不法領得の意思などに分かれます。

1-1 ●━━━━━━━━━━━━━━━━━━━━━━

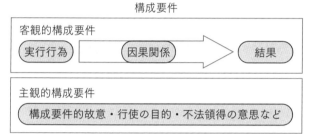

　それでは、ここで **Case** の３をみてみましょう。

　たしかに、E 男くんの行為は、いわゆる不倫であり、多くの人から道徳上非難されるべきものです。辞書によると、不倫とは人の道に背くことですから、E 男くんの行為は、まさに悪い行為といえるわけです。

　しかし、現在の刑法には、不倫罪などというものはありません。ですから、不倫関係になることは、何ら構成要件に該当する行為ではないのです。

　そのため、**Case** の３の E 男くんの行為には、何ら犯罪が成立しません。

　ちなみに、民法上では、不倫は不法行為となる余地があります。そのため、不倫関係になることによって、妻である F 子さんに対して E 男くんが損害賠償金を支払わなければならないことはありえます。

6　不法行為とは、ある者（被害者）が他人（加害者）から損害を加えられた場合に、被害者が、その受けた損害の賠償を加害者に対して請求する権利が発生する制度をいい、民法の 709 条に規定されています。

（2）違法性ってなんだろう？

　たとえば、Mが店番をしているときに、ナイフを持った強盗Nが入ってきたので、Nの頭を必死で殴った場合に、強盗を殴るというMの行為について、暴行罪（208条）を成立させてよいのでしょうか。Mは、自分の身を守るために、悪事をはたらいている強盗を殴ったのです。そのMの行為は、むしろ正義に適う行為といえるでしょう。このような場合には、正当防衛（36条1項）によって、暴行罪は成立しないと考えていくことになります。

　このように、ある行為が構成要件に該当しても、それが**悪い行為とはいえない**場合があります。このような場合、その行為は、**違法性がない**ため、犯罪は成立しないとします。違法性については、第5章 違法性、正当行為、第6章 正当防衛、緊急避難で学習します。

　では、**Case** の1の場合はどうでしょうか。

　この場合、たしかに、A男くんは、男5人を殴るなどの行為をしているため、「暴行を加えた者が人を傷害するに至らなかった」という、暴行罪（208条）の構成要件に該当します。

　しかし、A男くんは、B子さんを守るために、B子さんを襲おうとしていた5人を追い払ったのです。ですから、A男くんの行為は、むしろ正しい行為といえ、違法な行為とはいえないでしょう。

　つまり、A男くんの行為は、正当防衛といえ、違法性が欠ける（ない）ことになるため、暴行罪は成立しません。

（3）責任ってなんだろう？

　たとえば、Mが眠っている間に、Mの体が勝手に動いて人のお金を盗んでいた場合に、Mの行為には窃盗罪（235条）が成立するでしょうか。

　この場合には、Mを「なぜお前はそんな悪いことをしてしまったんだ！」と非難することができません。なぜなら、Mは、寝ていて無意識に窃盗にあたる行為をしてしまったので

第208条　暴行
暴行を加えた者が人を傷害するに至らなかったときは、2年以下の懲役若しくは30万円以下の罰金又は拘留若しくは科料に処する。

第36条　正当防衛
1　急迫不正の侵害に対して、自己又は他人の権利を防衛するため、やむを得ずにした行為は、罰しない。

《復習Word》

違法性とは、社会のルールを破って人の法益を侵害することをいいます。

第5章 違法性、正当行為で、「違法性は、社会的相当性（社会倫理秩序というルールの枠内）から外れた法益の侵害または法益侵害の危険を発生させること」と、より正確に紹介します。

すから、Mを非難してもしょうがありません。

　このように非難をすることができないときには、**責任がない**として、犯罪が成立しません。責任については、第7章責任で詳しく学習します。

　では **Case** の2の場合はどうでしょうか。

　C男くんは、精神的な病気によって幻覚や妄想が著しい状態にあったのですから、D子さんを殴ってしまったという行為をしっかりと理解できていません。つまり、C男くんは自分のしたことが悪い行為であることを認識できていないのです。このようなC男くんを「なぜお前はそんな悪いことをしてしまったんだ！」と非難することはできないので、責任がないと判断されるのです。

　ですから、C男くんの行為には何ら犯罪は成立しません。

(2)　結局、犯罪ってどういう場合に成立するの？

　2をまとめると、犯罪は、構成要件に該当し、違法性があり、かつ、有責な行為について成立することになります。

　ここで、構成要件とは、犯罪が成立するために必要な条件をいいますから、一般的には、構成要件は、犯罪が成立するために必要な条件である違法性と責任の認められる行為を類型化したものだと理解されています。そのため、犯罪が成立するかどうかを検討するときは、まず構成要件に該当するかどうかを判断し、構成要件に該当する行為については、違法性と責任がいちおう認められると考えるのです。

　ただし、構成要件に該当するからといって、必ず犯罪が成立するとはかぎりません。ここまでで説明したように、特別な事情により、違法性が認められなかったり、責任が認められなかったりする場合があるのです。そのため、構成要件に該当する行為については、**違法性がない**（これを**違法性阻却**といいます）と認められるか、**責任がない**（これを**責任阻却**といいます）と認められるか、の2点を判断することになります。そして、

9　責任とは、普段わたしたちが使う場合とは意味が異なり、刑法では、非難できるというくらいの意味です。

10　有責とは、行為した者がその行為をしたことについて責任があるということをいいます。
第7章 責任で学習します。

11　刑法でいうところの行為を**類型化**するとは、犯罪行為の特徴に応じて分類したという意味です。

違法性阻却も責任阻却も認められない場合に、はじめて犯罪が成立することになります。

1-2 ●

```
┌──────────┐   ┌─────────┐   ┌────────┐   犯罪
│構成要件該当性│ → │違法性阻却│ → │責任阻却│ → 成立
└──────────┘   └─────────┘   └────────┘
    ‖
違法・有責行為類型
```

　ここまでで間違わないようにしてほしいことがあります。
　それは、犯罪は、構成要件に該当する違法かつ有責な**行為に成立するのであり、その犯罪を行った人に成立するわけではない**ということです。この章以降において、たとえば、「A男くんに殺人罪が成立します」という記述がありますが、正確には「A男くんは、A男くんのした行為に対して、殺人罪の罪責を負います」となります。このように堅苦しい表現になるので、あえて犯罪の成立する行為を1つひとつ明示することはしませんでしたが、人ではなく行為ということを、しっかりと理解しておきましょう。

3 刑法学習って難しい……？

(1) 独特の意味や表現の用語がたくさん

　だいぶ難しい用語がでてきました。文字からして刑法に関係しているなと思えるような罪刑法定主義とか実行行為とかいう言葉ばかりでなく、結果、因果関係、主観的、客観的など、一般的に使われている言葉であっても、刑法では独特の意味があります。
　この第1章には、側注に《復習Word》が数多く入っているのに気がつきましたか？　ここは、このシリーズの他の科目と違い、復習段階ではなく最初の章にあえて入れました。なぜなら、第2章以降を学習している最中に、用語の意味を忘

れてしまい理解がなかなか進まないときに、第1章というわかりやすい場所にあったほうが便利だろうと考えたからです。ここにでてくる用語は、刑法では基本中の基本なので、第2章以降でたびたび登場します。何度か戻ってくることになるかもしれません。

(2) 刑法学習の秘策

ここで、刑法学習の秘策をお教えします。

刑法では、普段、わたしたちが使わないような難しい言葉がたくさんでてきます。初めは、こんなに難しい言葉を理解していかなければいけないのか、刑法って理解できないな、勉強するのは大変だと思うかもしれません。しかし、最初のうちは、それら難しい言葉を完璧に理解する必要はまったくありません。そんな言葉があるんだな、くらいに思って、最後まで読み通すことが大切です。そうすることで、最初は理解できなかった内容や言葉も段々と具体的なイメージがもてるようになり、2回、3回と読むにつれて、難しいと思えていた内容や言葉もまるで霧が晴れるかのようにわかってきます。そうなると、もうずっと晴れて視界がいい状態になります。それが刑法という科目です。このような、何度も読まないと姿を見せてくれないちょっと恥ずかしがりやな科目が刑法なのです。

それでは、立ち止まらずに次章の学習をスタートしましょう。

プラスα文献
試験対策講座・刑法総論 1章2節、2章、4章
条文シリーズ 1編序章
ステップアップ No. 1

 **第1章** Exercise

1	一般予防とは、犯人を処罰することによって社会の一般人を威嚇し、一般人が犯罪に陥ることを防止しようとする考え方であり、特別予防とは、犯人を処罰することによってある種の犯罪を行う可能性の高い特定のグループが犯罪を行うことを防止しようとする考え方である。　　　　　　　　　　　　　　　　　　（国Ⅰ H11 年改題）	× 1【2】(1)
2	罪刑法定主義はわが刑法上明文で宣言されている。	× 1【3】
3	刑罰法規の内容は具体的に明確に規定されなければならないという要請は、罪刑法定主義とは関係ない。	× 1【3】

Topics

イメージ＋ゴールからの発想＝学習効果大幅アップ

　刑法の学習においては、今自分が**刑法の体系のどの部分を勉強している**のかを、常に意識してください。学習を始めると細かい話に気をとられがちですが、**構成要件、違法性、責任**のどの部分を今勉強しているのかを忘れないでください。

　これから、構成要件、違法性、責任という犯罪の成立要件を中心として、犯罪と刑罰についての一般的な仕組みを学習していきます。これは、殺人罪や窃盗罪など個々の犯罪に共通するものであり、刑法総論とよばれています。

　また、第 14 章からは刑法各論の勉強が始まります。**各論とは、個々の犯罪に関する特有の要件を明らかにする分野で、構成要件の問題である**ということを、しっかり意識してください。

　公務員試験や司法書士試験の刑法では、単に用語の説明を選ぶような問題よりも、事例形式の問題が多く出題されています。この場合、もっている**知識を事案にあてはめたときにどうなるか**、ということを考えて解く必要があります。そのためにも、**Case** などの具体例をしっかりと読んで、具体的事案を思い浮かべながらイメージし学習するように心掛けてください。

　法学部の出身ならば、大学の講義でさまざまな学説の対立について話を聞いたことがあるかもしれませんが、資格試験の刑法の学習では、**学説の対立はあまり重要ではありません**。学説の知識をむやみやたらに暗記したりする必要はありません。最初のうちは「ふーん、そういう学説があるのか……」くらいの気持ちで軽く聞き流すくらいでよいでしょう。

　刑法にかぎらずほかの法律を学習するうえでもあてはまることですが、**ゴールから考える勉強**をしてください。つまり、まず最終的に解けるようになるべき問題の過去問をみて、それが解けるようになるために勉強するのです。試験にでないような細かい論点はまったく学習する必要がありませんし、過去問にある問題であっても、だれも解けないような難しい問題の答えは学習する必要がありません。合格に必要な勉強法は何なのか、それを意識して日々学習していきましょう。

第2章

実行行為
――やっても犯罪、やらなくても犯罪、やらせても犯罪

キ……ここは基本！
ステ…君ならできる！
……できたらスゴイ！

1 実行行為がわかる！

人は、日々、生活するなかでさまざまな行いをします。悪い行いも、よい行いもあります。しかし、悪い行為でも、それらの行為のすべてがなんらかの犯罪の実行行為にあたるわけではありません。行為のうち、法が守ろうとしている利益を害する危険のある行為だけが、犯罪が成立する可能性のある実行行為ということになります。

たとえば、ナイフで人を刺すという行為や、ピストルの引き金を引くという行為、毒薬を飲ませるという行為は、人の命を奪う危険がある行為なので、殺人罪（199条）の実行行為にあたります。

このように、実行行為とは、犯罪結果を発生させるおそれのある危険な行為です。より正確には、**実行行為とは、特定の条文に該当する法益侵害の現実的危険性を有する行為**と定義されています。
①

2 不作為犯がわかる！

《復習 Word》
法益侵害
法益には、たとえば、人の命や、身体、お金といったものがあります。侵害とは、文字どおり、他人の権利や所有しているものなどを侵し、害を与えることです。
つまり、法益侵害とは、人の命が奪われることや、身体を傷つけられること、お金を奪われるなど、法が守ろうとしている利益を害することをいいます。

現実的危険性
結果が発生する危険性が高いことをいいます。
たとえば、ナイフを持つだけでは、いまだ人の命が奪われる危険性は高いとはいえませんが、人にナイフを向け、実際に刺そうとする行為は、人の命を奪う危険性が高いといえるので、現実的危険性が認められます。

定義とは、その言葉の正確な意味を示したものです。
定義は重要なものです

Case 1	ある日、競泳選手であるA男くんとその娘の4歳になるB子ちゃんは、海へ遊びに行きました。A男くんは、少し目を離したすきにB子ちゃんが波にのまれて溺れそうになっているのを発見しました。ところが、日頃からB子ちゃんの存在を鬱陶しく思っていたA男くんは、この機会にB子ちゃんが死ねば好都合だと思い、救助することなくその場を離れました。その後、B子

1

ちゃんは溺死体で発見されました。

この場合に、A男くんに殺人罪が成立するのでしょうか。

Answer 1　A男くんに殺人罪が成立します。

(1)　何もしていないのに犯罪になるの？

（1）不作為ってなんだろう？

　不作為とは、一定の行為をしないことをいいます。たとえば、部屋で、ただぼーっと窓を眺めていたら、前の川で人が溺れているのが見えました。このときに、見ているだけで救助のための行動を何もしないのは不作為といえます。

　では、何もしないという不作為に犯罪が成立することがあるのでしょうか。

（2）真正不作為犯ってなんだろう？

　たとえば、友だちの家であったとしても、出ていけと言われているにもかかわらず、その家から立ち去らないという不作為は「要求を受けたにもかかわらず、これらの場所から退去しなかった」といえるので、不退去罪（130条後段）②が成立します。不退去罪は、退去しない、つまり、その場にいるだけで何もしないという不作為を処罰しています。

　このように、何もしないという不作為を処罰する犯罪を、そのとおり、何もしないという不作為によって実現する場合を真正不作為犯といいます。

　真正不作為犯には、不退去罪のほかにも、不保護罪（218条後段）③などがあります。

（3）不真正不作為犯ってなんだろう？

　たとえば、殺人罪は「人を殺」すという作為の場合を処罰すると規定しています。「人を殺」すという作為を処罰するという条文があるにもかかわらず、溺れそうになっているB子ちゃんを救助しない、という不作為で殺人を実現してしまった場合のように、**条文が作為を処罰すると規定しているのに、**

が、現段階では、「この用語を難しい言葉で表現するとこうなるのか」という程度に思ってください。

《復習 Word》
不作為
一定の行為をしないことを不作為といいます。たとえば、「近くに溺れている人がいても救助をしない」などが不作為にあたります。

2　**第130条　住居侵入等**
正当な理由がないのに、人の住居若しくは人の看守する邸宅、建造物若しくは艦船に侵入し、又は要求を受けたにもかかわらずこれらの場所から退去しなかった者は、3年以下の懲役又は10万円以下の罰金に処する。

3　**第218条　保護責任者遺棄等**
老年者、幼年者、身体障害者又は病者を保護する責任のある者がこれらの者を遺棄し、又はその生存に必要な保護をしなかったときは、3月以上5年以下の懲役に処する。

《復習 Word》
作為
一定の行為をすることを
作為といいます。たとえ
ば、「人をナイフで刺す」
などが作為にあたりま
す。

不作為によって、その犯罪を実現してしまった場合のことを
不真正不作為犯といいます。

不真正とは、条文に定められていない場合でも、条文を適
用することができることを意味します。たとえば、殺人罪は
「人を殺」すという作為を処罰すると定めています。つまり、
殺人罪の条文には、「救助しない」といった不作為は定められ
ていません。このように、条文に不作為が定められていない
場合でも、「救助しない」という不作為に殺人罪を適用する場
合が、不真正不作為犯です。
④

不真正不作為犯は、不
作為犯と不真正の場合
が合わさっているの
で、こうよばれていま
す。

(2) 不真正不作為犯に犯罪は成立する?

犯罪が成立するためには、実行行為性が認められる必要が
ありました。ですから、不真正不作為犯の場合にも実行行為
性が認められなければ、犯罪は成立しません。それでは、何
もしないという不作為に、はたして実行行為性が認められる
のでしょうか。

特定の犯罪の実行行為
にあたることを「実行
行為性が認められる」
といいます。

冒頭で学習したように実行行為とは、特定の条文に該当す
る法益侵害の現実的危険性をもつ行為でした。殺人罪であれ
ば、ナイフで人を刺すのが実行行為です。しかし、ナイフで
人を刺すのと同じくらい危険な不作為は存在します。たとえ
ば、100歳になる寝たきりの高齢者に何日も食事を与えない
という不作為は、高齢者をナイフで刺すのと同じくらい命を
奪う危険性のある行為といえます。ですから、何もしないと
いう不作為であっても、作為と同じくらい危険な行為だとい
える場合には殺人罪の実行行為であると認められることがあ
ります。

(3) 同じくらい危険なら、どんな不作為も犯罪にな
   るの?

それでは、不作為の場合、作為と同じくらい危険ならば必
ず実行行為性が認められるのでしょうか。

　たとえば、Mが池で溺れているときに、泳げないNがたまたまその池の近くを通りかかり、Mを目撃しました。このとき、Nが、Mは見ず知らずの人であり、どうしたらよいかわからなかったため、救助することもなく放置していた場合、Nには殺人罪は成立するのでしょうか。

　この例のように、人が溺れているにもかかわらず、救助しないという不作為は、人を池に突き落として溺れされることと同じくらい危険な行為といえます。

　しかし、この場合にも必ず殺人罪が成立するのでは、処罰するべき人が多くなりすぎてしまいます。Nのように、見ず知らずの人が溺れていても助けずに放置する人もいるはずです。

　このように、不作為が作為と同じくらいに危険な場合であっても、すべてを処罰すると考えるのは適切ではない場合があります。そこで、不真正不作為犯に実行行為性が認められる場合を限定する必要があるのです。

(4)　結局、不真正不作為犯はどんな場合に成立するの？

　不真正不作為犯では、実行行為性が認められる場合をどのくらい限定すればいいのでしょうか。

　不真正不作為犯の実行行為性を肯定するためには、不作為が作為による実行行為と同じとみえる実質を備えている必要があると考えられています。具体的には、不真正不作為犯に実行行為性が認められるのは、①法的作為義務が存在し、②作為が可能かつ容易である場合にかぎられる、と一般的に考えられています。

　難しい言葉がたくさんでてきましたが、ここでは、実行行為性が認められるために必要な条件は2つだなということだけ意識して、先に進んでかまいません。

（1）なぜ①の法的作為義務が必要なの？

　たとえば、溺れている子どもが自分の子どもだった場合に

民法第820条 監護及び教育の権利義務

親権を行う者は、子の利益のために子の監護及び教育をする権利を有し、義務を負う。

6 は、助けないという不作為に殺人罪が成立します。民法820条が、親には子どもを監護する義務があると定めていることから、自分の子どもである以上、その子を守る義務、溺れているなら助ける法的な義務があるといえるからです。

しかし、溺れている子どもが他人の子どもだった場合には、助けないという不作為に殺人罪が成立すると考えるのは適切ではないでしょう。見ず知らずの他人の子どもを助けない場合に、殺人罪が成立すると考えることは、助けなかった人にとって過酷だからです。

このように、不真正不作為犯が成立するのは、自分の子どもが溺れている場合など、助けるといった法的作為義務がある場合に限定するべきだといえます。そこで、不真正不作為犯に実行行為性が認められるには、①法的作為義務が必要と考えられているのです。

7 なお、法的作為義務が発生する根拠として、このような法令の規定のほかに、契約などの法律行為や、先行行為などの条理・慣習があげられます。

先行行為とは、不作為に先立つある一定の作為であって、結果が起こる危険を創出する、また危険を高めるものをいいます。
たとえば、自動車ではねてしまった被害者を病院に連れて行こうと思い、いったんは自動車に乗せたものの、直後に刑事責任を問われることが怖くなり降ろして、そのまま放置したことで被害者が死亡したという場合では、自動車ではねた行為が先行行為になります。

（2）なぜ②の作為の可能性・容易性が必要なの？

たとえば、自分の幼い子どもが誘拐されている状況では、自分の子どもに食事をあげることはできません。また、子どもが溺れていても、母親がまったく泳げない場合には、この母親に殺人罪が成立すると考えることは適切ではないでしょう。

このように、不真正不作為犯が成立するのは、すぐに食事をあげられる場合や、自分も泳げるので溺れているわが子を救助することができる場合など、作為をすることが可能であり、かつ、容易である場合に限定されるべきです。そのため、②作為の可能性・容易性が必要だと考えられています。

(5) Case 1ではこうなる！

それでは、**Case 1**に戻って、Ａ男くんに殺人罪が成立するのかを検討してみましょう。

殺人罪が成立するためには、殺人罪の実行行為性が認められることが必要でした。ですから、Ａ男くんに殺人罪が成立するためには、「救助しない」という不作為に殺人罪の実行行為性が認められる必要があります。

そして、不作為に実行行為性が認められるためには、①法的作為義務の存在、②作為の可能性・容易性が認められることが必要でした。

まず、Ａ男くんは、Ｂ子ちゃんの父親なので、わが子であるＢ子ちゃんを守る法的な義務があります。ですから、Ａ男くんは、Ｂ子ちゃんが溺れている場合には、Ｂ子ちゃんを救助する法的な義務があり、①は認められます。

また、Ａ男くんは、競泳選手であり、泳ぎのプロなので、溺れているＢ子ちゃんを救助するのは朝飯前でしょう。ですから、②も認められます。

Case 1では、①と②の要件が認められるので、Ａ男くんの救助しないという不作為には殺人罪の実行行為性が認められます。そのため、Ａ男くんには殺人罪が成立することになります。

3 間接正犯がわかる！

Case 2　医師であるＡ男くんは、患者のＢ子さんに恨みがあり、Ｂ子さんを殺害することを考えました。そして、Ａ男くんは、何も事情を知らない看護師のＣ子さんに毒薬入りの注射器を渡し、これをＢ子さんに注射するように伝えました。Ａ男くんのことを特に疑いもしなかったＣ子さんは、中身を確認することなく、Ａ男くんの言葉どおりその薬をＢ子さんに注射し、その結果、Ｂ子

さんは死亡しました。

この場合、A男くんに殺人罪が成立するのでしょうか。

Answer 2 A男くんに殺人罪が成立します。

(1) 間接正犯ってどんなもの？

　たとえば、Mが幼稚園に入ったばかりのNちゃんに、おもちゃのピストルだとうそをついて本物のピストルを渡し、「あそこにいるOちゃんをよーく狙って撃ってごらん」と言った

おもちゃだから
大丈夫

ところ、Nちゃんはそれを信じて撃ち、その弾が当たったためOちゃんが死んでしまったとしましょう。この場合、MはピストルをNちゃんに渡したにすぎません。しかし、MはNちゃんをまさに道具として利用し、Oちゃんを殺すという犯罪を実現しているのです。

　このように、間接正犯とは、他人を道具として利用して犯罪を実現する場合をいいます。

　ちなみに、この例では、MがNちゃんを利用しているので、Mのことを利用者とよびます。また、Nちゃんは利用されているので被利用者とよばれます。利用者であるMがNちゃんにピストルを渡した行為は、MがNちゃんを利用する行為なので、利用者の利用行為とよばれることがあります。

(2) ピストルを渡すだけの行為に実行行為性は認められるの？

　先ほどの例で、MがNちゃんにピストルを渡しただけの行為に、はたして殺人罪の実行行為性が認められるのでしょうか。殺人罪の実行行為の具体例は、ナイフで人を刺したり、ピストルで人を撃ったり、人に毒薬を飲ませたりするような行為でした。それらの行為に比べて、単にピストルを渡すだ

けという行為は、あまり危険ではないようにも思えます。そこで、単にピストルを渡しただけの行為、つまり、利用者の利用行為にも実行行為性が認められるのかどうかが問題となります。

　思い出してください。実行行為とは、特定の条文に該当する法益侵害の現実的危険性をもつ行為です。たとえ、ピストルで人を直接撃つ行為や、人に毒薬を直接飲ませるような行為でなくとも、同じくらい危険な行為は存在します。たとえば、父親と一緒に食事をしている5歳の子どもに、顔見知りのおばさんが、父親が席を立ったのを見計らって、「これは元気になる魔法の粉だから、お父さんのご飯にたくさん振りかけてあげてね」と言い、猛毒の粉を渡した場合を考えてみましょう。この場合、その子は喜んでその粉を父親のご飯にたくさんふりかけるでしょうから、その子に毒薬を渡す行為は、父親に直接毒薬を飲ませるのと同じくらい危険な行為といえます。つまり、たとえ毒薬を渡すだけといった利用者の利用行為であっても、それが非常に危険な場合には、利用者の利用行為に実行行為性が認められると考えられています。

　先ほどの例の、MがNちゃんにピストルを渡す行為も、直接、MがOちゃんをピストルで撃つのと同じくらい危険だといえる場合には、殺人罪の実行行為性が認められます。

(3)　どんな場合に、同じくらい危険だっていえるの？

　では、MがNちゃんにピストルを渡す行為が、直接MがOちゃんを撃つときと同じくらいの危険性が認められるのは、どんな場合でしょうか。

　結論から先にいえば、①利用者が被利用者の行為をまるで道具のように一方的に支配・利用している場合であって、②特定の犯罪を自己の犯罪として実現する意思があると認められる場合には、ピストルを渡すだけといった利用者の利用行為にも実行行為性が認められると考えられています。

（1）①の道具のように支配・利用している場合ってどんな場合？

　道具のように支配・利用している場合とは、いわば操り人形のような状態のことで、被利用者が言われたことを素直にやってしまう状態のことです。

　先ほどの例でいえば、Ｎちゃんはまだ幼く、Ｍがうまく誘導すれば、そのとおりに行動してしまうでしょう。ですから、Ｍが撃ってごらんといった場合には、Ｎちゃんはそのとおり撃ってしまうのです。このように、操り人形のような状態にある人に対して、ピストルを渡し、撃ってごらんという行為は非常に危険な行為となるわけです。

（2）②の自己の犯罪として実現する意思ってどんな意思？

　「自己の犯罪として実現する意思がある場合」とは、自分が犯罪の主役だと思っているような場合をイメージしてください。

(4)　Case 2 ではこうなる！

　Case 2 では、Ａ男くんに殺人罪が成立するためには、Ａ男くんの、Ｃ子さんに毒薬入り注射器を渡すという行為に、殺人罪の実行行為性が認められなければなりません。

　そして、単に注射器を渡すだけの行為に実行行為性が認められるためには、①利用者が被利用者の行為をまるで道具のように一方的に支配・利用している場合であって、②特定の犯罪を自己の犯罪として実現する意思があるといえる場合であることが必要でした。

　では、**Case 2** では①、②が認められるでしょうか。

　まず、①について、看護師のＣ子さんは、医師であるＡ男くんから注射器を渡されて、それが本物だと信じていたのですから、Ａ男くんの言ったとおりに、Ｃ子さんは注射を打ってしまうでしょう。まさにＣ子さんはＡ男くんの操り人形状態だったといえるので、①は認められます。

　また、②について、A男くんは、自分がB子さん殺人事件の主役だと思っていたでしょうから②も認められます。

　ですから、A男くんの毒薬入り注射器を渡すという行為には、殺人罪の実行行為性が認められます。

　そのため、A男くんには、殺人罪が成立するのです。

(5) 被利用者の不作為を利用しても実行行為性は認められて殺人罪?!

　次の事例で考えてみましょう。重い糖尿病であるNちゃんが生命を維持するためにはインスリンの投与が不可欠です。しかし、Nちゃんの母PにMが治療を依頼されたMが、Nちゃんを殺害しようと企てて、Pにインスリンは毒であるからNちゃんに投与しないよう指導しました。Pはそのとおりにした結果、Nちゃんは死亡しました。Pに対しNちゃんにインスリンを投与しないよう指導したMの行為に、殺人罪の実行行為性は認められるでしょうか。

　まず、PのNちゃんにインスリンを投与しないという被利用行為は不作為です。次に、Pは大人ですから先ほどの事例と異なり、Mの操り人形であるとは簡単に認められません。そこで、①Pの不作為を道具のように支配・利用したといえるためには、PがMの指導に従うしかないと一途に考え、Nちゃんにインスリン投与という期待された行為ができない精神状態に陥っていることを、Mが認識しているうえで、Pに指導したような場合であることが必要です。さらに、Mに、②自己の犯罪として実現する意思があるといえる場合です。この2つがあれば、Mの指導行為にも殺人罪の実行行為性が認められる可能性があります。

プラスα文献
試験対策講座・刑法総論6章
条文シリーズ1編7章■3節、■4節
ステップアップ No.3

1	不作為犯には、真正不作為犯と不真正不作為犯がある。真正不作為犯は、不作為の形式で規定されている構成要件を不作為で実現する犯罪であるが、<u>刑法典には規定されておらず</u>、特別法に申告義務違反等のかたちで規定されている。これに対して、不真正不作為犯は、作為の形式で規定されている構成要件を不作為のかたちで実現する犯罪であり、理論上、真正不作為犯以外の多くの罪に成立するが、実際上問題になるのは、殺人、放火、保護責任者遺棄等の罪である。 （国 I H19 年）	× 2【1】
2	甲は A 社の事務員であり、夜間残業中多量に飲酒したためうたた寝をしたところ、ストーブの火が木製の机に引火して燃焼しているのを発見した。その際、いまだ火は容易に消し止められる状態であったにもかかわらず、甲は、自己の過失による失火が発覚するのをおそれ、そのまま放置すれば、甲 1 人のみ所在する建物が焼損することを認容しながら、何ら消火活動を行わずに立ち去ったため建物は全焼した。この場合、甲は建物が焼損することを単に認容していたにすぎないので、<u>甲に非現住建造物等放火罪は成立しない</u>とするのが判例である。 （国 I H19 年）	× 2【4】
3	不真正不作為犯が成立するためには、法益侵害の結果が発生しないようにするための法律上の作為義務が必要であるが、法律上の作為義務には、法令や契約に基づく作為義務のほか、条理や慣習に基づく作為義務も含まれる。 （国 I H17 年）	○ 2【4】(1)
4	利用者に間接正犯が成立する場合、<u>被利用者には何らの犯罪も成立しない</u>。	× 3
5	刑法上の犯罪は<u>すべて</u>間接正犯によって実現することができる。	× 3

因果関係——人生も犯罪も結果がすべてじゃない

Case　A子さんが夫のB男くんを殺そうと思い、包丁で切りかかり、B男くんは、腕に全治1週間のけがを負いました。その後B男くんは、A子さんから逃れるため自宅を離れ、一時的に友人の家に泊めてもらうことにしました。

その数日後、B男くんは、出勤途中に車にひかれ、頭部をアスファルトに強打しました。すぐに病院へ運ばれましたが、頭部を強打したことが原因となり、死亡しました。

この場合、A子さんが殺そうと思って、包丁で切りかからなければ、B男くんは死亡しなかったといえるので、A子さんに殺人罪が成立することになるのでしょうか。

Answer　A子さんの行為がなければ、B男くんは自宅を離れることもなく、B男くんは車にひかれることもなかったといえますが、A子さんには、殺人罪（殺人既遂罪）は成立せず、殺人未遂罪が成立するにとどまります。

1 因果関係がわかる！

(1) 因果関係ってなんだろう？

犯罪の大部分は、一定の結果が発生しなければ、成立しないことになっています（結果犯）。たとえば、殺人罪の場合、死亡という結果が発生しなければ、成立しないのです。

このような結果犯が成立するためには、実行行為に基づいて一定の結果が発生するという条件（要件）をみたさなければなりません。つまり、実行行為と結果との間に、原因・結果

---

① ここでいう結果とは、法益侵害の事実のことをいいます。本文の例では人の生命という利益（法益）が奪われています（侵害）。殺人罪は、このような生命を奪うという事実が発生することを条件（要件）として、成立する犯罪です。言い換えると、生命を奪う、つまり人の死という結果が殺人罪成立の要件となります。刑法では、各犯罪には必ず保護法益というものがあります（第14章 生命・身体に対する罪①以下で学習します）。
このような保護法益は、結果が発生しているかを判断するうえで重要になってくるので、よく学習しておきましょう。

② このような条件を構成要件といいます。ここでいう結果は構成要件の一部であることから、構成要件的結果といわれます。後述する因果関係も構成要件のひとつです。

といえる関係が存在しなければならないのです。この関係を因果関係といいます。

行為者は、みずからの行為によって起きた結果についてだけ、責任を負うべきです。そして、行為と結果の間に因果関係が認められる場合のみ、行為者は法益侵害（結果）をみずから引き起こしたといえます。つまり、因果関係は犯罪成立の条件（要件）＝客観的構成要件要素となるのです。結果が発生していても、因果関係が認められないかぎり、犯罪は完全には成立しないのです。

(2) 因果関係の役割ってなんだろう？

このように、因果関係は、法益侵害（結果）が発生した場合に、その責任を行為者に負わせるべきかどうかを判断するためのものです。そのため、因果関係は結果が発生したときのみ問題となります。各種の試験問題などを解く際も、因果関係を検討する際は、どのような結果が発生しているかを確認するようにしてください。また、因果関係は、行為者が偶然発生した結果によって責任を負わされないようにするという役割も果たしています。偶然に発生した結果は行為者がみずから引き起こしたものとはいえないので、このような結果の責任を行為者に負わせるべきではないからです。

たとえば、Mが軽い暴行を加えた直後に、被害者であるNが雷に打たれて死亡した場合について考えてみましょう。この場合、雷に打たれて死亡したという事情は、Mの行為とは関係なく、偶然に発生したものといえます。ですから、Mが死亡結果をみずから引き起こしたとはいえないので、死亡結果の責任をMに負わせるべきではありません。そのため、Mの暴行行為と死亡の結果との間の因果関係は否定されることになります。

ところで、**Case** では、A子さんの行為後にB男くんが車にひかれるという事情が発生しています（介在事情）。このよう

この例のMは暴行によりNの身体の安全という法益（第15章 生命・身体に対する罪②で学習します）を侵害しているといえます（結果の発生）。Mの暴行によってこの結果が発生しているので、因果関係も認められます。そのため、Mには暴行罪が成立することになります。
かりに、本文の例で、Mが死亡の結果について責任を負うとした場合（因果関係が認められる場合）、Mには傷害致死罪（205条）が成立することになります。このように、行為と結果との因果関係の有無を検討することは、成立する犯罪を考えるうえで重要です。

な介在事情は、先に説明した雷の場合と同様に、因果関係を否定するものになるのでしょうか。具体的にみていきましょう。

2 因果関係の判断の仕方がわかる！

　因果関係が認められるためには、まず行為と結果の間に条件関係が認められる必要があります。しかし、それだけでは、まだ偶然に発生した結果によって、責任を負わされる可能性があるので、更に絞りをかけるべきであると考えられています（相当因果関係説）。これを詳しくみていきましょう。

> 相当因果関係説とは、ある行為からその結果が発生することが、経験上ありそうであるときでなければ、発生した結果について責任を負わないという考え方です。

(1) 条件関係ってなんだろう？

　条件関係とは、「Xがなかったならば、Yもなかった」であろうという関係をいいます。この条件関係の公式を適用する際には、次の3点に注意する必要があります。

(1) 実行行為がなければ因果関係は問題とならない？

　行為と結果との条件関係という場合の行為は、当該犯罪の実行行為でなければなりません。つまり、結果を発生させるおそれのある危険な行為（実行行為）がなければ、そもそも条件関係は認められないということになります。実行行為がなければ、条件関係があるのかないのかを検討する必要すらないのです。

　たとえば、妻が夫に毒を飲ませて殺そうと考えて、毒物を購入し、それを戸棚にしまって機会をうかがっている間に、夫がこれを薬と間違えて飲んで死んでしまったという場合を考えてみます。この場合、妻は夫を毒殺する計画を立ててはいるものの、毒物を飲ませるという危険な行為（殺人の実行行為）にでる前に夫が毒物をみずから飲んでしまい、それが原因で夫は死亡してしまっています。妻の望みどおりに夫は死亡していますが、妻は、殺人罪の実行行為にあたる危険な行

詳しくは第8章 未遂、中止犯で学習します。

4 為自体を行っていません。そのため、因果関係を問題にするまでもなく、未遂罪も含めて殺人罪は成立しないことになります。このように、因果関係を検討する前提として、その犯罪の実行行為が認められる必要があるのです。

（2）条件関係で問題とする結果は、何時何分何秒まで！

　現実に起きた結果については、その時点において現に発生した具体的な結果を問題にしなければなりません。つまり、どの時点、どの場所で発生した法益侵害（結果）の事実なのかを特定し、その具体的な結果とそれを生じさせた個別的な実行行為との間の因果関係を検討することになります。

　たとえば、Mが、Nを熊と間違えて猟銃を発射してしまい（第1行為）、Nに対しせいぜい10分から15分しか生きられない瀕死の重傷を負わせたところ、Nがあまりにも苦しむので、更に猟銃を発射し（第2行為）、Nが死亡したとします。このとき、Nは第2行為がなくても第1行為によって死ぬはずだったのですから、抽象的には、第2行為がなくてもN死亡の結果は生じたといえます。つまり、N死亡の結果と第2行為との間には「あれなければ、これなし」という条件関係の公式が適用できないようにみえます。しかし、条件関係は、その行為がなかったならばその結果は発生しなかったであろうという行為と結果との具体的な結びつきを問題とするものです。つまり、条件関係の公式の適用を受けるのは、あくまでも、現に生じた具体的結果とそれを生じさせた個別的な実行行為との関係にかぎられるのです。

　そうすると、死期が10分から15分早まったN死亡の結果とそれを生じさせた第2行為との間には、「あれなければ、これなし」という条件関係の公式が適用されることになりますので、両者には条件関係があるといえます（判例）。

　このように、発生した死がどの時点で発生したかまで、具体的に特定する必要があることになります。

5

（3）条件関係の判断では、たられば禁止！

　行為がなかったならば、という判断をする場合には、その行為を除いて考えるだけであって、その条件以外に現実に存在しなかった事実を仮定的に付け加えて判断してはなりません。

　たとえば、Mが車を運転中、路上に寝ていたNをひいて死なせてしまったとします。この場合に、Mがひかなくとも、Nは後ろから走ってきたOの車にひかれていただろうと予測されるときに、これが問題となります。このとき、MがひかなくてもがひかなくてもOがNをひいて死んでいるであろうということで、「あれなくても、これあり」と判断してはいけないのです。つまり、「Oがひくという行為」を付け加えて、「MがひかなくてもがひかなくてもOがひいたであろうから、Mの行為はNの死に対して条件関係がない」というように判断してはいけないのです。

　ただ、次で説明する不作為犯の場合には、例外的に、仮定的な判断を行うことができると考えられていますので、早速みていきましょう。

（2）　作為がない場合に因果関係はどう判断するの？

　実行行為が不作為である場合、因果関係は、一定の期待された作為がなされたならば、その結果は阻止できたであろうという関係がある場合に、認められると考えられています。不作為は、何もしないことではなく、一定の「期待された行為」を行わないことをいいます。これに、作為犯の「行為がなければ結果なし」という条件関係の公式を適用すると、不作為がなければ、言い換えると、期待された作為を行っていたら結果が生じなかったかが判断されることになるのです。

　たとえば、MがNを車でひいてしまい、いったんはNを病院まで連れて行こうとして車に乗せたものの、その道中で気が変わり、山にNを放置して死なせた場合を考えてみま

しょう。この場合、Mに期待されたのは、被害者であるNを病院まで連れて行くという行為です。そのため、Mがそのような行為を行っていたならば、Nの死亡という結果が生じなかったといえる場合に因果関係が認められることになります。

　このように、不作為犯では、因果関係の判断をする際に「期待された行為がされたならば」と仮定的に行為を付け加えて判断することになります。そのため、先に説明したように、ここでは仮定的判断が例外的に行われることになります。

(3)　条件関係だけじゃ足りない？

(1) 因果関係を絞り込む！―相当因果関係説―

　先にも説明したように、因果関係があるのかないのかに関しては、条件関係の存在のほかに、法的な観点から因果関係を相当（適当）な範囲に絞るべきだと考えられています（相当因果関係説）。なぜなら、条件関係だけで、刑法上の因果関係があるとすれば、偶然生じた結果まで責任を負わされることになり、行為者に過酷な結果となってしまうからです。

　この考え方では、因果関係が相当な範囲内にあるかどうかの判断（相当性判断）の基礎事情としていかなる事情を考慮するかという問題と、その基礎事情に基づく相当性判断の問題とを分けて検討することになります。

6

因果関係が相当な範囲内にあるかどうかを判断する際に考慮すべき事情のことを基礎事情といいます。

(2) 相当因果関係ってどう判断するの？

(a) 具体的には何が基礎事情になるの？

　これについては、さまざまな考え方があります。通説的な考え方では、行為の当時（行為者の立場）に、①一般人が認識または予見することができたであろう一般的事情、および②行為者が現に認識または予見していた特段の事情を基礎事情とすべきと考えられています（折衷的相当因果関係説といわれています）。

　というのは、行為時に、一般人が認識し、予見することができたであろう事情に関しては、そのような事情を行為者が

通常知っていると考えられるので、結果について責任を負わせても、行為者に過酷な結果であるとはいえないと考えられるからです。また、行為者が認識し、予見していた事情に関しても、行為者はその事情を知りまたは予見したうえであえて行為にでているので、そのような事情を考慮して行為者に責任を負わせても、過酷な結果であるとはいえないと考えられます。そのため、①②の事情を基礎事情として考慮するべきであると考えられています。

Case では、B男くんが車にひかれたという事情を基礎事情とするべきかどうかが問題となります。

A子さんがB男くんに切りかかった時点では、B男くんが将来出勤途中に車にひかれるとはA子さんが予見していないといえますし、また、A子さん以外の人（一般人）も予見することはできないといえます。そのため、この事情を基礎事情とせずに、因果関係を判断することになります。

（b）相当性ってどんな場合に認められるの？

（i）作為犯の場合

一定の基礎事情のもとで相当性を判断するとして、どの程度の確実性（蓋然性）が必要なのかが問題となります。

この相当性の判断については、高度の蓋然性までは必要とされず、ある程度の可能性、つまり、行為から結果が生じることがありうるという程度や異常でないという程度の関係にあれば、相当性を肯定すべきであると考えられています。なぜなら、相当因果関係説のねらいは、因果経過にきわめて偶然的な事情が介入した場合に、因果関係を否定する点にあるからです。

⑦

> 高度の蓋然性とは、その行為をすれば、当然にその結果が生じ、あるいは通常その結果が生じるといえる場合をいいます。

Case では、A子さんがB男くんをナイフで切りつけるという行為自体、B男くんの生命を侵害する危険性の高い行為ですが、B男くんはアスファルトに頭部を強打したことが原因で死亡しています。そうすると、A子さんがナイフで殺傷するという行為によって、頭部強打を死因とする死の結果が

発生することは通常考えられない異常なものといえます。そのため、Ａ子さんの行為から、Ｂ男くんの死の結果が生じることは相当ではないので、因果関係は認められません。

（ⅱ）不作為犯の場合

先に説明したように、不作為犯の場合は、作為犯の場合に比べて、因果関係の判断が困難であるといえます。なぜなら、不作為犯の因果関係には、仮定的な判断が必要となるため、期待された行為があったら、100 パーセント結果が発生しなかったということは困難だからです。たとえば、ピストルによる殺人の場合、「弾丸を撃ち込まなければ、死ななかった」ということはできますが、車で人をひいて、その被害者を山へ連れて行って放置し、死亡させたという殺人の不作為犯の場合、「被害者を病院へ連れて行けば、100 パーセント死ぬことはなかった」とは必ずしもいえません。そのため、不作為犯の場合には、作為犯の場合よりも、相当性の判断をゆるやかにしなければ、因果関係の判断が必要以上に厳しいものとなってしまうのです。

不作為の因果関係（条件関係）
試験対策講座・刑法総論
116 頁

8　この点について、判例は、不真正不作為犯の因果関係に関して、期待された行為がなされれば、**十中八九被害者の救命が可能である**といえる場合、不作為と結果との間に因果関係を認めるのが相当であると判断しています。

(4) 最近の判例はどう判断しているの？

条件説とは、相当因果関係までは不要で、「あれなければ、これなし」という条件関係の公式を適用すれば足りるとする考え方です。

9　これまで判例は、条件説を採っていると考えられていましたが、いずれも具体的な事実関係のもとにおいて因果関係の有無を個別に判断したものにすぎません。そのため、必ずしも相当因果関係説の考え方を否定して、条件説を採用してきたと考えることは適切ではないとも考えられます。最高裁は、因果関係の問題がきわめて個別的色彩の強いことから、明確な理論的立場の表明を避け、具体的事例の集積を通じてその考え方を示してきたともいわれているのです。

さらに、最近では、判例の立場は、近時の事案に対する判断の集積によって、おおよその判断枠組みが明らかになっているとする考え方もでてきています。その考え方は、判例は行為者の**行為の危険性**が結果へと**現実化**したといいうるときに、行為と結果との間に因果関係を肯定していると説明します（危険の現実化説）。言い換えれば、危険の現実化という判断基準を採用しているのであり、学説がいうような因果経過が相当かどうかという点については、危険の現実化の判断に意味をもちうるかぎりで考慮されるにすぎないと捉えているのです。

プラスα文献

試験対策講座・刑法総論 7 章
判例シリーズ 1 事件
条文シリーズ 1 編 7 章 5 節
ステップアップ No. 4

1	Aは、Bに覚せい剤を注射して錯乱状態に陥らせたが、その時点でただちに救急医療を要請すれば十中八九、Bの救命が可能であったにもかかわらず、Bを放置してその場から立ち去り、数時間後、Bは覚せい剤による急性心不全により死亡した。この場合には、現実の救命可能性が100%であったということができず、<u>Bの救命が合理的な疑いを超える程度に確実であったとはいえないから、Aの不作為とBの死亡との間に刑法上の因果関係を認めることはできない</u>。　　　　　　　　　　　　　　　　　　　　　　　（国ⅠH22年）	× 2【3】(2)(b)(ⅱ)
2	Aは、Bの頭部等を多数回殴打するなどの暴行を加えて脳出血等の傷害を負わせたうえで、路上に放置したところ、その傷害によりBが死亡したが、Bの死亡前、たまたま通り掛かったCが路上に放置されていたBの頭部を軽く蹴ったことから、Bの死期が早められた。この場合において、<u>Aの暴行とBの死亡の結果との間には、因果関係がない</u>。　　　　　　　　　　　　　　　　　　（司書H25-24）	× 2【1】【3】
3	Aは、多数の仲間らとともに、長時間にわたり、激しく、かつ、執ようにBに暴行を加え、隙を見て逃げ出したBを追い掛けて捕えようとしたところ、極度に畏怖していたBは、交通量の多い幹線道路を横切って逃げようとして、走ってきた自動車に衝突して死亡した。この場合において、Aの暴行とBの死亡の結果との間には、因果関係がある。　　　　　　　　　　　　　　　（司書H25-24）	○ 2【1】【3】
4	AがBの左顔面を1回蹴り付け、Bに全治10日間程度の顔面打撲の傷害を負わせたところ、Bが脳梅毒にり患しており、脳に高度の病的変化があったため、Aの暴行により、脳組織の崩壊を来し、死亡した。この場合、Aが、Bに対して暴行行為に及んだ当時、Bの脳梅毒による脳の病的変化という特殊事情があることを知らず、また予測もできなかったとしても、Aの暴行とBの死亡との間に刑法上の因果関係を認めることができる。　　　　　　　　　　　（国ⅠH22年）	○ 2【1】【3】【4】

第4章

故意、過失
——人生には恋が、犯罪成立には故意が必要

1 構成要件的故意がわかる！

キ……ここは基本！
ス……君ならできる！
テ……できたらスゴイ！

(1) 故意ってなんだろう？

(1)「わざとやった」ことを罰する！

　この章では、行為者の主観面、つまり内心の問題について
みていくことにします。

　38条1項本文は、原則として、罪を犯す意思のない行為は
罰しないとしています。故意とは、特定の罪を犯す意思のこ
とをいいます。では、なぜ故意のない行為は罰しないのでしょ
うか。

　違法な行為をしたことについて、行為者を非難することが
できなければ、刑罰を科すことはできません（責任主義）。違法
だとわかっているのにあえてした行為については行為者を責
めるべきであり、行為者を非難することができます。これに
対し、わざとではない、つまり故意がない行為は、行為者を
責められないので、責任を問えないのです。

> **第38条　故意**
> 1　罪を犯す意思がない
> 行為は、罰しない。（以下
> 略）

責任主義については、第
7章 責任の1で学習し
ます。

| Case 1 | A男くんは山で熊の狩猟をしていました。遠くで動いた影を見て熊だと思い発砲したところ、その影は一緒に山に入った最愛の娘B子ちゃんでした。銃弾はB子ちゃんに命中し、B子ちゃんは死んでしまいました。 |

この場合、A男くんには殺人罪が成立するのでしょうか。

| **Answer 1** | A男くんには殺人罪の故意が認められず、殺人罪は成立しません。 |

Case 1 のA男くんは、B子ちゃんを殺しているので、殺人

罪が成立するようにも思えます。しかし、A男くんは、B子ちゃんのことを熊だと思っていたのです。最愛の娘であるB子ちゃんだとわかっていたら当然、B子ちゃんを撃つことはありませんでした。このようなA男くんを殺人犯として責めることはできないでしょう。発生した結果は重大ですが、自分が撃ったのがまさか人であると知らなかったA男くんを非難することはできないわけです。

このように、わざとではない行為を非難することはできません。わざとではない行為は、その行為をやってはいけない、という命令を認識していないため、犯罪を踏みとどまるきっかけが与えられないので、非難することができないのです。

Case 1の例でいえば、A男くんは、あくまでも熊を撃つつもりだったため、B子ちゃんを撃ってはいけない、という命令を認識していません。つまり、殺人罪を踏みとどまるきっかけが与えられていないので、非難することができないのです。

逆にいえば、やってはいけない、という命令を認識し、犯罪を踏みとどまるきっかけが与えられたにもかかわらず、あえて犯罪行為に及んだ場合には、行為者を強く非難することができるわけです。これを**故意責任の本質**といいます。つまり、故意責任の本質は規範問題に直面し反対動機が形成できたにもかかわらず、あえて犯罪行為にでたことに対する強い道義的非難にあるのです。言い換えると、自分の行為が犯罪であるとわかっていて、「その行為をしてはならない」という命令（規範）を突きつけられたにもかかわらず、あえてその行為をしたことについて、それなりに非難することができるというわけです。

> ② 規範とは、「〜をしてはならない」という命令のことをいいます。

（2）故意はいつ検討するの？

犯罪なのかそうでないのかを検討する際に、故意をどのように位置づけるかというと、いくつか考え方が分かれます。ここでは、一般的な考え方を説明していきます。

　構成要件とは、違法・有責な犯罪行為を類型化、要するに、犯罪行為の特徴に応じて分類したものです。そこで、責任が認められるために必要な要素のひとつである故意を、構成要件該当性を判断する際にも検討するべきだと考えることができます。このように、構成要件の要素として検討する故意を、構成要件的故意といいます。

(2)　どのような場合に故意が認められるんだろう？
（1）故意の程度はどれくらい？

　故意があるといえるためには、少なくとも犯罪事実を認識することが必要であると考えられています。つまり、自分が犯罪行為をしているとわかっている、意識しているということが必要なのです。

　さらに、罪を犯す意思はどの程度必要なのでしょうか。ここは犯罪事実が実現されることの認容で足りると考えるのが一般的です。つまり、「絶対にこの犯罪を実現させたい」というほどの強い意思は必要ではなく、「この犯罪が実現してしまってもかまわない」という程度の意思で足りるということです。

（2）何を認識・認容するの？─客観的構成要件要素─

　では、何を認識・認容する必要があるのでしょうか。行為者は自分がしようとする行為（人を殺す行為）と犯罪の構成要件によって示されている命令（人を殺すな）とを照らし合わせて、犯罪にでるかどうかを決定することになります。

　そのため、主観的構成要件要素である故意があると認められるには、みずからの行為が客観的構成要件にあたるということの認識・認容が必要とされています。殺人罪であれば、人を殺すという客観的構成要件にあたる事実についての認識・認容が必要なのです。そして、客観的構成要件要素は、①実行行為、②結果、③因果関係の3つですので、故意があるというためには、この①から③までを認識・認容している

必要があるということになります。

4-1

```
┌─────────────┐   ┌──────────┐   ┌─────────────┐
│  ①実行行為   │───│③因果関係 →│   │   ②結果     │
└─────────────┘   └──────────┘   └─────────────┘
```
これらについて認識・認容が必要

（3）「わいせつ」の認識ってどの程度？

Case 2 A男くんは、路上屋台で古本を販売していました。その古本のなかには官能小説も含まれていました。A男くんは、その小説が淫らな本だとは感じていましたが、わいせつ物頒布等罪の「わいせつな文書」にあたるとは考えていませんでした。

A男くんにわいせつ物頒布等罪が成立するでしょうか。

Answer 2 A男くんには、わいせつ物頒布等罪の故意が認められ、同罪が成立します。

（a）規範的構成要件要素って何？

構成要件のなかには、条文が示している内容によって確定できる部分と、そうでない部分の2種類があります。

条文が示している内容によって確定できるものを記述的構成要件要素といいます。たとえば「人を殺した者」（199条）の「人」や「殺」すという部分については、どのような意味だと考えるかについて、考え方に若干の違いがあっても、構成要件の意味を確定することは簡単です。

第175条　わいせつ物頒布等

1　わいせつな文書、図画、電磁的記録に係る記録媒体その他の物を頒布し、又は公然と陳列した者は、2年以下の懲役若しくは250万円以下の罰金若しくは科料に処し、又は懲役及び罰金を併科する。（以下略）

これに対し、条文の文言からは内容がはっきりしない部分を、規範的構成要件要素といいます。たとえば、**Case 2**の「わいせつ」（175条1項）は、意味がはっきりしない抽象的な概念であり、ある事実がそれにあてはまるかについては最終的に裁判官が決定せざるをえないわけです。

（b）規範的構成要件要素はどの程度の認識が必要？

この規範的構成要件要素について、どの程度の認識があれ

ば故意があるとされるのでしょうか。故意の本質にさかの
ぼって考えましょう。

　故意の本質は、先に説明したように、規範の問題に直面し
反対動機が形成できたにもかかわらず、あえて犯罪行為にで
たことに対する道義的非難でした。つまり、行為者に「この
行為をしてはならない」という命令が与えられることが必要
なわけです。そして、これはしてはいけないことだな、と判
断できる程度の事実を認識していれば、「この行為をしては
ならない」という命令が与えられたといえます。要するに、
普通の人ならばこれはしてはいけないことだと思う程度の認
識があれば、故意が認められると考えられます。

（ c ） Case 2 ではこうなる！

　Case 2 で、Ａ男くんは、小説が「淫らな本」であると感じ
ていました。普通の人であれば、淫らな本ならば売ってはい
けないという規範に直面することができます。つまり、淫ら
な本だという認識があれば、「わいせつ」性についての認識が
あるといえます。したがって、Ａ男くんには故意が認められ
ることになります。

(3)　事実と認識の食い違いってなんだろう？

（1）事実の錯誤って何？

　たとえば、ＭがＮを殺そうと思い、Ｎに向かってピストル
を撃ったところ、実は、それはＮにそっくりなＯであり、Ｏ
が死んでしまったとしましょう。この場合、Ｍが実現した犯
罪は、Ｏに対する殺人罪（199条）ですが、Ｍが認識していた
犯罪は、Ｎに対する殺人罪（199条）です。このように、**実現し
た犯罪事実と行為者の認識した犯罪事実との間に不一致**が生
じた場合を事実の錯誤といいます。

　事実の錯誤の場合、実現した犯罪事実と行為者の認識した
犯罪事実の間に不一致が生じているので、故意（客観的構成要
件要素に対する認識・認容）が認められるのか問題となります。

先ほどの例でいえば、MはOを殺すことを認識・認容はしていませんでした。ですから、客観的構成要件要素を認識・認容していたとはいえないのではないかが問題となるのです。

　では、事実の錯誤にはどのような場面があるのかを確認したうえで、それぞれの場面で故意が認められるのかを確認していきましょう。

（2）具体的事実の錯誤ってどんな場合？

| **Case 3** | A男くんは、B子さんに恨みをもち、B子さんの殺害を決意しました。ある夜、B子さん宅前 |

で待ち伏せしていたA男くんは、玄関を開け家に入ろうとする人物を金属バットで殴り死亡させました。ところが、A男くんがB子さんだと思って殴ったのは、B子さんの弟であるC男くんでした。

この場合、A男くんに殺人罪は成立するのでしょうか。

Answer 3　A男くんに殺人罪が成立します。

　たとえば、MがNを殺すつもりだったのに、間違えてOを殺してしまいました。このような場合を、具体的な事実について勘違いが生じているので、具体的事実の錯誤とよびます。

　では、このような具体的事実の錯誤の場合に、故意が認められるでしょうか。

　自分が殺すつもりでない人を殺してしまった場合でも、犯人が、「人を殺そう」と思っていたことには変わりありません。したがって、この場合でも、故意が認められると考えられています。このような考え方を法定的符合説といいます。

　Case 3では、A男くんは内心ではB子さんを殺すつもりで、客観的にはC男くんを殺しています。殺すつもりであった人と、実際に殺した人とは食い違っているものの、A男くんは人を殺すつもりで、現に人を殺しているわけです。した

4　具体的事実の錯誤とは、より正確にいうと、同一の構成要件の範囲内における具体的な事実について錯誤がある場合のことです。

5　法定的符合説とは、認識していた犯罪事実と発生した犯罪事実とが構成要件の範囲で一致する場合、その限度で故意を認める見解です。たとえば、およそ「人を殺す」つもりで実際に人を殺した場合、たとえ人違いであっても殺人罪の故意が認められます。

がって、故意が認められることになります。

　よって、A男くんには、殺人罪（199条）が成立します。

（3）抽象的事実の錯誤ってどんな場合？

| Case 4 | A男くんは、自宅の庭で掃除をしているB子さんを殺そうとしてピストルを発射しました。

ところが、銃弾は庭で走り回っていたB子さんの飼い犬ポチに命中し、ポチは死亡しました。

A男くんに器物損壊罪は成立するでしょうか。

| Answer 4 | A男くんには器物損壊罪の故意が認められず、同罪は成立しません。なお、A男くんの行

為について殺人未遂罪が成立しえます。

| Case 5 | A男くんが犬のポチを殺そうとしてピストルを発射した結果、B子さんに命中し、B子さん

が死亡した場合、A男くんに殺人罪が成立するでしょうか。

| Answer 5 | A男くんには殺人罪の故意が認められず、同罪は成立しません。

　Case 4 では、殺人をするつもりで、器物損壊罪（261条）を犯しています。また、**Case 5** では、犬を殺すつもりで、殺人罪を犯しています。このように、実行しようと思っていた犯罪と、実際に発生した犯罪が異なる構成要件に属する錯誤を、**抽象的事実の錯誤**といいます。

　では、このような抽象的事実の錯誤の場合、故意が認められるでしょうか。

　抽象的な事実の錯誤がある場合、異なる構成要件の間に、**実質的な重なり合い**があるときには、その限度で故意が認められると考えられています。

　たとえば、MがNの家に放火しようと思って建物甲を焼損させたところ、実は甲はNの住んでいる家ではなく、空き家だった場合を考えてみます。

　このとき、Mは、現住建造物等放火（108条）の故意で、非

他人のペットを殺した場合、刑法では261条の器物損壊罪として扱われます。
器物損壊罪は、第21章財産に対する罪⑤その他の財産犯の2(4)で詳しく学習します。

第261条　器物損壊等
前3条に規定するもののほか、他人の物を損壊し、又は傷害した者は、3年以下の懲役又は30万円以下の罰金若しくは科料に処する。

現住建造物等放火 (109条) の犯罪結果を引き起こしています。この2つの構成要件は、軽い非現住建造物等放火の罪の限度で重なり合いが認められます。なぜなら、どちらも行為の中身は「家屋に火をつける」という意味で同じであり、保護法益も不特定または多数人の生命・身体・財産の安全という点で同じですから、実質的な重なり合いがあるといえるからです。そのため、M の行為について非現住建造物等放火罪が成立することになります。

では、**Case 4**、**5** の場合はどうなるでしょうか。

⑦ **Case 4** の場合、器物損壊罪と殺人罪では行為態様も保護法益も異なるので、この2つの構成要件の間には実質的な重なり合いがあるとはいえません。そのため、A 男くんに器物損壊罪の故意は認められず、その罪は成立しないことになります。

Case 5 の場合、軽い器物損壊罪の故意で重い殺人罪の結果を引き起こしていますから、38条2項により殺人罪は成立しません。なお、器物損壊罪の結果は生じていないうえ、器物損壊罪には未遂犯を処罰する規定がないため、その罪も成立しません。

放火罪は、第22章 社会的法益に対する罪の1で詳しく学習します。

保護法益とは、刑法という法律によって法的に保護されている利益のことをいいます。

2 構成要件的過失がわかる！

(1) 不注意にも犯罪が成立するの？

犯罪が成立するためには、原則として故意が必要です。ただし、故意がなくても過失があれば例外的に犯罪が成立することがあります。38条1項ただし書にいう「法律に特別の規定がある場合」であり、過失犯とよばれる犯罪です。

過失犯とは、過失を要件とする犯罪のことをいいます。過失犯と故意犯は別物で、過失犯は、個別の構成要件として法律で定められているときにかぎり成立しうることになります。たとえば、過失による器物損壊 (物の効用を喪失させること)

は、これを犯罪とする構成要件がないため、犯罪とはなりません。

　刑法をみると、過失犯を定めた条文は非常に少なく、人の生命・身体や公共の安全といった重大な保護法益に関するものに限定されています。さらに、過失犯の法定刑はかなり軽くなっています。わかっていたのにあえて犯罪行為にでる故意犯には強い非難を向けることができるのに対し、不注意によって犯してしまったにすぎない過失犯には、それほど強い非難を向けることはできません。ですから、過失犯の種類は限定され、法定刑も軽く定められているのです。

Case 6 ｜ 薬剤師である A 男くんは、肺炎患者である B 子さんに対し、医師が処方した薬剤 a を手渡すことになっていました。しかし、日頃から薬剤の管理が雑だった A 男くんは、誤って同じ棚に入れてあった薬剤 b を手渡してしまいました。薬剤 b を服用した B 子さんは、副作用により合併症をひきおこし、1 週間後に死亡しました。
この場合、A 男くんに業務上過失致死罪は成立するでしょうか。

Answer 6 ｜ A 男くんに業務上過失致死罪が成立します。

　どのような場合に過失があるといえるかについてはさまざまな考え方がありますが、これから、一般的な考え方を説明します。

　過失とは、**客観的注意義務違反**のことをいいます。一般の人にとって、①犯罪結果の発生を予見でき、かつ、②その結果を避けることが可能なとき、その結果を避けるための行動をとる義務があります。これが客観的注意義務です。そして、この義務に違反する行動をとった場合に過失があると判断されると考えられています。

8　**第 116 条　失火**
1　失火により、第 108 条に規定する物又は他人の所有に係る第 109 条に規定する物を焼損した者は、50 万円以下の罰金に処する。
2　失火により、第 109 条に規定する物であって自己の所有に係るもの又は第 110 条に規定する物を焼損し、よって公共の危険を生じさせた者も、前項と同様とする。

第 129 条　過失往来危険
1　過失により、汽車、電車、若しくは艦船の往来の危険を生じさせ、又は汽車若しくは電車を転覆させ、若しくは破壊し、若しくは艦船を転覆させ、沈没させ、若しくは破壊した者は、30 万円以下の罰金に処する。

第 209 条　過失傷害
1　過失により人を傷害した者は、30 万円以下の罰金又は科料に処する。

第 210 条　過失致死
過失により人を死亡させた者は、50 万円以下の罰金に処する。

第 211 条　業務上過失致死傷等
業務上必要な注意を怠り、よって人を死傷させた者は、5 年以下の懲役若しくは禁錮又は 100 万円以下の罰金に処する。重大な過失により人を死傷させた者も、同様とする。

9　法定刑とは、刑法の各条文に犯罪に対応するものとして定められている刑罰をいいます。

Case 6 の場合、薬剤師である A 男くんにとって、日頃から薬剤を雑に管理していると、間違った薬剤を手渡し、患者がこれを服用して死亡する結果が生じることは予見できます。そして、日頃からきちんと薬剤を管理していれば結果を回避できたのですから、薬剤師にはその結果を回避すべき義務が発生します。つまり、A 男くんは、薬剤をきちんと管理すべき義務に違反し、散漫に薬剤を管理していたため、過失が認められることになります。

(2)　予見可能性ってなんだろう？

Case 7	A 男くんは、大学の仲間とスノーボードを楽しんでいました。急傾斜のゲレンデを見て興

奮した A 男くんは、無謀なスピードで急傾斜のゲレンデを滑走したところ、滑走を制御しきれず転倒しました。その際、装着していたボードが外れ、近くで休んでいた B 子さんの頭に後方から衝突し、B 子さんは死亡しました。A 男くんは、ボードが外れ、B 子さんにそれが衝突するとは思っていませんでしたが、このような滑走によって事故が起こり、他人を死傷させるようなことがあるかもしれないことは予見していました。

この場合、A 男くんに過失致死罪は成立するでしょうか。

Answer 7　A 男くんに過失致死罪が成立します。

予見可能性について、少し詳しくみていきましょう。

故意犯が成立するには、自分の行為が客観的構成要件に該当することの認識・認容が必要でしたが、過失犯が成立するためには、故意犯と同様に、客観的構成要件に該当する事実の予見可能性が必要になります。ただ、過失犯の場合、実行行為時の予見が問題となるので、実行行為は予見の対象ではありません。そして、因果関係については、行為から結果にいたるまでの流れを厳密に予見することは普通ありえないの

で、基本的な部分について予見があれば足りると考えられています。ですから、結局のところ予見の対象となるのは、**結果と因果関係のおおまかな部分**です。

このように、結果と因果関係のおおまかな部分の予見可能性が必要だとして、どの程度具体的な予見が必要なのでしょうか。

これは、結果の発生について単なる不安感を抱いていれば足りるのではなく、一般人であれば結果を回避しようと思う程度の具体的な予見が可能なことが必要だと考えられています。そして、結果の予見可能性については、たとえば、「Mという特定の人」が死ぬというような予見までは必要ではなく、およそ「人」が死ぬという程度の予見があれば足りると考えられています。特定の人が死ぬという予見まではなくても、だれかしら「人」が死ぬという予見さえあれば、一般人であればその結果を回避しようと思うといえるからです。

Case 7 では、A男くんは、B子さんにボードが衝突して死亡してしまうことまでは予見していませんが、他人と衝突して死傷することもありえることは予見していたのですから、A男くんには予見可能性が認められます。そのため、A男くんには過失致死罪が成立することになります。

プラスα文献
試験対策講座・刑法総論 8章、9章
条文シリーズ 38条
ステップアップ No. 5、No. 6

第4章 Exercise

1	Aは、知人Bとアメリカに旅行した際、Bから腹巻きと現金30万円を渡され、「腹巻きの中に、開発中の化粧品が入っている。これを着用して先に日本に帰ってほしい。後で自分が帰国したら連絡する。30万円は、お礼である」旨の依頼を受けた。腹巻の中には覚せい剤が入っており、Aは、中身が覚せい剤かもしれないし、その他の身体に有害で違法な薬物かもしれないと思いながら、この腹巻きを身に着け、覚せい剤を日本国内に持ち込んだ。この場合、Aには、覚せい剤取締法違反（輸入）の罪は成立しない。 (司書H23-24)	× 1【2】(1)
2	Aは、深夜、1階が空き部屋で、2階にBが1人で住んでいる2階建て木造家屋に放火して全焼させた。火をつける前に、Aが1階の窓から室内をのぞいたところ、だれも住んでいる様子がなく、2階にも灯りがついていなかったことから、Aは、この建物は空き家だと思っていた。この場合、Aには、現住建造物等放火罪は成立しない。 (司書H23-24)	○ 1【3】(3)
3	被告人が、業務として普通乗用自動車を運転し、夜間、片側2車線の道路の第2通行帯を制限速度内の時速約40キロメートルで進行中、自車の進路上を無灯火のまま対向進行して来た普通乗用自動車を前方約7.9メートルに迫ってはじめて発見し、急制動の措置を講じたが間に合わず、当該自動車と正面衝突し、その結果、当該自動車の運転手が死亡した場合、たとえ被告人においてハンドル操作により衝突を回避することができる可能性がなかったとしても、被告人につき過失運転致死罪が成立する。 (国Ⅰ H17年)	× 2【1】
4	被告人が、業務として貨物自動車を運転し、制限速度の2倍を超える高速度で走行中、ハンドル操作を誤り自車を信号柱に激突させて、被告人の知らないうちに後部荷台に乗車していた2人を死亡させた場合、たとえ被告人が自車の後部荷台に被害者両名が乗車している事実を認識していなかったとしても、このような無謀ともいうべき運転をすれば人の死傷を伴ういかなる事故を惹起するかもしれないことは、当然認識しえたものというべきであるので、被告人につき過失運転致死罪が成立する。 (国Ⅰ H17年)	○ 2【2】

48　　第4章　故意、過失

違法性、正当行為──ボクサーはみんな傷害犯？

]　違法性阻却事由がわかる！

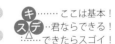

キ……ここは基本！
ス…君ならできる！
デ…できたらスゴイ！

(1)　違法性阻却事由ってなんだろう？

　ある行為が構成要件に該当する場合、その行為は、法益の侵害または法益侵害の危険という犯罪の要素を含んでいることが推測できます。

　しかし、構成要件に該当する行為でも、常に犯罪が成立し、刑罰を科すのが適当であるとはかぎりません。たとえば、人の顔面や身体を殴る行為は暴行罪や傷害罪の構成要件に該当します。しかし、ボクシングの試合で選手が対戦相手の顔面や身体を殴る場合には、暴行罪や傷害罪が成立して刑罰を科すのが適当であるとはいえないでしょう。

　このように、ある行為が構成要件に該当しても、違法性を取り除くことのできる特段の事情のことを**違法性阻却事由**といいます。

(2)　どうして違法性が阻却されるんだろう？

　違法性の実質は、社会的相当性（社会倫理秩序というルールの枠内）から外れた法益の侵害または法益侵害の危険を発生させることにあると考えられています（このことを違法性の実質といいます）。そうすると、ある行為が社会的相当性の範囲内にある場合には、違法性が阻却されることになります。

　先ほどの例でいえば、ボクシングというルールの範囲内であれば暴行行為も法で許容されているため、その暴行は、社

会的相当性の範囲内で行われたものといえます。つまり、社会的相当性から外れた法益の侵害にはあたりません。よって、この場合の暴行行為は、暴行罪や傷害罪の構成要件に該当するものの、違法性が阻却されることになります。

(3) 違法性阻却事由にはどんなものがあるの？

違法性阻却事由には、刑法に規定されているものとして、**法令行為**（35条前段）、**正当業務行為**（35条後段）、**正当防衛**（36条1項）、**緊急避難**（37条1項本文）の4つがあります。ただし、法令に規定がない場合でも、違法性を阻却すると考えられる事由があります。このような事由を**超法規的違法性阻却事由**といいます。

これらの違法性阻却事由は、その性質に応じて大きく①正当行為と②緊急行為の2つに分けられます。それぞれについて、詳しくみていきましょう。

超法規的違法性阻却事由とは、刑法に規定されている違法性阻却事由にはあたりませんが、解釈上違法性を阻却すると認められる事由のことをいいます。
たとえば、被害者の承諾や安楽死・尊厳死などがあります。

緊急行為に関しては、第6章 正当防衛、緊急避難で詳しく学習します。

5-1

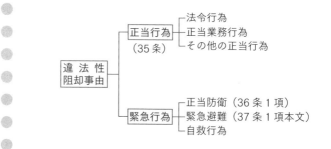

2 正当行為がわかる！

| Case | A子さんは、20歳のB男くんに「あなたは保険に加入しているから、わたしがあなたにわざと車をぶつけてけがをすれば、保険金が手に入るよ」と言ったところ、B男くんが「わかった、そうしよう」と同意してくれたので、B男くんとともに保険金詐欺を企てまし |

た。

後日、A子さんは、わざとB男くんに自動車を衝突させて、B男くんにけがを負わせました。

B男くんの同意を得ている場合にも、A子さんに傷害罪が成立するのでしょうか。

Answer A子さんには、傷害罪が成立します。

(1) 正当行為にはどんなものがあるの？

　正当行為について、35条は「法令又は正当な業務による行為は、罰しない」と規定しています。「罰しない」とは、違法性が阻却されるため処罰しない、つまり犯罪が成立しないということです。

　さて、**Case** の場合、A子さんの行為は傷害罪の構成要件に該当します。しかし、B男くんは傷害を受けることについて承諾（明示的な承諾）をしているので、この承諾によってA子さんの行為が正当行為となり、違法性が阻却されないかどうかが問題となります。そこで、まず正当行為にはどのようなものがあるかをみていきましょう。

　法律で規定されている正当行為には、法律・命令その他の成文・法規が、それを行うことを許容している**法令行為**（35条前段）と社会生活上正当なものと認められる業務行為である**正当業務行為**（35条後段）があります。

　また、35条が「罰しない」と規定する「正当な業務による行為」には、明文により規定された業務行為以外に、**その他の正当行為**も含まれると一般に考えられています。前に説明したように、違法性の実質は、社会的相当性から外れた法益の侵害または法益侵害の危険を発生させることにあると考えられています。そこで、ある行為が社会的に相当な行為と認められる場合には、その他の正当な行為として、違法性が阻却されることになります。

> ② 構成要件該当性の問題と違法性阻却事由の問題はしっかり区別してください。構成要件に該当することを確認してから違法性阻却事由の検討に移ります。

ボクサーはみんな傷害犯？　51

その他の正当行為には、判例上さまざまなものが認められていますが、ここではそのなかでとても重要な**被害者の承諾**について説明していきます。

(2)　被害者の承諾ってなんだろう？

（1）被害者の承諾によって、どんな効果が生じるの？

　被害者の承諾とは、被害者自身が犯罪の被害を受けることを承諾することをいいます。正確にいうと、法益の帰属者（法益の主体）である被害者が、自己の法益を放棄し、その侵害に承諾または同意を与えることをいいます。

　被害者の承諾は、犯罪の特性に従って次のような意味をもちます。

（a）被害者の承諾のないことが明示・黙示の構成要件要素となっている場合

　行為が被害者の意思に背いて行われることで、はじめて実行行為にあたる犯罪類型があります。このような犯罪については、被害者の承諾がある場合、そもそも構成要件該当性が欠けることになります。

　たとえば、Mが友人のNに自宅の鍵を預けて留守中の自宅の掃除を頼んだとします。この場合、Nが預かった鍵を使って留守中のMの家に入ることが、他人の住居に「侵入」する（130条前段）という住居侵入罪の実行行為にあたるかどうかが問題となります。

　Nは居住者であるMから鍵を預かって、自宅に入ることを許されています。この場合にMの自宅に入ったNを住居侵入罪として罰することはおかしいといえます。このように、住居侵入罪の場合、居住者（被害者）の意思に背いて住居に立ち入ったときに、はじめて「侵入」という構成要件に該当します。ですから、この例の場合、Mの承諾がある以上、Nの行為は住居侵入罪の実行行為には該当しません。そのほかにも、窃盗罪（235条）や強制性交等罪（177条前段）の場合も同様

第130条　住居侵入等
正当な理由がないのに、人の住居若しくは人の看守する邸宅、建造物若しくは艦船に侵入し、又は要求を受けたにもかかわらずこれらの場所から退去しなかった者は、3年以下の懲役又は10万円以下の罰金に処する。

に、被害者の意思に反して実行行為が行われることによって、はじめて構成要件に該当します。

（ｂ）被害者の承諾のあることが構成要件要素となっている場合

これには、同意殺人罪（202条）や同意堕胎罪（213条）などがあります。殺人罪や堕胎罪では、被害者の承諾がある場合、承諾がない場合と比較して類型的に違法性が低いといえます。そのため、被害者の承諾がない場合よりも軽い法定刑が規定されているのです。

（ｃ）被害者の承諾があっても何ら犯罪の成否に影響しない場合

強制わいせつ罪や強制性交等罪の場合は13歳未満の者が被害者となるときは、暴行または脅迫を用いることなく、かつ、被害者の同意があったとしても犯罪が成立します（176条後段、177条後段）。

（ｄ）被害者の承諾が違法性を阻却する場合

個人的法益に対する罪の場合、（ａ）から（ｃ）までを除いて、原則として被害者の承諾は違法性阻却事由となります。たとえば、傷害罪（204条）や器物損壊罪（261条）などがあげられます。

（２）被害者の承諾によって違法性が阻却されるのはどんな場合？

被害者の承諾がある場合でも、常に違法性が阻却されるわけではありません。

（１） で説明したように、構成要件に該当する行為にもかかわらず違法性が阻却されるのは、社会的に相当な行為と認められる場合です。被害者の承諾がある場合の傷害罪の成否は、単に承諾があるという事実だけではなく、被害者の承諾を得た動機、目的、身体傷害の手段、方法、損傷の部位、程度などさまざまな事情を考慮して、社会的に相当な行為といえるかどうかで決定されるべきと考えられています。

被害者の承諾によって違法性が阻却されるためには、具体的には次の表にある6つの要件をみたす必要があります。

4　**第202条　自殺関与及び同意殺人**
人を教唆し若しくは幇助して自殺をさせ、又は人をその嘱託を受け若しくはその承諾を得て殺した者は、6月以上7年以下の懲役又は禁錮に処する。

5　**第213条　同意堕胎及び同致死傷**
女子の嘱託を受け、又はその承諾を得て堕胎させた者は、2年以下の懲役に処する。（以下略）

6　**第176条　強制わいせつ**
13歳以上の者に対し、暴行又は脅迫を用いてわいせつな行為をした者は、6月以上10年以下の懲役に処する。13歳未満の者に対し、わいせつな行為をした者も、同様とする。

第177条　強制性交等
13歳以上の者に対し、暴行又は脅迫を用いて性交、肛門性交又は口腔性交（以下「性交等」という。）をした者は、強制性交等の罪とし、5年以上の有期懲役に処する。13歳未満の者に対し、性交等をした者も、同様とする。

	要　件
①	被害者にとって承諾可能な個人的法益であること
②	承諾自体が有効であること（承諾能力と任意性）
③	承諾が行為時に存在すること
④	被害者の承諾があることを認識して行われること
⑤	承諾が外部に表明されること
⑥	承諾による行為が社会倫理規範に照らし是認されること ⑦

7

社会倫理規範とは、人間の社会生活を規制するための行動基準となる道徳的な模範のことをいいます。

　①承諾の内容は、被害者にとって承諾可能な法益、つまり、被害者みずから処分することのできる**個人的法益**に関するものであることが必要です。被害者が処分することのできない法益について承諾があったとしても、その承諾は違法性を阻却しません。たとえば、個人が国家的法益・社会的法益を処分することはできませんから、**国家的法益・社会的法益**⑧に対する罪について被害者の承諾があったとしても、違法性は阻却されません。

8

国家的法益に対する罪には、賄賂罪（197条）や公務執行妨害罪（95条）などがあります。

詳しくは第23章 国家的法益に対する罪で学習します。

　Case では、B男くんは自分の身体に関する法益を放棄しているので、表①の要件をみたしているといえます。

9

社会的法益に対する罪には、放火罪（108条以下）や文書偽造罪（154条以下）などがあります。

詳しくは第22章 社会的法益に対する罪で学習します。

　②たとえば4歳児の場合、承諾能力が否定されて承諾が無効とされる可能性があります。承諾能力を備えた者の真意に基づく承諾でなければ、実質的に承諾をもらっていないのと同じだからです。この場合、たとえ表面上は承諾があったとしても、違法性は阻却されません。

　Case では、B男くんは成人で、A子さんの説明を理解したうえで承諾をしているので、その承諾は真意に基づいているといえます。そのため、表②の要件もみたします。

　③行為者の行為が社会的に相当といえるかどうかは、その行為を行った時点を基準に判断されます。ですから、行為者が行為にでる時点で、すでに被害者による承諾がなければいけません。そのため、行為後に承諾を得た場合、その行為の違法性は阻却されません。

Case では、A子さんが行為にでる前に、B男くんの承諾を得ているので、表③の要件もみたしています。

④被害者の承諾があったとしても、行為者がその承諾を認識していなければ、その行為が社会的に相当であるとはいえません。そのため、行為者は被害者の承諾を認識している必要があります。

Case のA子さんもB男くんの返事を聞き、承諾を認識しているので、表④の要件もみたします。

⑤ ④の前提として、被害者の承諾は、行為者が認識できるといえる程度に、外部的に表明される必要があります。

Case では、B男くんはA子さんに対して「そうしよう」と答えて明示的に同意をしているので、B男くんの承諾は外部に表明されているといえます。そのため、表⑤の要件もみたします。

⑥違法性が阻却される根拠を社会的相当性に求める以上、承諾に基づいてなされる行為の方法や程度が国家・社会倫理規範に照らして是認されるものでなければなりません。

Case の場合、A子さんは保険金詐欺という犯罪を行う目的でB男くんに対する傷害行為をしているため、その行為は社会倫理規範からすると認められる行為であるとはいえません。そのため、たとえB男くんの承諾がある場合でも、表⑥の要件を欠くためA子さんの行為の違法性は阻却されません。

プラスα文献
試験対策講座・刑法総論 10 章
条文シリーズ 35 条
ステップアップ No. 7

1	Aは、強盗をする意図でB宅に立ち入るに際し、「こんばんは」と挨拶し、これに対してBが「お入り」と応答したのに応じてB宅に立ち入った。この場合、Aには、住居侵入罪が成立する。 （司書H18-25）	○ 2【2】(1)
2	12歳の少女にわいせつ行為を行った場合には、当該少女の真摯な承諾があれば、<u>強制わいせつ罪は成立しない</u>。　（司書H24-25）	✕ 2【2】(1)
3	4歳のBの母親であるAは、Bと一緒に心中しようとして、Bに対し、「お母さんと一緒に死のう」と言って、Bの同意を得てBを殺害した。この場合、Aには、同意殺人罪ではなく殺人罪が成立する。 （司書H18-25）	○ 2【2】(2)
4	Aは、B宅において現金を盗み、B宅を出たところでBと出会い、Bに説諭されて盗んだ現金をBに返そうとしたが、Aを哀れんだBから「その金はやる」と言われ、そのまま現金を持って立ち去った。この場合、Aには窃盗罪が成立する。　（司書H18-25）	○ 2【2】(2)
5	けじめをつけると称し、暴力団組員が同じく暴力団組員である知人の承諾を得たうえ、当該知人の小指の第1関節を包丁で切断した場合には、<u>傷害罪は成立しない</u>。　（司書H24-25）	✕ 2【2】(2)
6	過失による自動車事故により他人を負傷させたかのように装って保険金の支払を受けようと企て、その情を知った知人の承諾を得たうえ、みずからが運転する自動車を当該知人に衝突させて傷害を負わせた場合には、<u>傷害罪は成立しない</u>。　（司書H24-25）	✕ 2【2】(2)

正当防衛、緊急避難
——犯罪者を返り討ちにしちゃダメなの？

1 正当防衛がわかる！

キ……ここは基本！
スデ……君ならできる！
：……できたらスゴイ！

| Case | A男くんは、B男くんから突然ナイフで切りかかられたので、自己の身を守るためB男くんの顔面を素手で強く殴りつけ、B男くんに全治3週間のけがを負わせました。この場合、A男くんに傷害罪は成立するのでしょうか？ |

Answer　A男くんに傷害罪は成立しません。

(1) 正当防衛ってなんだろう？

　正当防衛とは、「急迫不正の侵害に対して、自己又は他人の権利を防衛するため、やむを得ずにした行為」をいいます（36条1項）。簡単にいうと、やられそうになったのでやり返した行為です。

　一定の場合には正当防衛は許されます。法律的には、ある行為が特定の構成要件に該当しても、正当防衛と認められる場合には、違法性が阻却されるため、犯罪は成立しないということになります。

　なぜ正当防衛が認められるのかというと、不正の侵害に対して防衛行為をすることは、社会的にみて適当であると考えられるからです。

①

第36条　正当防衛
1　急迫不正の侵害に対して、自己又は他人の権利を防衛するため、やむを得ずにした行為は、罰しない。

(2) 正当防衛が成立するための要件ってなんだろう？

　正当防衛が成立するためには、①「急迫不正の侵害」に対して、②「自己又は他人の権利」を③「防衛するため」に、

④「やむを得ずにした行為」であるといえることが必要です。

それぞれの要件に分けて詳しくみていきましょう。

（1）「急迫不正の侵害」って何？

この要件は、更に急迫性と不正に分けられます。

（a）急迫性について

急迫性とは、**法益の侵害が現に存在している**（たとえば、今まさに殴られている場合）**か、または間近に迫っている**（たとえば、今まさに殴られようとしている場合）ことをいいます。そのため、**過去の侵害では急迫性の要件をみたさないということになり**ます。昨日殴られたから今日殴り返す、というのでは正当防衛にあたらないのです。この侵害が過去のものといえるかどうか、つまり侵害行為が終了したといえるかどうかは、さまざまな事情を考慮して決められます。

ナイフやピストルのような凶器を持った人間に襲われた場合、普通は侵害者からその凶器を奪った時点で、**急迫性は失われると考えられます**。もっとも、その侵害者の**攻撃意欲がなおも旺盛であるような場合には、凶器を奪った後でも侵害の急迫性が認められることがあります**。たとえば、B男くんにナイフで切りかかられたのでA男くんはナイフを取り上げたものの、B男くんの鼻息が荒く、再びA男くんに襲いかかってくる可能性が高い場合に、急迫性は継続していると判断されることがあります。

間近に迫っているとはいえない**将来の侵害も、急迫性の要件はみたしません**。明日殴られそうだから今日殴っておいた、というのは正当防衛になりえません。

また、防衛者が侵害を予期していた場合に、急迫性は認められるのでしょうか。この点について判例は、単に**侵害を予期しているだけでは急迫性は失われない**としています。しかし、その機会を利用して積極的に相手を加害しようという**積極的加害意思をもって反撃に及んだ場合などには、急迫性が失われる**としています。たとえば、Nと犬猿の仲であるM

侵害の急迫性
試験対策講座・刑法総論
210頁

は、次にNに会ったらきっと殴りかかられるだろうと予期し
ていて、予想どおりに殴りかかられたので反撃したとしま
す。この場合に、ただちに急迫性が失われることにはなりま
せん。しかし、Mが単に侵害を予期していただけでなく、「N
のほうから殴りかかってきたら好都合だ。返り討ちにしてや
ろう」などと考えていて、反撃に及んだ場合には、すでにも
う急迫性を欠いています。

（b）不正について

　ここでいう不正とは、**違法**のことをいいます。たとえば、
OがPにいきなり夜道で殴りかかられた場合、Pの行為は暴
行罪（208条）の構成要件に該当し、かつ、違法性阻却事由も
ないので、違法な行為といえます。よって、これに対するO
の反撃行為は、不正な侵害に対する反撃として正当防衛にな
りえます。

　他方で、Oが逃げるために無関係の通行人であるQを押し
倒したという場合、Oの行為は不正の侵害に対する行為では
ないので、正当防衛は成立しません。つまり、正当防衛は、
反撃者と反撃の相手方が正対不正の関係にあるものについて
のみ認められ、不正対正、不正対不正、正対正の関係につい
ては認められません。ただ、正対正になる場合には、**2**で学
習する緊急避難が問題となります。

（2）「自己又は他人の権利」って何？

　正当防衛は、自己の権利を防衛するためのものだけでなく、
他人の権利を防衛するためにも成立します。ここでいう「権
利」とは、**法益**を意味します。そして、この法益には、社会
的法益や国家的法益まで含まれるとするのが判例です。

（3）「防衛するため」って何？

　正当防衛が成立するためには、反撃者に**防衛の意思**が必要
であると考えられています。防衛の意思とは、急迫不正の侵
害を認識しつつ侵害を避けようとする単純な心理状態をいい
ます。これは防衛のためだけに反撃する意思がある場合では

社会的法益や国家的法益
に関しては、第22章 社
会的法益に対する罪、第
23章 国家的法益に対す
る罪で学習します。

③　試験対策講座・刑法総論
213頁

なく、**攻撃の意思と防衛の意思とが両方ともある場合にも認められる**とされています。

ただし、反撃者が積極的に攻撃者に対して**害を加える意思がある場合**には、防衛の意思が欠けるものとされます(判例)。

試験対策講座・刑法総論 ④
216頁

つまり、防衛の意思がないにもかかわらず、防衛という名のもとに攻撃者に対して害を加える行為をすることは、正当防衛にあたりません。

ところで、判例は、一方で、積極的加害意思をもって反撃に及んだ場合には急迫性の要件を欠くとし、他方ここでは、防衛の意思が欠けるとしています。そこで、両者はどのような関係にあるのかが問題となります。

判例は、あらかじめ侵害を予期したうえで、これを機に相手方を返り討ちにしてやろうというような意思で反撃に及んだ場合のように、**反撃行為に及ぶ以前の意思内容が問題とされる場合**には、**急迫性の問題**であるとします。これに対し、予想外の侵害を受けた後に、このような意思で反撃に及んだ場合のように、**反撃行為の実行時の意思内容が問題とされる場合**には、**防衛の意思の問題**であるとしていると一般に考えられています。

(4)「やむを得ずにした」行為って何?

「やむを得ずにした」とは、防衛行為が**必要性と相当性**をもっていることを意味すると考えられています。

必要性とは、**なんらかの防衛行動にでる必要**のことであり、後に説明する緊急避難のように、ほかに採るべき手段がなかったことまでは要求されません。そのため、たとえばB男くんから突然ナイフで切りかかられたA男くんは、走って逃げることもできたものの、逃げることなくB男くんを素手で強く殴りつけるという反撃に及んだ場合でも、必要性が認められることはあります。

相当性とは、反撃行為が権利を防衛する**手段として必要最小限度のもの**であることを意味します。**Case** の状況とは逆

で、B男くんが素手で殴りかかってきたがA男くんは包丁で反撃したとします。このように武器の対等性が欠ける場合には、相当性が否定されやすいです。ただし、**相手のほうが年齢的に若く体力的にも優れているような場合**には、素手の侵害に対する包丁での反撃にも、**相当性が認められることがあります**（判例）。⑤

そして、相当性とは、あくまで**手段としての相当性**であって結果の相当性ではなく、法益の権衡は要求されません。つまり、必要最小限度の手段をもって反撃した場合には、それによって生じた結果がたまたま侵害されようとした法益より大きかったとしても、**相当性は否定されません**。たとえば、殴られそうになったので殴り返したところ、相手方が倒れて運悪く頭を打って死亡したというような場合、結果としては侵害者を死亡させていますが、武器の対等性はあり、手段としては必要最小限度といえるので、相当性は否定されません。

5　防衛行為の相当性
試験対策講座・刑法総論
219頁

(3) **Case ではこうなる！**

Case におけるA男くんの行為は傷害罪の構成要件に該当します。

しかし、A男くんはその前にB男くんから突然ナイフで切りかかられているので、「急迫不正の侵害」があったといえます。また、A男くんは自己の身（生命・身体という法益、つまり「自己……の権利」）を守る意思で（「防衛するため」）、反撃行為に及んでいます。そして、A男くんはB男くんから突然切りかかられている以上、その身を守るために防衛行動にでる必要があり、ナイフでの侵害に対して素手で反撃しているので、防衛行為に相当性も認められ、「やむを得ずにした」といえます。

そのため、正当防衛として違法性が阻却され、A男くんの

行為に傷害罪は成立しないことになるのです。

(4) けんかでも正当防衛になるの？

けんかは、社会の平穏を害し法秩序を乱すものです。このような社会的な相当性を欠く行為には原則として正当防衛を認めるわけにはいきません。

しかし例外的に、けんか中の反撃にも社会的な相当性を認めてよい場合がありうるでしょう。たとえば、素手で殴り合っていたのに、突然相手がナイフを取り出して襲いかかってきたような場合には、これに対する反撃について正当防衛を認める余地があるといえます。

(5) 過剰防衛ってなんだろう？

第36条　正当防衛
2　防衛の程度を超えた行為は、情状により、その刑を減軽し、又は免除することができる。

過剰防衛とは、防衛の程度を超えた行為のことをいいます（36条2項）。正当防衛の要件のうち、防衛行為の相当性という要件以外のすべての要件をみたしている場合に、過剰な反撃行為が過剰防衛となります。そのため、急迫不正の侵害がない場合や防衛の意思がない場合には、過剰防衛は問題になりません。

(6) 過剰防衛の効果と根拠ってなんだろう？

情状とは、どの程度の刑罰を科すかという判断に影響を与えるいっさいの事情をいいます。たとえば、犯人の年齢がこれにあたり、老人が青年から暴力を受けたため、逃げるために反撃した行為が過剰防衛となる場合、老人が高齢であることは刑を減軽または免除するための情状となる可能性があります。

ある反撃行為が過剰防衛と認められる場合、その行為に正当防衛は成立しない以上、違法性は阻却されず、犯罪の成立は否定されません。ただし、情状により刑を減軽または免除することができます（36条2項）。これを、任意的減免といいます。

任意的減免が認められる根拠について、一般的には、行為者の責任が減少するからであると考えられています。つまり、緊急事態においては、恐怖や興奮状態のために多少行きすぎたとしても、行為者を強く非難することはできないということです。

(7) 過剰防衛にはどんなものがあるんだろう？

過剰防衛は、質的過剰と量的過剰に分類されます。

質的過剰とは、相手の侵害に対して**必要以上に強い反撃を加えた場合**をいいます。たとえば、素手で攻撃してきた相手に対して、ナイフで反撃するような場合がこれにあたります。

量的過剰とは、急迫不正の侵害が去ったにもかかわらず防衛者が追撃行為にでた場合をいいます。侵害者は侵害行為をすでに終了しているのに、反撃者がなおも攻撃を続けるような場合です。この場合に、当初の急迫不正の侵害に対する反撃と、これが去った後の追撃行為とを分けて考えると、当初の反撃に正当防衛が成立するとしても、追撃行為に関しては、急迫不正の侵害がない以上、正当防衛はもちろん過剰防衛すら成立しないことになるはずです。しかし判例は、2つの行為を形式的に分けて考えるのでなく、これを一連・一体の行為と評価できる場合には、全体として防衛の程度を超えた過剰防衛として扱うという立場に立っています。たとえば、反撃者が当初は急迫不正の侵害に対して防衛のために相手方を殴打していたところ、つい気持ちが高ぶって、その侵害が終了したのにやめずに何発か殴打を続けてしまった、というような場合には、当初の防衛行為と侵害が終了した後に行った追撃行為とが一連・一体のものと認められる可能性があるといえます。

8　試験対策講座・刑法総論
228頁

(8) 誤想防衛と誤想過剰防衛ってなんだろう？

正当防衛・過剰防衛に関連するものとして、更に、誤想防衛と誤想過剰防衛というものがあります。

誤想防衛とは、正当防衛の要件を現実にはみたさないのに、これをみたすものと誤信して、反撃行為に及んだ場合のことをいいます。たとえば、A男くんが夜間に散歩していたところ、友人のB男くんが、単に驚かそうと思って草むらから突然飛び出してきたのを、A男くんは暴漢に襲われたと勘違い

して、素手で殴り倒してしまったような場合がこれにあたります。この場合、B男くんは単に驚かそうと思っているだけなので、A男くんの法益の侵害が迫っているとはいえず、急迫不正の侵害は認められません。ですから、正当防衛の要件をみたさず、違法性は阻却されません。しかし、A男くんはこれを暴漢による急迫不正の侵害と勘違いしているので、犯罪が成立しないのではないかが問題となります。

　また、**誤想過剰防衛**とは、急迫不正の侵害がないのに、あると誤信して反撃行為に及んだが、それが行為者の誤信した侵害に対する防衛行為として過剰であった場合をいいます。たとえば、このA男くんの例で、A男くんがナイフで反撃したような場合がこれにあたります。

　これらが犯罪の成立等にどのように影響するかについては、第7章 責任の3 **(2)**（3）、（4）で詳しく学習します。

2 緊急避難がわかる！

(1) 緊急避難ってなんだろう？

　緊急避難とは、自己または他人の生命・身体・財産等に対する現在の危難を避けるため、やむをえずにした行為で、これによって生じた害が避けようとした害の程度を超えなかった場合のことをいいます（37条1項本文）。たとえば、Mが行き止まりの道で野良犬に襲われて逃げ場がなかったので、仕方なく塀をよじ登って他人の家に侵入したような場合がこの典型例です。

　ある行為が特定の構成要件に該当しても、緊急避難と認められる場合には、違法性が阻却されると考えられています。

(2) 緊急避難が成立するためにはどんな要件が必要なの？

　緊急避難が成立するためには、①「**現在の危難**」を②「避

第37条　緊急避難
1　自己又は他人の生命、身体、自由又は財産に対する現在の危難を避けるため、やむを得ずにした行為は、これによって生じた害が避けようとした害の程度を超えなかった場合に限り、罰しない。ただし、その程度を超えた行為は、情状により、その刑を減軽し、又は免除することができる。

けるため」、③「やむを得ずにした行為」であって、④「これによって生じた害が避けようとした害の程度を超えなかった」ことが必要です。

（1）「現在の危難」って何？

「現在」とは、正当防衛における急迫性と同じ意味です。つまり、危難が、現在存在するかまたは間近に迫っていることを意味します。「危難」とは、法益を侵しているかまたは侵す危険のある状態のことをいいます。

この「現在の危難」の要件には、**正当防衛とは異なり、不正であることは含まれていません**。そのため、違法な人の行為はもちろん、適法な人の行為や自然災害であっても、この要件をみたすことになります。

（2）「避けるため」って何？

正当防衛における防衛の意思と同様に、緊急避難においても避難の意思が必要であると考えられています。

（3）「やむを得ずにした」って何？

正当防衛では、防衛行為の必要性・相当性を意味しますが、緊急避難では、**当該行為が、その危難を避けるための唯一の方法であって、ほかに採るべき手段がなかったこと**を意味します。これを、**補充性**といいます。

たとえば、突然何者かにナイフで襲われたとき、逃げることもできたが、とっさに足元の石を投げつけてその侵害をかわしたというような場合に、正当防衛における防衛行為の必要性はみたしますが、緊急避難における補充性はみたしません。

このように、緊急避難の要件が正当防衛より厳しいものとなっているのは、緊急避難が反撃者と反撃者の相手方が正対正という関係にあり、何ら落ち度のない反撃者の相手方の犠牲のうえに成り立つものだからです。

（4）「これによって生じた害が避けようとした害の程度を超えなかった」（法益の権衡）って何？

　この要件により、大きな価値の法益を犠牲にして、小さな価値の法益を救うことは許されないことになります。たとえば、愛犬が蹴られそうになったのでその者を撃ち殺したという場合には、この法益の権衡が認められません。また、動物は法律的には財産として扱われるので、動物同士の法益の権衡は価格の比較で決せられます。そのため、10万円の愛犬を救うために100万円のゴリラを撃ち殺したという場合にも、法益の権衡は認められません。

　このように、正当防衛における防衛行為の相当性とは異なり、緊急避難が成立するためには、行為のみならず結果の相当性が要求されます。これも、緊急避難が正対正の問題であることを考慮したものといえます。

(3)　過剰避難ってなんだろう？

　緊急避難においても、正当防衛の場合と同様に、その他の要件をすべてみたすが、避難行為の相当性の要件をみたさない場合には、過剰避難として刑の任意的減免の効果が認められます（37条1項ただし書）。つまり、補充性または法益の権衡の要件だけを欠く場合には、過剰避難が成立します。刑の任意的減免の根拠についても、過剰防衛の場合と同様に、責任が減少するからと考えられています。

　　プラスα文献
試験対策講座・刑法総論 11 章、12 章
判例シリーズ 7 事件、9 事件
条文シリーズ 36 条、37 条
ステップアップ No. 8

1	侵害がある程度予期されている場合に、侵害の機会を利用して積極的に相手に対して加害行為をする意思で侵害にのぞんだときには、<u>侵害の急迫性は失われないものの、防衛の意思を欠き、正当防衛は成立しない</u>。　　　　　　　　　　　　　　　　　　　（国ⅠH18年）	× 1【2】(1) (a)
2	甲は、アパートの2階において、折り合いの悪かったAから、いきなり鉄パイプで殴りかかられてもみ合いとなり、いったんAから鉄パイプを取りあげて殴打したものの、Aに鉄パイプを奪還されて再度殴りかかられ、その際、Aが勢い余って手すりの外側に上半身を乗り出したので、Aの片足を持ちあげて階下のコンクリート道路上に転落させて重傷を負わせた。甲がAから鉄パイプを取りあげた時点で、Aの攻撃は終了しているから、Aに加害の意欲が存続し、甲がAを転落させなければAにおいて再度の攻撃が可能であった場合でも、<u>侵害の急迫性が欠ける</u>。　　　　　（国ⅠH21年）	× 1【2】(1) (a)
3	Aは、知人のBと飲酒していたが、酒癖の悪いBは、Aに絡みだし、Aの顔面をこぶしで数回殴りつけ、更に殴りかかってきた。Aは、自分の身を守ろうと考えるとともに、Bの態度に憤慨し、この際、Bを痛い目にあわせてやろうと考え、Bの頭髪を両手でつかんでBを床に引き倒した。この場合、<u>AのBに対する積極的加害意思が認められる</u>ので、AがBの頭髪を両手でつかんでBを床に引き倒した行為には、<u>正当防衛は成立しない</u>。　　　　　　（司書H21-25）	× 1【2】(3)
4	予期していなかった急迫不正の侵害を受けている場合に、かねてから侵害者に対して憎悪の念をもっていたことから、その機会に乗じ防衛に名を借りてもっぱら攻撃の意思で積極的な加害行為にでたときには、防衛の意思を欠き、正当防衛は成立しない。 　　　　　　　　　　　　　　　　　　　（国ⅠH18年）	○ 1【2】(3)
5	甲は、Aから押し問答の挙げ句に、左手の中指および薬指をつかまれ逆にねじあげられたため、痛さのあまりに振りほどこうと、Aの胸部付近を1回突きとばしたところ、Aは仰向けに倒れて、たまたま付近に駐車していた自動車のバンパーに後頭部を打ちつけて重傷を負った。甲が守ろうとした小指の傷害に比して、Aが負った傷害は重大であるから、<u>防衛の手段として必要最小限度のものとはいえず、相当性が欠ける</u>。　　　　　　　　　（国ⅠH21年）	× 1【2】(4)

第7章

責任——泥酔してても罪は罪

キ……ここは基本！
スデ…君ならできる！
……できたらスゴイ！

1 責任主義がわかる！

　ある行為が刑法の構成要件にあてはまり、違法性も認められると、責任があるかどうかについて検討することになります。そして、行為者がその行為をしたことについて責任があるということを**有責**といいます。有責性は、「責任なければ刑罰なし」という刑法の基本原則である責任主義から、必要とされるのです。

　ここで責任があるかどうかのチェックポイントとなるのは**責任能力、責任故意・過失、期待可能性**の3つです。これらのうち1つでも欠けると有責性は認められず、犯罪は不成立となります。

2 責任能力がわかる！

(1) 責任能力の意義と役割ってなんだろう？

(1) 責任能力って何？

　責任能力とは、①行為の違法性を弁識し（弁識能力）、②それに従って自己の行為を制御する能力（行動制御能力）のことをいうと考えられています。①と②が両方そろってはじめて責任能力ありと判断されます。弁識は、物事の道理を自分で理解することができる、という意味で捉えてください。

(2) 心神喪失と心神耗弱の違いはなんだろう？

　心神喪失とは、精神の障害により、弁識能力を欠く場合または行動制御能力を欠く場合をいいます。どちらか1つまたは2つとも能力を欠く心神喪失者の行為は罰せられません

第39条　心神喪失及び心神耗弱
1　心神喪失者の行為は、罰しない。
2　心神耗弱者の行為は、その刑を減軽する。

（39条1項）。この場合には、犯罪は成立しないのです。

心神耗弱とは、精神の障害により、弁識能力が著しく低い場合または行為制御能力が著しく低い場合をいいます。心神耗弱者の場合には、心神喪失者と異なり、責任能力を欠くことになるわけではないので、犯罪は成立するのですが、刑は必ず減軽されます（必要的減軽。39条2項）。

（3）基準は14歳！

14歳未満の者は責任無能力者とされています（41条）。精神の発達には個人差があります。しかし、一般的には、14歳未満の者の人格は形成途上にあって可塑性に富んでいることなどから、刑法は、政策的に14歳未満の者は責任能力なしと定めているのです。

② 第41条 責任年齢
14歳に満たない者の行為は、罰しない。

③ 可塑性とは、少年は人格的に発展途上であり、未熟性・柔軟性があるがゆえに、適切な教育や処遇によって更生することをいいます。

（2）酔っ払っていれば何をしても許される？

Case 1 A男くんは以前交際していたB子さんに対する逆恨みから、B子さんを殺してしまおうと考えました。A男くんはB子さんに電話をし、自宅に呼びだしました。そして、凶器の包丁を用意し、大量の酒を飲みながらB子さんが来るのを待ちました。B子さんがA男くん宅に到着し部屋に入った瞬間、A男くんは包丁でB子さんの胸を刺し、即死させました。このときA男くんは極度の泥酔状態にあり、行為制御能力を欠いていました。
A男くんに殺人罪は成立するのでしょうか。

Answer 1 A男くんに殺人罪が成立します。

責任能力は犯罪の実行行為時に存在しなければなりません。これを行為・責任同時存在の原則といいます。

たとえば、Mが、精神的な病気により現実と幻覚の区別がつかない状態でNをナイフで刺し殺してしまった場合、刺したときはMに責任能力がないので、Mに殺人罪は成立しません。

では、同じく責任能力が欠けている場合でも、Mは最初から Nを殺そうと思っていて、殺人罪が成立するのを防ぐために覚醒剤を打って責任無能力者になろうと計画し、その計画どおりにMは責任無能力者となってNを殺したときでも、Mに殺人罪が成立しないのでしょうか。

　この場合、たしかに、Mは実行行為時には責任無能力者ですが、Mに殺人罪が成立しないと考えるのは何だかおかしな気がします。Mに殺人罪が成立すると考えるのが適切でしょう。

　そこで、このような場合、行為者に完全な責任を問うという考え方が主張されています。これを、**原因において自由な行為の法理**といいます。

　たとえば、先ほどの例では、MがNを殺すつもりで覚醒剤を自分に打っています。この場合、覚醒剤を注射する時点では責任能力が認められるわけです。つまり、この覚醒剤を打つ段階では、犯罪を実行するかしないかは、Mの自由な意思決定に任せられていたのです。このように、MがNをナイフで刺した行為（直接結果を引き起こす行為なので、**結果行為**といいます）の時点では完全な責任能力が認められない場合でも、覚醒剤を打った行為（これを責任無能力の原因となる行為なので、**原因行為**といいます）の時点で、自由な意思決定ができたのだから、Mを非難することもできる、つまり、責任が認められると考えていくのです。

　この原因において自由な行為の法理によって、実際にMがNを殺した時点では責任無能力状態にあったとしても、Mには、責任が認められると考えることができます。

　この考え方では、原因行為から実際にMがNを殺すといった行為までの間に故意が連続していることが必要となります。原因行為のときにも人を殺すという故意があり、実際に人を殺すときにも、人を殺すという故意がある場合にはじめて、行為者を非難することができるからです。

Case 1 の場合、A男くんは、飲酒を開始した時点（原因行為時）でB子さんを殺そうと思っていたので、殺人罪の故意が認められます。また、実際にB子さんを包丁で刺した時点でも殺人罪の故意が認められます。つまり、殺人罪の故意が連続しているといえます。

そのため、A男くんには、殺人罪が成立します。

7-1

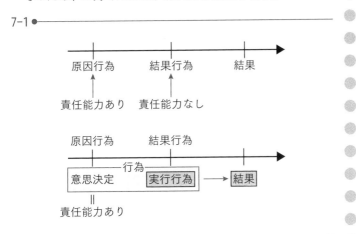

3 責任故意・過失がわかる！

(1) 故意は2段階でチェック！

故意とは、罪を犯す意思のことです。故意が認められるためには、まず、自分の行為が**構成要件にあてはまること**の認識・認容が必要です。ここは、第4章 故意、過失の1 **(2)** で学習しました。

次に、責任要素としての故意（責任故意）があることが必要です。

有責性を判断する段階で、**自分の行為が違法であること**の認識があるのかどうかをチェックすることになります。

(2) 悪いことをしているという意識はどれほど必要なの？

(1) 法律の錯誤って何？

Case 2 A男くんは、乗用車で市街地を運転中、「車両進入禁止」の標識があるにもかかわらず、「車両進入禁止」の標識を「注意して運転せよ」の意味だと誤って覚えていて、路地に進入しました。

この場合、A男くんには責任故意が認められるでしょうか。

Answer 2 A男くんには責任故意が認められます。

行為者が「自分の行為は違法である」と意識していること（違法性の意識）は、責任故意があるとされるために必要なのでしょうか。

Case 2で、A男くんは、勘違いをしているので、違法性の意識を欠いています。このように、行為者が錯誤によって違法性の意識を欠いた場合が**法律の錯誤**にあたります。

38条3項本文は、法律を知らなかったとしても、そのことによって、罪を犯す意思がなかったとすることはできないと定めています。「法律があるのに、ないものと誤って信じている」ということは、法律の錯誤があると言い換えられます。このような法律の錯誤（違法性の錯誤）があったときであっても、罪を犯す意思がなかったとすることはできないため、責任故意は阻却されないのです。

> **第38条　故意**
> 3　法律を知らなかったとしても、そのことによって、罪を犯す意思がなかったとすることはできない。ただし、情状により、その刑を減軽することができる。

(2) 違法性の意識の可能性って何？

ただし、違法性の錯誤について相当な理由がある場合には、故意を阻却するとされています（この考えを、制限故意説といいます）。相当な理由とは、**違法性の意識の可能性**がないことと考えられています。違法性の意識の可能性がないというのは、どんなに注意しても自分の行為が違法であると意識することができないということです。**Case 2**では、A男くんがどんなに注意しても「車両進入禁止」の標識の意味を正しく

認識することができない場合には、違法性の意識の可能性が
ないとして、責任故意が認められないことになりますが、実
際問題としてこのような場合はまずありえないといえます。
ですから、A男くんには責任故意が認められるのです。

（3）もっと誤想防衛を知ろう！

第6章 正当防衛、緊急
避難 1 (*8*) を見よう！

| Case 3 | A男くんが夜道を散歩していたところ、草む |

らから急に男が出てきてA男くんに飛びつき
ました。A男くんは暴漢に襲われたと思い、自分の身を守
ろうと、とっさに素手で男を殴り倒し、けがを負わせまし
た。ところが、その男はA男くんの友人のB男くんでした。
B男くんは、たまたま見かけたA男くんを驚かそうとした
だけでした。
この場合、A男くんに傷害罪は成立するでしょうか。

| Answer 3 | A男くんには責任故意が認められず傷害罪は |

成立しません。

　まず、A男くんの行為は傷害罪の構成要件に該当します。
そして、正当防衛は成立しません。なぜなら、B男くんはA
男くんを驚かそうとしただけですから、「急迫不正の侵害」が
存在せず、正当防衛の要件をみたさないからです。

　しかし、A男くんは、暴漢に襲われたと勘違いしているた
め、自分の行為が犯罪行為であると認識していません。この
ように、正当防衛の要件がそろっていないにもかかわらず、
それがそろっていると勘違いして反撃行為にでる場合を誤想
防衛といいます。

　誤想防衛の場合には、行為者に責任故意が認められないと
考えられています。行為者は、自分の行為が正当防衛だと
思っているため、それをやってはいけない、という規範に直
面していないといえるからです。

　Case 3 の場合でも、A男くんは、正当防衛の要件がそろっ
ていないのに、それがそろっていると思って防衛行為にでて
いるので、A男くんに責任故意は認められないことになりま

す。

　そのため、A男くんには、傷害罪は成立しません。

（4）もっと誤想過剰防衛を知ろう！

Case 4 | Case 3と同じシチュエーションで、その後に、A男くんが持っていたナイフでB男くんを何度も突き、けがを負わせた場合はどうでしょうか。

Answer 4 A男くんには傷害罪が成立します。

　Case 4 は、誤想過剰防衛の典型例です。A男くんの行為は、「急迫不正の侵害」の要件をみたさないばかりか、反撃行為として明らかに相当性を欠き、「やむを得ずにした」という要件もみたしていません。そのため、正当防衛は成立しません。また、A男くんは何度も相手を突いており、防衛の程度を越えていることを認識していますから、違法な反撃行為と知りながら、あえて行為に及んでいます。よって、A男くんの責任故意は否定されず、傷害罪が成立することになります。

⑤　ただし、36条2項を準用することができるかどうかについⓈ　⑥
てはさまざまな考え方があります。**Case 4** の場合では、「急迫不正の侵害」の要件を欠くため、36条2項を直接適用することはできません。しかし、36条2項が刑の減免を定めている根拠は、責任が減少することにありました。そこで、実質的に責任減少を認める情状がある場合には、36条2項の準用
⑥　を認めるべきと考えられます。

　誤想避難、誤想過剰避難についても、ほぼ同様の議論がなされています。

（3）　責任過失ってなんだろう？

　責任故意と同じように、責任過失という概念もあります。構成要件段階での過失は、一般人を基準とした客観的注意義務違反を意味したのに対し、有責性判断の段階では、行為者を基準とした注意義務違反の有無を検討することになりま

第36条　正当防衛
2　防衛の程度を超えた行為は、情状により、その刑を減軽し、又は免除することができる。

第6章 正当防衛、緊急避難 1 **（6）** を見よう！

準用とは、ある条文の規定を、類似する事項に必要な変更を加えて、元の規定にあてはめることをいいます。

第4章 故意、過失 2 **（1）** を見よう！

す。たとえば、行為者に視覚障害があったなど、一般的な程度の注意義務を課すのが適当でない場合には、行為者を基準とした注意義務に反していないので、責任過失が否定されることになります。

4 期待可能性がわかる！

　期待可能性とは、行為当時の具体的状況下において行為者が違法行為を避けて適法行為にでることを期待できることをいいます。そして、このような適法行為にでることを期待できない場合には、責任はないものとしなければなりません。これを、**期待可能性の理論**といいます。

　期待可能性について明文の規定は存在しませんが、たとえば証拠隠滅罪は、自分が被告人となる刑事事件に関する証拠を隠滅する場合には成立しません。これは、被告人自身が証拠を隠滅しないでいることを期待できない、ということを根拠としていると考えられています。

プラスα文献
試験対策講座・刑法総論 13 章 1 節、14 章〜16 章
条文シリーズ 38 条、39 条、41 条
ステップアップ No. 9、No. 10

1	刑法第41条について、「同条が14歳に満たない者の行為を罰しないものとしているのは、14歳未満の幼年者の責任能力を一般的に否定する趣旨ではなく、幼年者の可塑性を考慮して政策的に刑罰を控えたものである。」とする考え方に立てば、<u>犯罪を犯した14歳未満の幼少者につき、当該犯行に対する責任能力を客観的に肯定できる場合であって、教育による更生の可能性が全く認められないような特別の場合には、当該幼少者に刑罰を科すことも可能である。</u> （国ⅠH10年）	× 2【1】(3)
2	殴り込みをかけ傷害行為を行おうとして、その際勢いをつけるために覚せい剤を使用して限定責任能力状態に陥り、傷害を行ったという場合、「自己の是非弁別能力と行為をコントロールする能力により結果を発生させたと評価できれば、実行行為と責任の同時存在を厳格に要求する必要はない。」とする考え方に立てば、実行行為（傷害）時に限定責任能力状態であったからといってただちに心神耗弱者の行為として必要的に刑を減軽すべきではない。　（国ⅠH10年）	○ 2【2】
3	責任無能力を「精神の障害により事物（事理）の是非・善悪を弁別し、それに従って行動する能力を欠くこと」とする考え方に立てば、精神の障害がなく、是非・善悪の弁別に従い行動する能力があると認められる場合には、<u>行為時に他の適法行為を行うことが期待できなかったからといって、責任を否定することはできない。</u> （国ⅠH10年）	× 4

未遂、中止犯──今、犯罪をやめれば、まだ間に合う

1 未遂犯がわかる！

キ……ここは基本！
スデ…君ならできる！
デ……できたらスゴイ！

Case 1 A子さんは、B男くんを殺そうと思い、B男くんの家に宅配便で毒物を混入した砂糖を郵送しました。B男くんは、これを受け取りましたが、異常に気づき、結局これを食べませんでした。
B男くんは、毒物を食べなかっため、B男くんの生命が侵される危険はなかったように思えます。この場合でも、A子さんに殺人の実行の着手は認められるのでしょうか。

Answer 1 A子さんに殺人の実行の着手は認められます。

(1) 未遂犯ってなんだろう？

行為はあったが、結果が発生しなかった場合を未遂といい、結果が発生した場合を既遂といいます。

このように、**未遂犯**とは、犯罪の実行に着手したが、これが完成しなかった場合をいいます（43条本文）。未遂犯が成立する場合、裁判所はその刑罰を減軽することができます。

犯罪は、実行を決意し、その準備をして、実行に移し、結果を実現するという経過をたどります。その犯罪行為の発展段階に応じて、①陰謀・予備、②未遂犯、③既遂犯に区別されます。

刑法は、既遂犯の処罰を原則としています。そして、未遂犯は例外的に特別の規定がある場合のみ処罰するとしています（44条）。陰謀・予備も例外的に重大な犯罪にかぎって個別的に処罰する規定をおいています。

> **1** 第43条 未遂減免
> 犯罪の実行に着手してこれを遂げなかった者は、その刑を減軽することができる。
> （以下略）

> **2** 陰謀とは、犯罪の実行の着手以前の段階において、2人以上の者が犯罪の遂行について謀議し、合意することをいいます。

> **3** 予備とは、実行をするつもりで犯罪の準備を行うことで、実行の着手にいたっていないものをいいます。

8-1

```
        予備行為      実行の着手   結果の発生
          ┊           ┊  ┌──────────→ ③既遂犯
  ───────────────────────┘
          ┊           ┊
  ──────────────────────→ ②未遂犯
          ┊
  ────────→ ①予備罪
          ┊
```

　この図のように、犯罪を決意し、結果を実現するまでの流
れに応じて、次第に犯罪実現の危険性が高まっていきます。
そのため、犯罪が既遂に達していなくても、その結果を実現
する客観的な危険性が高まった時点で処罰する必要があると
いえます。これが未遂犯を処罰する根拠です。

　たとえば、MがNを殺害するつもりで包丁をNの胸に突
き刺したとします。この場合、Nが死亡する危険性はかなり
高いといえるので、たとえNが一命をとりとめたとしても、
Mに殺人未遂罪が成立します。これに対し、MがNに包丁
を突きつけようとしたところ、Nが逃げ出したとします。こ
の場合には、死亡する危険はいまだに発生していないといえ
るので、Mには殺人未遂罪は成立しないことになります。

　では、どの時点に達していれば、未遂犯が成立することに
なるのでしょうか。その判断基準をみていきましょう。

(2)　未遂犯はどんな場合に成立するんだろう？

　未遂犯が成立するためには、①犯罪の実行に着手したこと、
②構成要件的結果が発生しなかったことが必要となります。
結果が発生してしまえば、既遂犯となってしまうので、②の
要件が当然に必要となります。そして、先述した犯罪結果実
現の客観的な危険性が高まったと認められる場合に、①犯罪
の実行に着手したという要件をみたすことになります。

（1）実行の着手があるかはどう判断するの？

　実行の着手とは、実行行為を開始することをいいます。この実行の着手の時点をどのように判断するかが問題となります。

　未遂犯を処罰する根拠は、犯罪の実現または結果発生の危険性を高めた点にあります。このような根拠から、構成要件的結果の現実的危険性を引き起こす行為を開始した時点で実行の着手が認められると考えられています。

　実行の着手が認められるかどうかは、犯罪の性質、その場所的、時間的状況によって個別具体的に判断することになります。

　たとえば、住宅内の財物を狙った窃盗の場合には、住宅内で財物を物色した時点ではじめて窃盗罪の実行の着手が認められているのに対し、土蔵の中の財物を狙った窃盗の場合には、外扉の錠などを破壊した時に窃盗罪の実行の着手が認められています。

　ここで、同じ建物なのにどうして違うのかと疑問に思うかもしれません。しかし、土蔵のような場所は、通常、内部には窃取すべき財物しかないと考えられるうえに、住居と異なり人が常にいるわけではないので、侵入して内部で物色を始めるまでもなく、外扉の錠などを破壊して侵入しようとした時点で、財物が窃取される現実的危険性が引き起こされたといえるのです。

（2）間接正犯における実行の着手はいつだろう？

　間接正犯とは、他人を道具として利用し実行行為を行う場合をいいます。

　このように、他人を使って実行される場合は、正犯たる利用者の行為を基準に実行の着手を判断するか（利用者基準説）、それとも道具である被利用者の行為を基準に実行の着手を判断するか（被利用者基準説）という2通りの考え方があります。

　Case 1で、利用者基準説に立つ場合、郵便局員を利用して

殺人を実行しようとしているA子さん（利用者）が毒物を郵便局（被利用者）に預けた時点で、実行の着手が認められます。これに対し、被利用者基準説に立つ場合、郵便局員がB男くんに毒物を届けた時点で、B男くんが毒物を食して死亡する現実的な危険が発生しているといえるので、この時点で実行の着手が認められます。

間接正犯の実行の着手時期
試験対策講座・刑法総論
299頁

④　判例は、これと同じような事例において、被害者（B男くん）が毒物を受領した時点で、実行の着手を認めています。

2 中止犯がわかる！

Case 2　A子さんは、殺意をもってB男くんの腹部を果物ナイフで突き刺し重傷を負わせました。

しかしA子さんは、B男くんの体から大量に血が流れ出るのを見て、とても驚くと同時に大変なことをしたと思い、すぐにタオルをB男くんの腹部にあてて止血する等の措置をしました。その結果、B男くんは死亡するにはいたりませんでした。

この場合、A子さんは中止未遂に該当するのでしょうか。

Answer 2　A子さんは、大量の流血に驚いて行為を中止したため、中止未遂に該当します。

(1) 中止犯ってなんだろう？

　中止犯とは、未遂犯のうち「自己の意思により犯罪を中止した」場合をいいます（43条ただし書）。これを中止未遂といいます。それ以外の未遂を、中止未遂と区別する意味で、障害未遂といいます。

　中止犯に該当する場合には、刑が必ず減軽または免除されることになります（必要的減免）。

⑤

第43条　未遂減免
犯罪の実行に着手してこれを遂げなかった者は、その刑を減軽することができる。ただし、自己の意思により犯罪を中止したときは、その刑を減軽し、又は免除する。

(2) 中止犯が成立すると、どうして刑が軽くなるんだろう？

　通常の未遂犯の場合、刑が任意に減軽されるにすぎないのに対し、中止犯の場合には、刑が必ず減軽または免除されるという寛大な扱いを受けます。

　このように、寛大な扱いを受けるのはなぜか（中止犯の法的性格・中止犯の刑の減免の理由）について、さまざまな考え方がありますが、責任が減少した点に求めるという考え方（責任減少説）でよいでしょう。この考え方は、責任は犯罪の実行を決意した意思に対する非難であるから、その決意を撤回し犯罪の実現を止めた以上、非難の程度は減少するというものです。

(3) どのような場合に中止犯が成立するんだろう？

　中止犯が成立するには、①実行に着手した者が、②「自己の意思により」（任意性）、③「犯罪を中止」し（中止行為）、かつ、④結果の発生が防止されることが必要です。

　これらの要件について、具体的にみていきましょう。

(1) 実行の着手がないとだめ？

　中止犯も未遂犯の一種ですので、実行の着手が必要となります。そのため、およそ結果発生の危険が認められず、実行行為性が否定される不能犯の場合には、中止犯は問題となりません。不能犯に関しては、3で詳しくみていきます。

(2)「自己の意思により」（任意性）ってどう判断するの？

　中止犯の法的性格について責任減少説を採る場合、任意性の要件は、行為者の内心で、そのまま犯行を続けられていたかどうかで判断するのがよいでしょう。要するに、たとえしたくてもできなかった場合には任意性は否定されますが、できるとしてもしなかった場合には任意性は肯定されることになります。なぜなら、責任減少説から、中止の動機が自分の意思に基づくものであるかぎり、その意思に基づく中止行為は責任を減少させるに足るといえるからです。

6　ここにいう寛大な扱いとは、犯罪をしているにもかかわらず、刑が軽減されたり免除されたりしているという、行為者をむやみに責めない態度をさしています。

Case 2 では、A子さんは、B男くんの大量の流血に驚いていることから、A子さんの意思に基づくものではなく、外部

なんてことをしてしまったんだろう

的な事情がきっかけとなって中止行為にでたものといえます。けれども、たとえそのような外部的な事情がきっかけになっているとしても、A子さんは大変なことをしてしまったと深く後悔し、反省をし、その思いから中止行為にいたっています。ですから、A子さんの内心としては、犯行を継続することは可能であったが、この思いから犯行を継続しなかったといえます。このことから、A子さんの中止行為には任意性が認められます。

（3）「犯罪を中止」した（中止行為）ってどう判断するの？

②の任意性と同じく、中止犯の法的性格について責任減少説を採る立場からは、中止行為といえるためには行為者が結果発生を防止するために懸命な努力をすることが必要となります。なぜなら、必ず刑が減免されるという寛大な扱いを受ける以上、それに値する懸命な努力を行うことではじめて行為者への非難の程度が減少するといえるからです。

Case 2 では、A子さんはすぐにタオルをB男くんの腹部にあてて止血する等の措置を行うなど、B男くんの死亡という結果発生を防止するための懸命な努力をしています。そのため、A子さんの行為は「犯罪を中止」したといえます。

（4）結果が発生したら中止犯は成立しない？

中止犯の法的性格について、責任減少説を徹底すれば、結果が発生しても任意に懸命な努力がなされれば、責任の減少はあるので、中止犯の効果が認められてよいようにも思えます。しかし、中止犯が刑法上、未遂のなかに位置づけられていることから（43条）、このような解釈には無理があります。そのため、結果不発生のための懸命な努力をしたにもかかわらず、結果が発生してしまった場合には、中止犯は成立しないと考えられています。

　たとえば、**Case 2** でＡ子さんの応急措置の甲斐なく、Ｂ男くんが死亡してしまったとします。この場合には、Ａ子さんがたとえ懸命な努力をしていると認められる場合であっても、死亡という結果が発生してしまったため、Ａ子さんに中止犯は成立しないのです。

（5）中止行為と結果不発生との間に因果関係は必要？

　中止行為と結果不発生との間に原因と結果の関係（因果関係）が認められない場合、中止犯が成立するかどうかが問題となります。

　たとえば、**Case 2** で、Ａ子さんが止血の措置を行ったにもかかわらず、Ｂ男くんの流血は止まらなかったため、医者であるＣ子さんに傷口の場所や被害者の状況（脈や呼吸）などを説明して、止血を頼んだとします。ただし、このＡ子さんの説明は実際には誤っていましたが、Ｃ子さんはそれに気づき、自分の判断で適切な止血措置をとりました。その結果Ｂ男くんの流血を止めることができた場合、死亡という結果が発生せずにすんだとしても、この結果の不発生はＣ子さんの行為によってもたらされたものといえます。そのため、Ａ子さんの中止行為と死の結果の不発生の間に因果関係は認められないといえます。このように、中止行為と結果の不発生の間に因果関係が認められない場合にも中止犯が成立するかどうかが問題となります。

　中止犯の法的性格について、責任減少説からすれば、結果不発生のための中止行為にでた以上、非難の程度は減少すると考えられます。そのため、責任減少説からは、行為と結果不発生との間に因果関係は不要であると考えられます。しかし、判例は、行為者の行為ではなく、第三者の行為によって⑦結果が不発生となった場合、つまり中止行為と結果の不発生との間に因果関係が認められない場合には、中止犯は成立しないと判断しています。ここは注意をしておいてください。

⑦　試験対策講座・刑法総論
310頁

(4) 予備の中止ってなんだろう？

　実行の着手の前の段階を**予備**といいます。**予備の中止**とは、行為者がある犯罪の予備を行った後、その実行に着手することを思いとどまったことをいいます。たとえば、強盗の予備を行った者が強盗の実行に着手することを思いとどまった場合などがあげられます。

　この予備の中止の場合に、中止犯の規定が準用されるでしょうか。判例は、この場合には中止犯の規定は準用されないとしています。理由は、中止犯はあくまでも実行に着手したことが前提となるので、実行の前段階である予備罪には中止犯の観念を入れる余地がないからです。

予備の中止
試験対策講座・刑法総論
311頁

3 不能犯がわかる！

(1) 不能犯ってなんだろう？

　不能犯とは、行為者が、本来、犯罪を完成させる危険性を含んでいない行為によって、犯罪を実現しようとする場合をいいます。この場合、結果発生の現実的危険性がなく実行行為性がないので、未遂犯として処罰できないことになります。わかりやすくいうと、たとえば砂糖で人が殺せると思っている人が、殺したい人に砂糖水を飲ませても、不能犯になるということです。

(2) 不能犯と未遂犯はどのように区別するの？

　不能犯の場合には、未遂犯にすらならず、犯罪とはなりません（不可罰）。そこで、この不能犯と未遂犯をどのように区別するかが問題となります。

　一般的には、**行為当時に一般人が認識しえた事情および行為者が特に認識していた事情**を基礎として、**一般人の観点から危険があるかどうか**で判断すると考えられています（これを具体的危険説といいます）。

たとえば、先ほどの例では、砂糖を飲ませるという事情については、行為者も一般人も認識しているといえるので、基礎事情に含めることができます。そして、砂糖を飲ませることによって、人を殺すことは一般的に不可能であると考えられるので、一般人の観点から判断して、死の危険がない行為であるといえます。そのため、このような行為は、不能犯になります。

プラスα文献
試験対策講座・刑法総論 17 章
判例シリーズ 26 事件
条文シリーズ 43 条
ステップアップ No. 11、No. 12

1	窃盗の目的で他人の家に侵入し、金品の物色のためにたんすに近寄ったときには、窃盗罪の実行の着手が認められる。 （司書 H20-25）	○ 1【2】(1)
2	甲は、深夜、窃盗の目的でA経営の電気店店舗に侵入し持っていた懐中電灯で照らしたところ、電気器具が積み上げられているのを発見したが、現金を窃取したかったため、同店舗に併設されたたばこ売り場の方向に行きかけたところをAに発見され、現金を窃取できなかった。甲は、窃盗の着手行為をしたとして、窃盗未遂罪が成立する。 （国ⅠH21年）	○ 1【2】(1)
3	AはB宅を全焼させるつもりで、B宅の前に積み上げられている木材に灯油をまいて点火したが、思った以上に燃え上がるのを見て怖くなり、たまたま近くを通りかかったCに「火を消しておいてくれ」と頼んで逃走をしたところ、Cが家屋に燃え移る前に木材の火を消し止めた。この場合Aには、現住建造物等放火罪の中止未遂は認められない。 （司書 H21-24）	○ 1【2】(1)、2【3】(2)
4	AはBを殺害するため、その腹部を包丁で1回突き刺したものの、致命傷を与えるにはいたらず、Bは血を流してもがき苦しんでいるのを見て、驚くと同時に怖くなってその後の殺害行為を行なわなかった。この場合、Aには、殺人罪の中止未遂が認められる。 （司書 H21-24）	× 2【3】(3)
5	中止犯が成立するためには、単に任意の中止行為があっただけでは足りず、その中止行為と結果の不発生との間に因果関係が必要である。 （国ⅠH18年）	○ 2【3】(5)
6	Aは、Bを脅して現金を強奪するつもりで、けん銃を用意し、B宅に向かったものの、途中で反省悔悟し、けん銃を川に捨てて引き返した。この場合、Aには、強盗予備の中止未遂が認められる。 （司書 H21-24）	× 2【4】
7	犯人が被害者を殺害するため、被害者の静脈内に空気を注射したが、その注射した空気の量が致死量以下であった場合、殺人罪の不能犯であるので、傷害罪が成立するにとどまる。（国ⅠH18年）	× 3【2】

共犯総説——赤信号、みんなで渡れば、みな有罪

1 共犯がわかる！

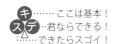

……ここは基本！
…君ならできる！
……できたらスゴイ！

(1) 共犯ってなんだろう？

　これまでの章は、単独犯、つまり犯罪を1人で行う場合を扱ってきましたが、この章から、複数人で犯罪を行う場合について学習していきましょう。

　共犯とは、広い意味で、2人以上の行為者が共同して犯罪を実現する場合をいいます。そして、**任意的共犯**と**必要的共犯**に分かれます。

　任意的共犯とは、法律上単独犯で予定されている犯罪を2人以上の行為者が共同して行う場合をいいます。条文上単独犯を予定している構成要件を共犯のかたちに修正する（あてはめて直す）ものです（修正された構成要件）。たとえば、窃盗罪（235条）は単独犯として規定されていますが、窃盗を2人でした場合に、任意的共犯であるといえます。

　必要的共犯とは、もともと2人以上でなければ行えない犯罪をいいます。たとえば、内乱罪（77条）は2人以上でなければ行えないため必要的共犯です。

(2) 任意的共犯にはどんなものがあるんだろう？

　任意的共犯には、①2人以上が共同して犯罪を実行する**共同正犯**（60条）、②人を教唆（そそのかすこと）して犯罪を実行させる**教唆犯**（61条）、③正犯を幇助する（助ける）**従犯**（幇助犯）の3種類があります（62条、63条）。①②③を合わせて広義の共犯といい、②③を狭義の共犯といいます。

　①は第10章 共同正犯で、②と③は第11章 狭義の共犯で

① **第60条 共同正犯**
2人以上共同して犯罪を実行した者は、すべて正犯とする。

② **第61条 教唆**
1 人を教唆して犯罪を実行させた者には、正犯の刑を科する。
2 教唆者を教唆した者についても、前項と同様とする。

③ **第62条 幇助**
1 正犯を幇助した者は、従犯とする。
2 従犯を教唆した者には、従犯の刑を科する。

学習します。

(3)　必要的共犯にはどんなものがあるんだろう？

　必要的共犯には、内乱罪や騒乱罪のような①**構成要件上同一の目標に向けられた多数の人の共同行為を必要とする集団犯**と、わいせつ物頒布等罪（175条）や贈収賄罪（197条以下）のような②**構成要件上2人以上の者が相対して行う（対向）行為を必要とする対向犯**があります。①は大勢で暴行したり脅迫したり、同様の行為をするものです。一方②は、わいせつ物の売り手と買い手のように、大雑把にいうとお互いに異なる行為をするものです。

　対向犯には、対向者双方を同じ法定刑で罰する場合（同一法定刑。重婚罪など）、対向者を別の法定刑で罰する場合（収賄罪と贈賄罪など）、対向者の一方のみ罰する場合（わいせつ物頒布罪など）があります。

第175条　わいせつ物頒布等
1　わいせつな文書、図画、電磁的記録に係る記録媒体その他の物を頒布し、又は公然と陳列した者は、2年以下の懲役若しくは250万円以下の罰金若しくは科料に処し、又は懲役及び罰金を併科する。電気通信の送信によりわいせつな電磁的記録その他の記録を頒布した者も、同様とする。

9-1

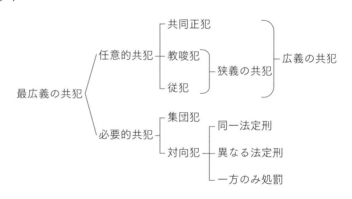

(4)　任意的共犯と必要的共犯とは何が違うんだろう？

　必要的共犯については、犯罪が刑法にあらかじめはっきりと定められているので、その規定をみれば、犯罪が成立するかどうかは比較的わかりやすいと思います。

　これに対し、任意的共犯については必ずしもそうはいえま

せん。そこで、①なぜ処罰されるか（処罰根拠）、②共犯として
処罰するには、正犯者は実行行為を行う必要があるのか（実
行従属性）、必要があるとすれば、犯罪成立要件のどこまでみ
たす必要があるのか（要素従属性）、③何を共同して行うのか（本
質）などについていくつかの考え方があります。このうち、①
は任意的共犯に共通した問題といえますが、②は狭義の共犯
について、③は主に共同正犯について問題となります。では、
それらをみていきましょう。

正犯（者）とは、みず
から犯罪を実行した者
をいいます。

どうして共犯は処罰されるの？

正犯ではない共犯がなぜ処罰されるのか、その**処罰根拠**は
正犯と同じなのか、いろいろな考え方があります（共犯の処罰
根拠論）。

ただ、共犯は正犯者を介して違法な結果を惹起（引き起こす）
したこと（間接的に法益侵害・危険を惹起したこと）を根拠に処罰
されるという考え方（**因果的共犯論〔惹起説〕**）があることを知っ
ていれば、ここでは十分です。

9-2 ●

因果的共犯論 [共犯]━━━[正犯]━━▶[結果]
　　　　　間接的に結果（法益侵害・危険）を惹起する

さきほどの任意的共犯に共通した問題については、次章で
説明することにします。

共犯の従属性がわかる！

第10章　共同正犯の1
（ｱ）で詳しく学習します。

| Case 1 | A子さんは、B男くんに対して、「C子さんの持っている財布を盗んできて」と唆しをしました（教唆）。 |

赤信号、みんなで渡れば、みな有罪　　89

①やる気になったB男くんは、C子さんの財布を盗みまし
た。

②B男くんは、A子さんの話を聞きましたが、C子さんの
財布は盗みませんでした。

それぞれの場合において、A子さんに窃盗罪の教唆犯は成
立するのでしょうか？

Answer 1　①A子さんに窃盗罪の教唆犯が成立します。
②A子さんに窃盗罪の教唆犯は成立しません。

また、A子さんは何の罪にも問われません。

(1)　2つの従属性って何と何？

狭義の共犯は、他人の犯罪に加担する者ですから、正犯の
ないところに狭義の共犯はありえません。ですから、狭義の
共犯は、その性質上当然に正犯を前提にしているといえます。
これを**共犯の従属性**といいます。共犯の従属性について、従
属性の有無（実行従属性）の問題と、従属性の程度（要素従属性）
の問題に分けてみていきましょう。

(2)　実行従属性（従属性の有無）ってなんだろう？

狭義の共犯が成立するためには、正犯が現実に犯罪の実行
に着手すること（正犯行為）が必要でしょうか。つまり、**Case
1**の②のように、（A子さんが）教唆や幇助行為を行っても、正
犯者（B男くん）が実行の着手（43条本文）にいたらない場合に
は、共犯者（A子さん）がいわゆる教唆の未遂・幇助の未遂と
して処罰されるのでしょうか。

正犯者が実行の着手にいたらない段階では、法益侵害の現
実的危険性がないのですから、そんなに早く共犯を処罰する
というのは、いきすぎた処罰といえます。また、61条1項の
「人を教唆して犯罪を実行させた」、62条1項の「正犯を幇助
した」という条文の文言からは、共犯の成立に正犯行為が必
要であると考えるのが素直です。ですから、狭義の共犯の成

立には、正犯行為が必要であるとの考え方（共犯従属性説）が
実情にあっているのです。

　この共犯従属性説によると、**Case 1** の②の **Answer** は、B
男くんが正犯行為をしていないので、A子さんは罪に問われ
ないとなるのです。さらに、A子さんには、窃盗罪の教唆犯
の未遂すら成立しません。

(3)　要素従属性（従属性の程度）ってなんだろう？

　共犯従属性説に立つと、共犯成立のためには正犯行為が必
要と考えることになります。では、正犯者の行為は、どの程
度犯罪の要素を備えていなければならないのでしょうか。こ
れが、要素従属性とよばれる問題です。

　この問題において、共犯成立のためには、正犯者の行為が
構成要件に該当し、かつ違法であることが必要ですが、責任
までは必要ないとする考え方（制限従属性説）が一般的です。
なぜなら、違法性は行為から客観的に判断できるので連帯（正
犯者と同様に考えるということ）しますが、責任は行為者に対す
る非難である以上、行為者ごとに個別（正犯者とは別に独立して
考えるということ）に判断するのが適当だからです。

　制限従属性説によると、**Case 1** ①で、かりにB男くんに責
任能力がなかったとしても、構成要件に該当し、かつ、違法
な行為をさせた以上、A子さんの教唆犯は成立します。

４ 共犯の本質がわかる！

| Case 2 | A子さんとB男くんは、C子さんの持つバッグを盗む計画を立てました。A子さんの役割 |

は、現場には行かずに電話で人気のない通りにC子さんを
呼びだすこと、B男くんの役割は、現場で実際にバッグを
C子さんから盗むこととしました。しかし、ここには1つ
食い違いがあり、A子さんはC子さんからひったくるとい

う窃盗をするつもりでしたが、Ｂ男くんは、ナイフでＣ子さんを脅して奪うという強盗をするつもりでした。

翌日、Ａ子さんは電話でＣ子さんを人気のない通りに呼びだしました。

そしてＢ男くんはナイフでＣ子さんを脅してバッグを奪いました。

Ａ子さんとＢ男くんに共同正犯が成立するのでしょうか？　もし成立するなら、何罪になるのでしょうか？

Answer 2 　Ａ子さんとＢ男くんは、窃盗罪の限度で共同正犯となります。そして、Ｂ男くんには強盗罪の単独犯が成立します。

　共犯の本質、つまり共犯は何を共同するのかという点をめぐっては、いくつかの考え方があります。どの考え方をとるかによって、**Case 2** のＡ子さんとＢ男くんにどのような共同正犯が成立するのかが変わってきますので、これから説明をしていきます。

　まず、**行為共同説**という考え方があります。これは、共同正犯は、構成要件を離れた事実的行為、つまり、共犯者それぞれの「単なる行為」を共同して行うことを意味するという考え方です。この考え方によれば、**Case 2** のＡ子さんとＢ男くんは、それぞれ計画どおりの役割を果たして、それぞれの行為を共同している以上、Ａ子さんには窃盗罪の共同正犯が、Ｂ男くんには強盗罪の共同正犯が成立します。

　これに対して、**犯罪共同説**という考え方があります。これは、共同正犯は、特定の構成要件に該当する行為を共同して行うこと、つまり、「特定の犯罪」を共同して行うことを意味するという考え方です。この考え方によれば、**Case 2** のＡ子さんとＢ男くんは、窃盗罪と強盗罪という別の犯罪を行おうとしていた以上、行為を共同していたとしても、共同正犯は成立せず、それぞれ単独犯が成立しうるにとどまることになります。ただし、この考え方を採ると、共犯者の間で同じ犯

罪を行おうとしていないかぎり共同正犯が成立しないことに
なるので、共同正犯の成立する範囲が狭くなってしまいます
（完全犯罪共同説）。

　そこで、犯罪共同説のなかでも、構成要件が重なり合う限
度で共犯の成立を認めるという考え方（部分的犯罪共同説）が
あります。ただし、この考え方によっても、構成要件が重な
らない部分について、共犯がいれば罪が軽くなるとするのは
不合理であることから、その部分については単独犯が成立し
ます。

　ここでは、部分的犯罪共同説を理解しておけば足ります。

　この考え方によれば、**Case 2** では、窃盗罪の部分において
は構成要件が重なり合っているので、A 子さんと B 男くんに
は窃盗罪の限度で共同正犯が成立します。そして、構成要件
が重ならなかった部分に関して、B 男くんに強盗罪の単独犯
が成立します。

9-3 ●

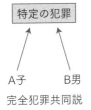

A子　　　B男
完全犯罪共同説

B男　　　A子
部分的犯罪共同説

プラスα文献
試験対策講座・刑法総論 18 章
条文シリーズ 1 編 11 章■ 1 節
ステップアップ No. 13

第9章 Exercise

1	AとBは、Cに対し、それぞれ金属バットを用いて暴行を加えた。その際、Aは、Cを殺害するつもりはなかったが、Bは、Cを殺害するつもりで暴行を加えた。その結果、Cが死亡した場合、殺意がなかったAには、Bとの間で殺人罪の共同正犯が成立するが、傷害致死罪の刑の限度で処断される。　　　　　　　　（司書H26-24）	× 4
2	Aは、強盗を企て、BおよびCとともに、「ABCの3人で宝石店に赴き、AとBとがその店の前で見張りをしている間に、CがAの用意した拳銃で店員を脅して宝石を強取する。分け前は山分けする」という計画を立てた。計画に従い、Aは拳銃を用意してこれをCに手渡し、A、B、およびCは宝石店に向けて車で出発することになった。Cは、宝石店で、拳銃で店員を脅して宝石を強取したが、逮捕されないようにするためには、いっそ店員を殺害したほうがよいと決意し、拳銃を発射して店員を殺害した。この場合、A、BおよびCには、強盗殺人罪の共同正犯が成立する。　　　　　（司書H19-25）	× 4

第10章

共同正犯──だれも彼もがみな主犯格

1 共同正犯がわかる！

……ここは基本！
君ならできる！
……できたらスゴイ！

Case 1　A子さんとB男くんは相談し合いC子さんの殺害を決意し、同時にピストルを発射して、C子さんを殺害しました。しかし、どちらの弾丸がC子さんに命中したのかは不明です。
このように、それぞれの行為と死亡した結果との因果関係が不明な場合、A子さんとB男くんには、共同して犯罪を行ったという殺人罪の共同正犯が成立するのでしょうか。

Answer 1　A子さんとB男くんには殺人罪の共同正犯が成立します。

(1) 共同正犯ってなんだろう？

　共同正犯とは、2人以上の者が共同して犯罪を実行することをいいます（60条）。共同して犯罪を実行するとは、①2人以上の者が共同して犯罪を実行する意思（共同実行の意思）のもと、②共同して実行行為を行うこと（共同実行の事実）をいいます。

　共同正犯が成立する場合、共同者全員が正犯としての刑事責任を負うことになります。犯罪を実行するため行為の一部を行ったにすぎない場合であっても、発生した犯罪結果の全部について、責任をとらなければなりません。これを**一部実行の全部責任の原則**といいます。

　一部実行の全部責任の原則の考え方は、2人以上の者が共同して犯罪を遂行する意思のもとに、**相互に他人の行為を利用し、補充し合って犯罪を実現した場合**には、それぞれの関

1
> **第60条　共同正犯**
> 2人以上共同して犯罪を実行した者は、すべて正犯とする。

与者の行為は一心同体となって犯罪の遂行に結びついたといえるため、犯罪を実行するための行為の一部を行ったにすぎない者も犯罪全体について責任を負うべきであるといえる、というものです。このような、相互に他人の行為を利用し、補充し合って犯罪を実現する共犯者相互の関係を、**相互利用補充関係**といいます。

(2) 共同正犯はどんな場合に成立するの？

（1）主観的要件（共同実行の意思があること）

1つは、共同実行の意思があることです。

共同実行の意思とは、各行為者が相互に他人の行為を利用し、補充し合って構成要件を実現する意思をいいます。

そのため、各行為者間において、客観的な実行行為の事実は存在するが、共同実行の意思が一方にしか存在しない場合（片面的共同正犯）には、共同正犯は成立しないと考えられています。

さて、**Case 1** では、A子さんとB男くんは相談し合い（意思を通じ）、C子さんを殺害することを決意しています。この場合、A子さんとB男くんどちらかの銃弾が命中すれば、C子さん殺害という目的は達成できるので、1人で行うより2人で行うほうが高い確率でC子さんを殺害することができます。そのため、A子さんとB男くんは互いの行為を相互に利用し、補充し合って、より確実にC子さんを殺害することができるといえます。

ですから、意思を通じてこのような行為にでようとしているA子さんとB男くんには、共同実行の意思があるといえます。

（2）客観的要件（共同実行の事実が認められること）

もう1つは、共同実行の事実があることです。

共同実行の事実とは、2人以上の行為者が共同してある犯罪を実行することをいいます。つまり、共同者全員が相互に

片面的共同正犯の例
たとえば、Mが強盗を企てるNの背後からNにわからないように銃を構えて被害者のOを脅していたため、Oが反抗することができず、Nが強盗の目的を遂げたという場合です。これは、一方的に共同実行の意思があるMに強盗罪の共同正犯が成立するかどうかという点で問題となります。

他人の行為を利用し、補充し合って犯罪を実行することをいいます。

（1）と（2）を **Case 1** にあてはめてみましょう。

（1）A子さんとB男くんはともにC子さんを殺害する意思で、（2）C子さんに対してピストルを同時に発射しています。ですから、A子さんとB男くんは共同して殺人という犯罪を実行しているといえ、共同正犯が成立します。

2 共謀共同正犯がわかる！

| **Case 2** | A子さんは、宝石店から宝石を強盗する計画を立て、B男くん、C男くん、D男くんに実行 |

を命じました。

A子さんは、強盗の具体的な計画を提案し、店員を脅すためのピストルや逃走用の車など、実行に必要な道具を用意しました。

B男くん、C男くん、D男くんは、A子さんの立てた計画に従って、A子さんの用意したピストルと車を使って宝石を強奪しました。ただし、A子さんは実行行為には参加しませんでした。

A子さんたちは、強奪した宝石を4人で均等に分配しました。

この場合、A子さん、B男くん、C男くん、D男くんには、強盗罪の共同正犯が成立するのでしょうか。

Answer 2 A子さん、B男くん、C男くん、D男くんには、強盗罪の共同正犯が成立します。

(1) 共謀共同正犯ってなんだろう？

共謀共同正犯とは、2人以上の者がある犯罪を実行することを共謀したうえ、一部の者がその共謀した犯罪の実行にでた場合に、共謀に参加したすべての者について共同正犯が成

立する共犯形態をいいます。

　たとえば、M、N、Oの3人が強盗の共謀をし、実際の実行者をだれにするかをくじ引きで決めることにし、Mが実行者、Nが見張り役、Oは盗品の換金役と決めて、それぞれの役割を実行し、強盗の目的を果たしたというような場合をいいます。

(2)　共謀共同正犯は認められない？

　たしかに、「2人以上共同して犯罪を実行」(60条) という規定の文言を素直に読めば、共同正犯の成立には、共犯者のそれぞれがなんらかの実行行為を分担することが必要であり、実行行為を分担していない共謀共同正犯は認められないように思えます。

　しかし、実行行為を直接的に分担していなくても、共同正犯を認めなければ、著しく不都合な結果になるケースがあります。そのため、判例は、古くから共謀共同正犯を認めています。

　たとえば、ある暴力団の組員が大勢で抗争中の相手方暴力団に殴り込みをかけて多数の死傷者がでた場合に、処罰されるのは実行行為を分担した組員だけであるとすると、背後で実行を指揮している暴力団の組長らを共同正犯として処罰することができなくなってしまいます。このようなケースで一番重い刑事責任を問われるべきなのは、組長ら組織の幹部たちです。それにもかかわらず、実行行為を分担していないというだけで正犯より軽い刑になるのはおかしな話です。

③

　そこで、判例は、このような不都合性を解消するために、③共謀共同正犯という共犯形態をつくり、直接実行行為を分担していない者も共同正犯として処罰することにしたのです。

(3)　どんな場合に共謀共同正犯は成立するの？

　共謀共同正犯が成立するためには、①共同して犯罪を実行

共謀共同正犯
試験対策講座・刑法総論
363頁

伊藤真ファーストトラックシリーズ

法律学習のスタート地点に立つ読者に贈る、伊藤真の入門書シリーズ、全巻完結！

初学者にとっての躓きの石を取り除いてくれる一気読みできる新シリーズ。わかりやすく、中味が濃い授業をユーモアで包むと、Fast Track（特別の早道）になりました。圧縮された学習量、適切なメリハリ、具体例による親しみやすい解説で、誰もが楽しめる法律の世界へLet's Start！

- ●法律学習の第一歩として最適の入門書
- ●面白く、わかりやすく、コンパクト
- ●必要不可欠な基本事項のみを厳選して解説
- ●特に重要なテーマについては、具体的な事実関係をもとにしたCaseとその解答となるAnswerで、法律を身近に感じながら学習
- ●判例・通説に基づいたすっきりした説明
- ●図表とイラスト、2色刷のビジュアルな紙面
- ●側注を活用し、重要条文の要約、判例、用語説明、リファレンスを表示
- ●メリハリを効かせて学習効果をあげるためのランク表示
- ●もっと先に進みたい人のためのプラスα文献
- ●知識の確認や国家試験等の出題傾向を体感するためのExercise
- ●時事的な問題や学習上のコツを扱うTopics

1　**憲法**　1800円
2　**民法** [第2版]　2000円
3　**刑法** [第2版]　1900円
4　**商法** [第2版]　1900円
5　**民事訴訟法** [第2版]　1900円
6　**刑事訴訟法** [第2版]　1900円
7　**行政法**　1900円

伊藤真試験対策講座

論点ブロックカード・フローチャートなど司法試験受験界を一新する勉強法を次々と考案、導入した伊藤真による、「シケタイ」の愛称で多くの全国の受験生・法学部生・法科大学院生に支持されている、本格的な書き下ろしテキスト。最新の法改正にも対応。

● 論点ブロックカードで、答案の書き方が学べる。
● 図表・フローチャート・2色刷によるビジュアル化。
● 試験に必要な重要論点をすべて網羅し、さらに論点の重要度をランク付け。
● 多数の重要判例の判旨、争点、結論をコンパクトに整理。
● イメージをつかむための具体例は、講義の実況中継風。
● 司法試験をはじめ法科大学院入試・司法書士・公務員・公認会計士試験、
　さらに学部期末試験対策にも最適。

1	スタートアップ民法・民法総則	3700円	9	会社法 [第3版]	4000円
2	物権法 [第4版]	2800円	10	刑事訴訟法 [第5版]	4200円
3	債権総論 [第4版]	3400円	11	民事訴訟法 [第3版]	3900円
4	債権各論 [第4版]	4400円	12	親族・相続 [第4版]	3500円
5	憲法 [第3版]	4200円	13	行政法 [第4版]	3300円
6	刑法総論 [第4版]	4000円	14	労働法 [第4版]	3800円
7	刑法各論 [第5版]	4000円	15	倒産法 [第2版]	3500円
8	商法(総則商行為)・手形法小切手法 [第3版]	4000円			

伊藤塾試験対策問題集　● 予備試験論文　● 論文　● 短答

「シケタイ」の実践篇。自習しやすく効率的な勉強をサポート、合格への最短コースを示す。

● 予備試験論文
1 刑事実務基礎 2800円　　2 民事実務基礎 [第2版] 3200円
3 民事訴訟法 [第2版] 2800円　　4 刑事訴訟法 2800円　　5 刑法 2800円
6 民法 [第2版] 2800円　　7 商法 [第2版] 2800円　　8 行政法 2800円
9 憲法 2800円
● 論文
1 刑事訴訟法 3200円　　2 刑法 3000円　　4 憲法 3200円
5 民事訴訟法 3200円　　7 行政法 3200円
● 短答
1 憲法 2800円　　2 民法 3000円　　3 刑法 2900円　　4 商法 3000円
5 民事訴訟法 3300円

新 伊藤塾試験対策問題集　● 論文

すべての記述試験対策に対応。合格答案を書くためのノウ・ハウ満載、底力がつく問題集！

1	民法	2800円	2 商法 2700円	3 民事訴訟法	2900円　＊以降続刊あり

伊藤塾予備試験論文・口述対策シリーズ

伊藤塾◎監修／伊藤塾講師 **山本悠揮**◎著　予備試験科目を短期間で効率よく学ぶための定石がわかるシリーズ。重要度を示すランク付けでメリハリの効いた内容、判例の立場を軸に据えたわかりやすい解説。直前期必携の「要点チェック」シート・「口述試験再現」答案付き。

1 **刑事実務基礎の定石** 2500円 ＊以降続刊あり

伊藤真の全条解説 会社法

平成26年改正法をふまえた会社法の全条文をオールマイティに解説。全ての条文に、制度趣旨、定義、口語訳、論点、関連判例、重要度ランク、過去問番号が入り、さらに引用・読替条文の説明まで付記したオールインワン型の全条文解説書。実務にも受験にも1冊で万全。　6400円

伊藤真の条文シリーズ　全7巻

基本六法を条文ごとにわかりやすく説明する逐条解説シリーズ。条文の口語的な意味・趣旨、重要な語句の意味、解釈上の重要論点、要旨が付いた関連判例を整理した六法代わりの1冊。

1 **民法Ⅰ**【総則・物権】 3200円　2 **民法Ⅱ**【債権・親族・相続】 3200円　4 **商法・手形法小切手法** 2700円
5 **憲法** 3000円　6 **刑法** 3300円　7 **民事訴訟法** 2800円　8 **刑事訴訟法** 3100円

伊藤真の判例シリーズ　全7巻

重要判例の読み方・学び方を、伊藤メソッドを駆使して伝授。論点と結論、事実、判決の流れ、学習のポイント、判決要旨等の順にわかりやすく解説した学習書に徹した判例ガイド。

1 **憲法**[第2版] 3800円　2 **民法**[第2版] 3500円　3 **刑法**[第2版] 3500円
4 **行政法** [第2版]／ 3800円　5 **刑事訴訟法** 3800円　6 **民事訴訟法** 3500円　7 **商法** 3500円

伊藤真新ステップアップシリーズ　全6巻

法律学習の最重要ポイントをおさえ、基本的な概念や論点をしっかり身につけるシリーズ。

1 **憲法** 2000円　2 **民法** 2500円　3 **刑法** 2300円　4 **商法** 2300円
5 **刑事訴訟法** 2200円　6 **民事訴訟法** 2200円

伊藤真実務法律基礎講座

実務に役立つ各法律の全体像と基礎知識を短時間でマスターできるコンパクトな入門書。

1 **労働法**[第4版] 2400円　2 **倒産法**[第2版] 2100円　3 **知的財産法**[第5版] 2000円
4 **国際私法**[第3版] 2200円　5 **民事執行法・民事保全法** 2500円　6 **経済法** 1900円
7 **国際公法** 2200円

伊藤塾呉明植基礎本シリーズ

伊藤塾講師 **呉 明植**◎著　伊藤塾メソッドで、どこでも通用する盤石な基礎を固めるシリーズ。一貫して判例・通説を採用しポイントをおさえたコンパクトな解説で、夢をかなえるための基礎=法的常識が身につく。切れ味鋭い講義と同様、必要なことに絞った内容でわかりやすいと、大好評発売中。

- 各種資格試験対策として必要となる論点をすべて網羅。
- つまずきやすいポイントを講義口調で伝授。
- 書くためのトレーニングができる巻末の論証カード。
- 接続詞の使い方や論理の運びなど解説そのものが合格答案。
- シンプルでわかりやすい解説、図表の多用と2色刷でビジュアルに学べる。

1 刑法総論 [第3版] 2800円	3 刑事訴訟法 [第3版] 3900円	5 物権法・担保物権法 2500円
2 刑法各論 [第3版] 3000円	4 民法総則 [第2版] 3000円	6 憲法 3000円
7 債権総論 2200円	8 債権各論 2400円	

フレーム・コントロールの原点 登記制度の視かた考えかた

伊藤塾◎編　登記制度の問題点を解決することをめざし、諸外国との比較や歴史から学ぶ。登記実務に直接携わらない人とも共有化できる新たな常識を打ち立てるためのテキスト。3000円

司法書士記述式対策 フレーム・コントロール 不動産登記法——申請個数と申請順序の判断テクニック

伊藤塾講師 **蛭町 浩**◎著　司法書士試験の合否を決する連件申請における申請個数と申請順序の判断テクニックが、124の事例を検討することで身につく書式のテキスト兼問題集。「フレーム・コントロール」という画期的な学習法を書式の達人が懇切丁寧に指南。　3800円

司法書士記述式対策 フレーム・コントロール 商業登記法——暫定答案の作成法と複数登記の処理技術

伊藤塾講師 **蛭町 浩**◎著　一括申請における白紙答案回避のための暫定答案と複数登記の判断テクニックが、120の事例を検討することで身につく書式のテキスト兼問題集。初学者はもちろん、学習法に行き詰まっている既修者にも強い味方となる1冊。　3500円

認定司法書士への道 [入門編][理論編][実践編] 全3巻

伊藤塾◎監修／伊藤塾講師 **蛭町 浩＋坂本龍治**◎著　債権法・相続法の大改正を受け、これまでの『認定司法書士への道』をリニューアル。段階や目的に応じた学習が可能に。

入門編	認定司法書士への第1歩、要件事実修得のための入門書。	2300円
理論編	認定考査の全出題範囲を網羅した必読の体系書。	3600円
実践編	過去問を紛争類型ごとに横断的に整理した問題集。	3800円

弘文堂　〒101-0062　東京都千代田区神田駿河台1-7
TEL 03-3294-4801　FAX 03-3294-7034
http://www.koubundou.co.jp/　◎表示価格は、税抜の本体価格です。

する意思（共同意思）のもとに、②相互に他人の行為を利用して各自の意思を実行に移す謀議をし（共謀の事実）、③共謀者のなかのある者がその犯罪を実行する（実行行為）ことが必要になります。

（1）①の共同意思って何？

　共同意思とは、相互に他人の行為を利用し、補充し合って犯罪を実行する意思をいい、教唆の意思や幇助の意思では足りず、**正犯者の意思**であることが必要です。そのため、たとえば、窃盗罪の共謀において、窃取した財物から分け前をもらう意思がない場合には、共同意思を認められない可能性があります。

　Case 2 では、A 子さんは、宝石を強盗する具体的な計画を提案したうえ、ピストルや車を用意しています。B 男くん、C 男くん、D 男くんは、A 子さんの立てた計画に従って、A 子さんの用意したピストルと車を使って宝石を強奪しています。これは、全員が相互の行為を利用し、補充し合って宝石を強盗する意思をもっていることの表れといえます。

　また、A 子さんたちは、強奪した宝石を 4 人で均等に分配しているので、全員に正犯者の意思が認められるといえます。

（2）②の共謀の事実って何？

　共謀とは、2 人以上の者が特定の犯罪を行うため相互に他人の行為を利用し、補充し合い、各自の罪を犯す意思（犯意）を実行に移すことを内容とする計画や方法等を相談し、意見が合致することをいいます。

　共謀共同正犯が成立するためには、単に共同実行の認識があるだけでは足りず、共謀が必要となります。他の関与者と協力し合い、ある犯罪を遂行するという**共同実行の意思**が必要となるのです。

　Case 2 では、A 子さんたちは強盗の計画を立てて、合意していると認められるので、これが共謀にあたります。また、全員に、相互に協力し合って、宝石店に押し入り強盗すると

いう計画を遂行する意思があるといえます。そのため、共謀の事実も認められます。

（3）③の実行行為も忘れずに！

　共謀共同正犯が成立するためには、少なくとも共謀者の1人が共謀に基づいて実行行為をすることが必要となります。

　Case 2 では、共謀者のうち、B男くん、C男くん、D男くんが宝石を強奪しているので、共謀に基づいて強盗を実行しているといえます。そのため、A子さんたち全員に強盗罪の共同正犯が成立します。

3 結果的加重犯の共同正犯がわかる！

　結果的加重犯とは、ある特定の犯罪を行ったら、思いがけず、より重い結果が発生したという場合に、その特定の犯罪よりも重く処罰する罪のことです。

　結果的加重犯における共同正犯では、2人以上の者が基本的行為を共同実行の意思のもとに共同し、その一部の行為によって重い結果が生じた場合に、共同者全員が重い結果について共同正犯とされるべきかそうでないのかという問題が生じてきます。

　たとえば、MとNとが強盗を共謀し、Mが被害者に暴行を加えたところ、傷害を負わせてしまいました。この場合に、Nを、強盗致傷罪の共同正犯とすることができるのでしょうか。

強盗致死罪の共同正犯の
成否
試験対策講座・刑法総論
351〜353頁

　④　判例は、**基本となる犯罪**と**重い結果**との間に**条件関係**が認められるかぎり、結果的加重犯の共同正犯は成立すると判断しています。なぜなら、強盗の共同正犯が成立する場合、もともと強盗罪には傷害結果を生じさせる危険が含まれているため、強盗罪の共同正犯が成立する以上、条件関係が認められる傷害結果についても責任を負うべきであると考えるからです。

この例では、基本となる犯罪である強盗罪について、共同正犯が成立しています。そのため、被害者に傷害を負わせてしまった結果と、基本となる犯罪である強盗罪の実行行為との間に、条件関係が認められるのであれば、MとNには結果的加重犯である強盗致傷罪の共同正犯が成立します。

4 予備罪の共同正犯がわかる！

予備罪の共同正犯とは、各々の意思を伝えたうえで予備行為を共同して行うことをいいます。たとえば、MとNが共同して強盗を行うことを共謀し、一緒に脅迫に用いるモデルガンを購入したというような場合をいいます。

共同正犯が成立するには、「共同して犯罪を実行」(60条)することが必要となります。この「実行」するという言葉は43条にあるため、これと同じ意味だと考えると、予備罪の共同正犯は認められないことになります。なぜなら、43条の「実行」は第2章で学習した実行行為をさし、予備行為を含んでいないからです。

しかし、判例は、60条の「実行」は43条の「実行」とは異なり、60条の「実行」には予備行為も含まれると判断しています。

ですから、この場合は、MとNに強盗予備罪の共同正犯が成立すると考えてよいでしょう。

⑤ **第60条 共同正犯**
2人以上共同して犯罪を実行した者は、すべて正犯とする。

⑥ **第43条 未遂減免**
犯罪の実行に着手してこれを遂げなかった者は、その刑を減軽することができる。ただし、自己の意思により犯罪を中止したときは、その刑を減軽し、又は免除する。

⑦ 殺人予備罪の共同正犯
試験対策講座・刑法総論
367頁

プラスα文献
試験対策講座・刑法総論 19章
判例シリーズ 29事件、30事件、32事件
条文シリーズ 1編 11章■1節、60条
ステップアップ No.14

1	Aは、Bが留守宅に盗みに入ろうとしていることを知り、Bが現金を盗み出している間に、Bが知らないまま外で見張りをしていた。この場合Aには、<u>窃盗の共同正犯が成立する</u>。 （司書 H22-24）	× 1【2】(1)
2	数人で犯罪の遂行を共謀し共謀者の一部が共謀にかかる犯罪の実行にでた場合であっても、直接実行に携わらない共謀者については、犯罪の実行の共同がないから、<u>共同正犯は成立しない</u>。 　　　　　　　　　　　　　　　　　　　　　　（地方上級 H8年）	× 2【3】
3	Aは、強盗を企て、BおよびCとともに、「ABCの3人で宝石店に赴き、AとBとがその店の前で見張りをしている間に、CがAの用意した拳銃で店員を脅して宝石を強取する。分け前は山分けする」という計画を立てた。計画に従い、Aは、拳銃を用意してこれをCに手渡し、A、BおよびCは、宝石店に向けて車で出発することとなった。Cは、宝石店付近で車を降りて宝石店に入り、宝石を強取する目的で拳銃で店員を脅し始めたが、AおよびBは、車から降りるのが遅れ、Cが店員に拳銃を向けた時点では、いまだ宝石店の前に到着しておらず、見張りもしていなかった。この場合、Cが店員に拳銃を向けた時点では、<u>AおよびBは、強盗未遂の共犯の罪責を負わない</u>。　　　　　　　　　　　　　　　　　（司書 H19-25）	× 2【3】
4	Aは、強盗を企て、BおよびCとともに、「ABCの3人で宝石店に赴き、AとBとがその店の前で見張りをしている間に、CがAの用意した拳銃で店員を脅して宝石を強取する。分け前は山分けする」という計画を立てた。計画に従い、Aは、拳銃を用意してこれをCに手渡し、A、BおよびCは、宝石店に向けて車で出発することとなった。Cは宝石店で、拳銃で店員を脅して宝石を強取したが、拳銃を向けられた店員は、動転のあまり、あわてて後ずさりしたため仰向けに転倒し、全治1か月の頭部外傷を負った。この場合A、BおよびCには、<u>強盗致傷の共同正犯が成立する</u>。　　（司書 H19-25）	○ 3

第11章

狭義の共犯——外で見張りをしただけで有罪に

1 教唆犯がわかる！

キ……ここは基本！
ス……君ならできる！
テ……できたらスゴイ！

Case 1　A子さんは、B男くんが自分に好意を寄せていることを利用して、B男くんに「C子さんが気にいらないから、彼女が大事に持っているブランドのバッグを盗んできて」と頼みました。

次の日、B男くんは、A子さんに言われたとおりに、C子さんの持っているブランドのバッグを盗んできました。

A子さん自身はまったく窃盗の実行行為をしていませんが、A子さんに窃盗罪が成立するのでしょうか。

Answer 1　A子さんに窃盗罪の教唆犯が成立します。

(1) 教唆犯ってなんだろう？

　教唆犯 (61条1項) とは、他人を唆して犯罪を実行させた者をいいます。教唆とは、他人を唆して犯罪を実行する決意を生じさせることです。

　Case 1では、A子さんはB男くんを唆して、窃盗という犯罪を実行させています。

　教唆犯が成立すると、「正犯の刑」が科せられます。つまり、正犯と同じ刑の範囲内で処罰されます。実際に科される刑は、正犯より重くなることもあります。

　たとえば、**Case 1**では、A子さんもB男くんも窃盗罪の正犯の刑 (10年以下の懲役または50万円以下の罰金) が科せられます。そのため、ケースによっては、正犯であるB男くんが懲役3年となり、教唆犯であるA子さんが懲役5年という判決

① **第61条　教唆**
1 人を教唆して犯罪を実行させた者には、正犯の刑を科する。

です。そのため、ケースによっては、正犯であるB男くんが懲役3年となり、教唆犯であるA子さんが懲役5年という判決

もありえます。

(2) 教唆についてもっと知りたい！

（1）教唆犯が成立するためには何が必要？

　教唆犯が成立するためには、①教唆者が人を教唆すること、および、②それに基づいて被教唆者が犯罪を実行することが必要です。②は、共犯の従属性から要求される要件です。

従属性については、第9章 共犯総説の3を見よう！

（2）「教唆」にあたるかどうかはどう判断するの？

　「教唆」にあたるかどうかは、客観的な行為の面と主観的な意思の面の2つの面から判断します。

　客観的な行為の面として、**教唆行為**が必要です。

　教唆行為は、その手段・方法について特に制限がありません。たとえば、利益の供与を申し出る方法や、命令・指揮・指示をする方法、威嚇・哀願する方法など、何でもかまいません。ただし「犯罪をしろ」とか「人殺しをやれ」というように、漠然と犯罪一般を唆すだけでは足りません。

　Case 1 では、A子さんはB男くんに、C子さんの持っているブランドのバッグを盗んでくるように具体的な犯罪を唆しているので、教唆行為があるといえます。

　主観的な意思の面として、**教唆の故意**が必要です。

　教唆の故意は、自分の教唆行為によって教唆された者が特定の犯罪を実行することを決意し、実行することを認識している場合に認められます。

　Case 1 のA子さんは、B男くんが自分に好意を寄せているのを知っているので、頼めば被教唆者であるB男くんがC子さんのバッグを盗む決意をし、実行することを認識しています。そのため、A子さんに教唆の故意があるといえます。

（3）被教唆者が犯罪を実行することはどうして必要なの？

　教唆犯が成立するためには、教唆行為と被教唆者の犯罪の実行行為との間に因果関係（原因と結果の関係）が存在している必要があると考えられています（教唆犯の因果性）。

Case 1では、B男くんはA子さんに頼まれたから盗みを実行したのですから、A子さんの教唆行為とB男くんの窃盗の実行行為との間に因果関係があり、教唆犯の因果性があるといえます。

(3) 教唆犯を教唆する？

更に別の教唆の場面について考えてみましょう。

(1)で説明したように、教唆とは、他人を唆して犯罪を実行する決意を生じさせることをいいます。通常、犯罪の実行行為を唆すことをいいます。教唆や幇助を唆す場合にも、教唆犯は成立することがあります。

61条2項は、「教唆者を教唆した」場合にも教唆犯が成立すると規定しています。この「教唆者を教唆した」場合のことを間接教唆といいます。**間接教唆**をした場合、教唆犯と同じように正犯の刑が科せられます（61条2項）。

② **第61条 教唆**
2 教唆者を教唆した者についても、前項と同様とする。

たとえば、**Case 1**で、①A子さんがB男くんに「D男くんにC子さんのバッグを盗むように命令して」と言う場合や、②**Case 1**のとおりにA子さんがB男くんに頼んだところ、B男くんが自分では盗まずに友人のE子さんにC子さんのバッグを盗むように頼んだ場合などがあります。

(4) 従犯（幇助犯）を教唆する？

教唆犯は、「従犯を教唆」した場合にも成立することがあります。「従犯を教唆」（62条2項）とは、正犯を幇助する意思のない者に対して幇助の意思を生じさせ、かつ、幇助行為をさせることをいいます。幇助に関しては、**2**で学習します。

たとえば、**Case 1**で、A子さんがF男くんに「B男くんがC子さんのバッグを盗むから、C子さんがバッグから目を離し

③ **第62条 幇助**
1 正犯を幇助した者は、従犯とする。
2 従犯を教唆した者には、従犯の刑を科する。

やすくなるように、積極的にC子さんに話しかけて、B男くんを手伝って」と頼んで、F男くんが依頼どおりに行動した場合、A子さんに従犯の教唆が成立します。

(5) 軽い罪を教唆しても処罰されない？

教唆犯が成立する場合でも、教唆した犯罪が軽い罪の場合には、処罰する必要性が高いとはいえません。そこで、刑法は、例外的に、「拘留又は科料のみに処すべき罪」の教唆・幇助の場合は、特別の規定がなければ処罰しないこととしました（64条）。拘留または科料のみに処すべき罪とは、刑法上は侮辱罪（231条）だけです。それ以外は軽犯罪法1条などの罪があります。

拘留や科料については、第13章 罪教・刑罰の2 (1)で詳しく学習します。

第64条 教唆及び幇助の処罰の制限
拘留又は科料のみに処すべき罪の教唆者及び従犯は、特別の規定がなければ、罰しない。

第231条 侮辱
事実を摘示しなくても、公然と人を侮辱した者は、拘留又は科料に処する。

2 従犯（幇助犯）がわかる！

Case 2 | A子さんは、資産家のB男くん宅に侵入してB男くん所有の1億円のダイヤモンドを盗みだしました。C子さんは、事前の打ち合わせどおり、5,000円のバイト代をもらう代わりに、A子さんがB男くん宅に侵入している間、B男くん宅の外でだれか来ないか見張りをして、A子さんが犯行をしやすいようにしました。
C子さんは何も犯罪の実行行為をしていませんが、C子さんに住居侵入罪と窃盗罪が成立するのでしょうか？

Answer 2 C子さんには、住居侵入罪の幇助犯、窃盗罪の幇助犯が成立します。

(1) 幇助犯ってなんだろう？

従犯（幇助犯）とは、正犯を幇助した者をいいます（62条1項）。幇助とは、すでに犯罪を実行する意思がある者（正犯）の実行を容易にするいっさいの行為をいいます。

幇助犯の刑は、「正犯の刑を減軽」します（63条）。つまり、

第63条 従犯減軽
従犯の刑は、正犯の刑を減軽する。

正犯の刑に減軽（68条）を施した範囲内で刑が科されます。た
だし、教唆犯同様、実際に科される刑が正犯より重い場合も
ありえます。

（2） 幇助犯についてもっと知りたい！

（1） 幇助犯が成立するための要件ってなんだろう？

幇助犯が成立するためには、①幇助者が正犯を幇助するこ
と、および、②被幇助者（正犯者）が実行行為を行うことが必
要です。教唆犯と同様、②の要件が必要とされるのは、共犯
の従属性が理由です。

（2） ①の正犯を幇助すること

教唆犯と同様に、「正犯を幇助すること」にあたるかは、客
観的な行為面と主観的な意思面の2つの面から判断します。

客観的な行為面として、「正犯を幇助」するとは、構成要件
に該当する**実行行為以外の方法**によって、**正犯者の実行行為
を容易にすること**をいいます。実行行為を容易にすればよく、
実行行為に不可欠な行為である必要はありません。凶器を貸
すなどの物理的方法の幇助もありますし、**Case 2** のC子さん
の見張りのように精神的方法の幇助もあります。つまり、C
子さんが見張りをすることで、A子さんは安心して住居侵入
と窃盗ができ、精神的に正犯者A子さんの住居侵入と窃盗を
容易にしたといえるので、C子さんは「正犯を幇助」したこ
とになります。

主観的な意思面として、**幇助の故意**が必要です。

幇助の故意は、正犯者の実行行為を認識し、かつ、その実
行をみずからの行為によって容易にさせることを認識してい
る場合に認められます。

Case 2 で、C子さんは自分が見張りをすることで、A子さ
んの犯罪が容易になることを認識していたといえるので、C
子さんに幇助の故意が認められます。

⑦ **第68条　法律上の減軽
の方法**
①　死刑を減軽するとき
は、無期の懲役若しくは
禁錮又は10年以上の懲
役若しくは禁錮とする。
②　無期の懲役又は禁錮
を減軽するときは、7年
以上の有期の懲役又は禁
錮とする。
③　有期の懲役又は禁錮
を減軽するときは、その
長期及び短期の2分の1
を減ずる。

（3）②の正犯者が実行行為を行うこと

　共犯の従属性から、幇助犯の成立要件としても、正犯者が犯罪を実行したことが必要となります。

　また、幇助行為が実行行為を容易にしたといえること、つまり幇助行為と正犯の実行行為との間に**因果関係**が必要だと考えられています。**Case 2** では、C 子さんの見張りが A 子さんの犯罪を心理的に容易にしたといえるので、C 子さんの幇助行為と A 子さんの実行行為との間に因果関係があるといえます。

(3)　（共謀）共同正犯と幇助犯の違いってなんだろう？

　これまで **Case 2** での C 子さんの行為を幇助であるとしてきましたが、C 子さんは幇助犯ではなく、A 子さんと一緒に（共謀）共同正犯になるという見方も可能です。それでは、一体どのように（共謀）共同正犯と幇助犯の区別をつければよいのでしょうか。

　（共謀）共同正犯と幇助犯の区別は、**重要な役割を演じたかどうか**、**自己の犯罪として実行しているかどうか**、を総合的に判断して決めるのが適切です。

　Case 2 で、C 子さんの見張りが A 子さんの犯罪に不可欠といえるのであれば、C 子さんは重要な役割を演じたといえ、（共謀）共同正犯と評価する余地があります。また、C 子さんと A 子さんが 2 人で犯行を計画した場合には、C 子さんは自己の犯罪として住居侵入と窃盗をしているといえ、（共謀）共同正犯と評価しやすいといえます。

　しかし、1 億円のダイヤモンドを窃盗するというのに、C 子さんはわずか 5,000 円のバイト代しかもらってないことを考えれば、C 子さんは自己の犯罪として窃盗をしているとはいえず、幇助犯であると考えるのが妥当です。

第11章

1	甲が乙にある犯罪を教唆したところ、乙はみずから実行せず、丙に犯罪を実行させた。この場合、甲は教唆の責を負う。 （地方上級H6年）	○ 1【3】
2	甲が乙に丙をしてある犯罪を行わせることを教唆したところ、乙は丙を教唆し、丙は犯罪を犯した。この場合、<u>甲は教唆の責を負わない</u>。 （地方上級H6年）	× 1【3】

Topics

不作為の幇助

　みなさんは警備員のアルバイトの経験はあるでしょうか。もしあなたが銀行の入り口やデパートで警備員のアルバイトをしているときに、友だちが万引きや銀行強盗をしているのを発見したとしたら、あなたはどのような行動をとりますか？　正義感をもって、友だちをいさめる人もいるでしょうし、他方で、何もせずに見すごす人もいると思います。

　しかし、もし後者の行動をとった場合、あなたは犯罪者になってしまうかもしれません。「え！？　アルバイトなのに、なぜそんな重い責任を負わなければならないの？」と思うかもしれません。不作為の幇助犯について検討していきましょう。

　第2章で学んだとおり、不作為犯の成立要件は、①法的作為義務が存在すること、②作為が可能かつ容易であること、です。まず、アルバイトといえども警備員である以上、銀行や店の財産権が侵害されるおそれがあることを認識した場合（つまり、強盗や万引きを見かけた場合）それを防止する義務があるといえます（①）。次に、たとえば凶器を持っていたり、大男の強盗犯だとしたら、それに対して立ち向かうのは、格闘技をたしなんでいる人でもないかぎり、容易であるとはいえません。しかし、万引きや強盗を発見した場合、警察に通報するなど、被害を最小限に抑えることができる可能かつ容易な方法はあります（②）。さらに、この場合、犯人の犯行を容易にしてしまうことの認識・認容はあるといえるので、幇助の故意も認められてしまいます。

　そのため、このようなケースの場合に、ただ状況を見守っていたならば、不作為の幇助犯が成立してしまう可能性があるのです。そして、犯人が窃盗をした場合（235条）には5年以下の懲役、強盗をした場合（236条）には、2年6か月以上の懲役に科される可能性があるのです（63条、68条3号）。

　もし警備員のアルバイトをするときには幇助犯にならないように気をつけましょう。

第12章

共犯の諸問題——犯罪と決別するのは容易じゃない

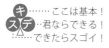

⊕……ここは基本！
⊕…君ならできる！
⊕……できたらスゴイ！

1 共犯と身分がわかる！

Case 1 | A子さんは、B男くんが勤めるCカンパニーの営業活動を毛嫌いしており、Cカンパニーを困らせたいと考えていました。そこで、A子さんは、Cカンパニーの重要な資料を紛失させることで困らせてやろうと思いつき、B男くんにこれを頼み、B男くんは、これを了承しました。数日後、B男くんは、Cカンパニーの重要な資料が保管されている部屋からこれを持ち出し、会社のシュレッダーでこれを裁断し廃棄しました。
この場合、A子さんにはB男くんとともに背任罪の共同正犯が成立するのでしょうか。

Answer 1 A子さんには背任罪の共同正犯が成立します。

(1) 身分ってなんだろう？

試験対策講座・刑法総論
396～397頁

1 判例は、「身分」（65条）とは、「男女の性別、内外国人の別、親族の関係、公務員たる資格のような関係のみに限らず、総て一定の犯罪行為に関する犯人の人的関係である特殊の地位又は状態を指称するもの」としています。つまり、判例は、男女の性別や公務員といった資格だけにとどまらず、「地位又は状態」まで広く含めて「身分」としています。たとえば、

共犯と身分 (1)
試験対策講座・刑法総論
397頁

2 麻薬輸入罪における「営利の目的」（判例）や、常習賭博罪（186条1項）の「常習として賭博をした者」なども身分にあたります。

Case 1のような背任罪の場合、実行行為である任務に背く

行為 (任務違背行為) は他人のために事務を処理する者 (事務処理者) にしかできないので、この犯罪の主体は事務処理者にかぎられます。このように、ある一定の特殊な地位または状態をもつ者であることが構成要件要素となっている犯罪を、身分犯といいます。

(2) 65条についてもっと知りたい！

65条は、身分犯における共犯関係について規定しています。65条は、1項で、身分があることによってはじめて犯罪行為となる**構成的身分犯** (真正身分犯) の共犯について規定し、2項で、身分がなくても犯罪行為となるが、身分の存在により刑が加重・減軽される場合である**加減的身分犯** (不真正身分犯) の共犯について規定しています。

たとえば、**Case 1** の背任罪は、主体が事務処理者でなければ犯罪が成立しないので、真正身分犯にあたります。一方、常習賭博罪 (186条1項) の「常習として賭博した者」は不真正身分犯であると考えられています。なぜなら、賭博行為は常習者でなくても賭博罪として処罰されるため (185条)、常習賭博罪は常習者という身分がなくても、犯罪 (賭博罪) 行為となりますが、身分 (常習) が存在することで刑が加重される場合にあたるといえるからです。

真正身分の共犯について定めている65条1項は、身分のある者とない者が共犯関係にある場合、身分のない者にも**身分犯の共犯**が成立することを意味すると考えられています (連帯的作用)。その一方で、不真正身分犯の共犯について定めている65条2項は、身分のある者には身分犯の共犯が成立し、身分のない者には、**非身分犯の共犯**が成立することを意味すると考えられています (個別的作用)。

たとえば、**Case 1** の場合、事務処理者ではないA子さんにも、65条1項によって身分犯の共同正犯が成立するので、A子さんとB男くんには背任罪の共同正犯が成立することに

3

第65条 身分犯の共犯
1 犯人の身分によって構成すべき犯罪行為に加功したときは、身分のない者であっても、共犯とする。
2 身分によって特に刑の軽重があるときは、身分のない者には通常の刑を科する。

真正、不真正に関しては、第2章 実行行為 2(1) を見よう！

4

第186条 常習賭博及び賭博場開帳等図利
1 常習として賭博をした者は、3年以下の懲役に処する。

5

常習とは、一定の犯罪行為を反復して行う習癖のあることをいいます。たとえば、はじめて賭博をする人はこれにあたりませんが、毎週定期的に賭博を行う人などはこれにあたります。

6

第185条 賭博
賭博をした者は、50万円以下の罰金又は科料に処する。(以下略)

7

65条には「共犯」と規定されているため、共同正犯に65条を適用できるかの議論があります。判例は共同正犯も広義の共犯であることを理由に65条の適用を肯定しています。

犯罪と決別するのは容易じゃない　*113*

なります。その一方で、常習賭博罪の場合には、身分のある者には常習賭博罪（身分犯）の共犯が成立し、身分のない者には賭博罪（非身分犯）の共犯が成立することになります（65条2項）。具体的には、賭博常習者のMが、今まで賭博をしたことがないNを教唆して賭博をさせた場合、Mには常習賭博罪の教唆犯が、Nには賭博罪が成立することになります。

2 共犯と錯誤がわかる！

| Case 2 | A子さんとB男くんは、生意気な後輩C子さんへの暴行を共謀し、C子さんの家へ押しかけ、C子さんに殴る蹴るなどの暴行を加えました。この時、C子さんのこれまでの挑発的な態度にかなり腹を立てていたB男くんは、殺意をもってC子さんを殺してしまいました。
B男くんが殺意を抱いて暴行を加えている一方で、A子さんは殺したいとまでは考えていませんでした。
この場合、殺意を抱いていないA子さんには、何罪が成立するのでしょうか。

Answer 2 A子さんには傷害致死罪の共同正犯が成立します。

(1) 共犯の錯誤ってなんだろう？

　共犯の錯誤とは、共犯者が**認識した犯罪事実**と、他の実行正犯によって**実現された犯罪事実**の間に**不一致**が生じることをいいます。たとえば、NがMに対してOの家に放火するように唆したところ、Mが家を間違え、Pの家に放火したような場合があげられます。このように、正犯が共犯の意思内容と異なった行為をとった場合、どのような共犯が成立するかが問題となります。

　共犯の錯誤の取扱いも、基本的には単独犯の錯誤の場合と

同じように、法定的符合説によって解決すべきであると考えられています。ただ、共犯は単独犯とは違って複数人で犯罪を実現しますから、正犯の場合と少し違う考え方が必要になります。

事実の錯誤における法定的符合説については、第4章 故意、過失の1 (3) (2) を見よう!

(2) 共同正犯の錯誤ってなんだろう?

共同正犯の錯誤とは、共同正犯における共同行為者相互間の認識に不一致が生じる場合をいいます。

(1) 同一構成要件内の錯誤

同一構成要件内で錯誤が生じている場合には、法定的符合説に従えば、その構成要件について共同者全員に共同正犯が成立することになります。

たとえば、NとMがOを殺そうと共謀していたにもかかわらず、MがPをOと勘違いして殺害してしまった場合であっても、NもMも少なくとも「人」を殺害するという認識はあるといえるので、殺人罪の故意は認められます。そのため、NとMに殺人罪の共同正犯が成立します。

(2) 異なる構成要件間の錯誤

異なる構成要件間の錯誤の場合、部分的犯罪共同説・法定的符合説に従えば、構成要件が実質的に重なり合う範囲内で、軽い罪につき共同正犯が成立することになります。

部分的犯罪共同説については、第9章 共犯総説の4を見よう!

Case 2 の場合、A子さんとB男くんはC子さんに対する暴行を共謀しています。しかし、A子さんには傷害の故意がありますが、B男くんには殺人の故意があります。そのため、A子さんには傷害致死罪が成立し、B男くんには殺人罪が成立します。傷害致死罪と殺人罪は、傷害致死罪の限度で構成

要件が実質的に重なり合います。そのため、A子さんとB男くんには、重なり合う傷害致死罪の範囲で共同正犯が成立します。

この場合、結果的加重犯の共同正犯の問題も生じます。
結果的加重犯の共同正犯については、第10章 共同正犯の３を見よう！

(3)　教唆犯の錯誤ってなんだろう？

　教唆犯の錯誤とは、教唆者が教唆行為の際に認識していた事実と、被教唆者が現に実現した結果との間に、不一致が生じることをいいます。教唆犯の場合でも共同正犯の錯誤の場合と同様に同一構成要件の範囲内の場合（具体的事実の錯誤）と異なる構成要件にまたがる場合（抽象的事実の錯誤）を分けて検討する必要があります。

(1)　具体的事実の錯誤の場合の考え方

　具体的事実の錯誤の例として、MがNにOを殺すように教唆したところ、NがPを殺害する場合があげられます。これは、教唆者Mにとっては、Oを殺すつもりが誤ってPを殺してしまった場合と同じように考えることができます。そのため、法定的符合説に従えば、「人」を殺害する認識があれば足りるので、Mに殺人罪の教唆犯が成立します。

(2)　抽象的事実の錯誤の場合の考え方

　抽象的事実の錯誤の例として、MがNに窃盗の教唆をしたところ、Nが強盗を行った場合があげられます。このように、異なる構成要件にまたがる場合には、法定的符合説に従えば、意図していない重大な犯罪に対する教唆犯の故意は否定されます。しかし、2つの構成要件が実質的に重なり合う場合には、その重なり合う限度で教唆犯が成立します。

　この例では、Mの窃盗の認識とNの強盗の実行行為は窃盗の範囲で重なり合うため、Mには窃盗の教唆犯が成立します。

幇助犯については、第11章 狭義の共犯の２(1)を見よう！

(4)　幇助犯の錯誤ってなんだろう？

　正犯を幇助した幇助犯においても、教唆犯と同じように、

幇助者が幇助行為の際に認識していた事実と、現に実現した結果との間に不一致が生じることがあります。これが幇助犯の錯誤です。

　幇助犯の錯誤の場合も、教唆犯の錯誤と同様に、同一構成要件の範囲内の場合と異なる構成要件にまたがる場合とに分けて処理することになります。

3 共犯関係からの離脱がわかる！

Case 3	A子さんは、B男くんとの間で、C子さんを脅して現金を強奪する計画を立て、その計画ど

おりB男くんと一緒にC子さんをピストルで脅しました。しかし、A子さんはC子さんがとてもビクビクしているのを哀れに思い、現金を奪うことを思いとどまり、その場にいたB男くんに何も言わず立ち去ってしまいました。B男くんは、そのまま引き続きC子さんから現金を奪い取りました。
この場合にもA子さんに強盗罪の共同正犯が成立するのでしょうか。

Answer 3　A子さんに強盗罪の共同正犯が成立します。

(1)　途中で「やめた！」

　共犯関係からの離脱とは、一般に、共犯関係にある者の一部が犯罪の終了までの間に犯罪を継続する意図を放棄し、自分の行為を中止してその後の犯罪行為に関与しないことをいいます。共犯関係から抜けたことにより、一定の場合には、離脱した後に行われた他の共犯者の行為について責任を負わずにすむことになります。**Case 3**では、強盗罪の共同正犯関係にあるA子さんとB男くんが、C子さんから現金を奪い取る前に、A子さんは犯罪を継続する意図を放棄し、その場を

犯罪と決別するのは容易じゃない　*117*

第12章

立ち去っています。そこで、犯罪の終了までに犯罪行為を中止しているＡ子さんは、共同正犯関係から離脱したといえるかどうかが問題となります。

その前に、かりに離脱が認められる場合、離脱した後に行われた他の共犯者の行為について責任を負わずにすむとは、具体的にどのようなことをいうのでしょうか。

実行の着手前に離脱する場合であれば、たとえ他の共犯者がその後に実行行為を行っても、その行為について離脱者は責任を負わないことになります。そのため、離脱した者に犯罪は成立しません。

一方、実行の着手後に離脱する場合であれば、離脱前に行われた実行行為については責任を負うものの、離脱後に生じた犯罪結果については責任を負いません。そのため、未遂犯の罪責を負うことになります。**Case 3** の場合、Ａ子さんの離脱の表明前に、Ａ子さんはＢ男くんとともにＣ子さんを脅しているため、実行行為に着手しているといえます。そのため、Ａ子さんに離脱が認められれば、実行の着手後の離脱となり、強盗の結果に対する責任を負わなくてすみます。その結果、Ａ子さんには強盗未遂罪の共同正犯が成立することになります。

予備罪の規定がある犯罪の場合に、犯罪の準備を行っていたときは、予備罪が成立します。

12-1 ●

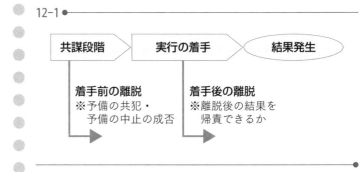

(2) 「やめた！」はどんな場合に許される？

共同正犯における一部実行全部責任の根拠は、互いに利用

し補充し合う関係のもとに特定の犯罪を実行することにあります。このような根拠からすれば、**互いに利用し補充し合う関係が解消**されたといえる場合には、一部実行全部責任が認められなくなりますから、共同正犯関係からの離脱が認められ、それ以後の共犯者の行為について責任を負わなくなります。それでは、どのような場合に相互利用補充関係が解消されたといえるのでしょうか。実行の着手前と後に分けて具体的に検討していきましょう。

（1）実行に着手する前に離脱する場合

いまだ共犯者が実行に着手していなく、共謀関係にとどまる場合、①離脱者が他の共謀者に対して、共謀関係から離脱する旨を（明示または黙示に）**表明**し、②他の共謀者がそれを**了承**した場合には、もはや相互利用補充関係があるとはいえず、原則として共同正犯関係からの離脱が認められます。

ただし、首謀者的立場にある者や、心理的なものを超えて物理的な影響を共謀者に及ぼした者については、表明・了承だけではなく、**相互利用補充関係を解消させたとみられるような積極的な行為**が必要です。たとえば、MとNが強盗の共謀をし、脅迫に使うためピストルをMが用意した場合を検討してみます。2人が実行行為にでる前に、Mが「やめる」と言って離脱の意思を表明し、Nが「いいよ」と了承した場合は、相互利用補充関係の解消が認められるように思えます。しかし、Mはピストルという武器を提供しているので、いまだに物理的因果性が及んでいるといえます。そのため、MはNからピストルを奪い、犯行を中止させるなどの積極的な行為をしないかぎり、相互利用補充関係は解消されず、表明・了承のみでは共犯関係からの離脱は認められません。

（2）実行に着手した後に離脱する場合

実行行為に着手した後は、着手前と異なり、犯罪の実現に向けて状況が動きだしてしまっているので、相互利用補充関係を解消させるための要件も、より厳格に考える必要があり

10 **物理的因果性**とは、物理的な手段によって、犯罪の実現に貢献することをさします。たとえば、ピストルやナイフを提供することや、犯行の現場付近の地図を提供することなどがあげられます。

ます。

　具体的には、①着手前の離脱における**表明・了承**のみならず、②他の共犯者の実行行為を阻止して、当初の共謀に基づく**実行行為が行われることを阻止する**必要があると考えられています。

　Case 3では、実行の着手後にA子さんが離脱の意思を表明しているので、着手後の離脱になります。そして、A子さんは離脱の意思をB君に表明することなく、その場を立ち去っているので、①の要件をみたしていません。また、他の共犯者であるB男くんの実行行為が行われることも阻止していないので、②の要件もみたしていません。そのため、A子さんに共同正犯関係からの離脱は認められず、その後に行ったB男くんの行為についても責任を負うことになり、A子さんに強盗（既遂）罪の共同正犯が成立します。

プラスα文献
試験対策講座・刑法総論 21 章
判例シリーズ 38 事件
条文シリーズ 65 条、1 編 11 章■ 5 節〜7 節
ステップアップ No. 16

1	公務員でない A は、情を知らない公務員 B に内容虚偽の申告をし、B をして、その職務に関し、内容虚偽の証明書を作成させた。この場合、A に虚偽公文書作成罪が成立する。　　　　　　（司書 H22-24）	× 1【2】
2	A は、B が C に対して暴行を加えるのを手助けする意思で、B に凶器の鉄パイプを貸したところ、B は、殺意をもって、その鉄パイプで C を撲殺した。この場合、A には殺人罪の幇助犯が成立する。　　　　　　　　　　　　　　　　　　　　（司書 H26-24）	× 2【4】
3	A は、強盗を企て、B および C とともに、「ABC の 3 人で宝石店に赴き、A と B とがその店の前で見張りをしている間に、C が A の用意した拳銃で店員を脅して宝石を強取する。分け前は山分けする」という計画を立てた。計画に従い、A は拳銃を用意してこれを C に手渡し、A、B および C は宝石店に向けて車で出発することになった。出発直前、B は急に怖くなって「おれはやめる」と言い出し、A および C が仕方なくこれを了承したため、B は、その場から立ち去ったが、A および C は、そのまま強盗を実行した。この場合、B は強盗の共犯の罪責を負わない。　　　　　　（司書 H19-25）	○ 3【2】(1)
4	3 の事案において、出発直前、A は、急に怖くなって「おれはやめる」と言い出し、B および C が仕方なくこれを了承したため、A は、その場から立ち去ったが、拳銃を残していったので、B および C は、そのまま A の用意した拳銃を用いて強盗を実行した。この場合、A は、強盗の共犯の罪責を負わない。　　　　　　（司書 H19-25）	× 3【2】(1)
5	A は B との間で、C を脅して現金を強奪する計画を立て、その計画どおり B と一緒に C をピストルで脅したところ、C がおびえているのを哀れに思い、現金を奪うことを思いとどまり、その場にいた B に何も言わず立ち去ったが、B は引き続き現金を奪い取った。この場合 A には強盗罪の共同正犯が成立する。　　　　　　（司書 H22-24）	○ 3【2】(2)

第13章

罪数・刑罰
──懲役刑でも、刑務所に入らなくていいってホント？

キ……ここは基本！
ステ……君ならできる！
……できたらスゴイ！

1 罪数がわかる！

(1) 罪数ってなんだろう？

　犯罪とは、構成要件に該当する違法かつ有責な行為のことをいうので、犯罪の個数は構成要件に触れる行為の数を基準に判断しなければなりません。

　そして、犯罪の個数は、行為者をどのように処罰するのかという観点からはとても重要な問題です。

　この犯罪の個数のことを、罪数といいます。

　そこで、まず、罪数に関して、その者が犯したのが１つの罪（一罪）なのか、それとも複数の罪（数罪）なのかを検討します。

(2) 一罪ってなんだろう？

（1）単純一罪

　１個の構成要件に１回該当する場合、つまり１個の行為で１個の結果を発生させる場合を**単純一罪**といいます。

　たとえば、他人の花瓶を地面に叩きつけ粉々にした場合には器物損壊罪（261条）が、他人を悪意をもって傷つけた場合には傷害罪（204条）が、一罪成立します。

（2）特殊な一罪

（a）法条競合

　法条競合とは、１個の行為が数個の構成要件に該当するようにみえるけれども、実際には１個の構成要件にしか該当しない場合をいいます。

　たとえば、他人の胸にナイフを刺して殺した場合、通常は

被害者が着ている衣服も破れるため、衣服を破損させた器物損壊罪（261条）も成立しそうですが、器物損壊罪は吸収されて、殺人罪（199条）のみが成立することになります。

また、傷害罪（204条）が成立するときは、暴行罪（208条）は成立しません。

（b）包括一罪

包括一罪とは、数個の行為があり、それぞれが独立して特定の構成要件に該当するようにみえるけれども、すべての行為が構成要件的に全部まとめて評価して一罪となる場合をいいます。行為が複数あっても、実質的に一体であるので、一罪とみなされるのです。

たとえば、わいせつ文書頒布罪（175条）において、同じわいせつ文書を複数の人に販売しても、本罪が1個成立するにすぎません。また、一晩のうちに同じ倉庫から時間をおかず数回にわたって物を盗みだした場合であっても、盗んだ回数分の窃盗罪となるのではなく、窃盗罪（235条）一罪とされます（判例）。

① 試験対策講座・刑法総論 424頁

13-1

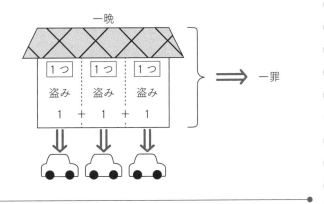

（c）共罰的事後行為

共罰的事後行為（不可罰的事後行為）とは、犯罪の完成後に、新たな犯罪を行っても、すでに行われた犯罪によって違法性

② 共罰的事後行為を不可罰的事後行為とよぶこともあります。もっとも、その行為自体は可罰的であり、主たる犯罪に包括されて処罰されるため、独立しては処罰の対象とならないので、共罰的事後行為とよぶほうが適切であるとされています。

が評価し尽くされている行為をいいます。

　たとえば、他人の物を盗んだ後にそれを壊した場合を例にしてみます。事前行為である盗んだということに対する窃盗罪の完成によって、違法であるという状態がすでに発生しています。違法性は窃盗罪によって評価し尽くされているといえるので、事後行為であるその後に壊した行為は、器物損壊罪という新たな法益侵害にはなりません。そのため、窃盗罪と器物損壊罪が成立して合わせて二罪ということにはならないのです。この場合は、窃盗罪のみが成立します。

(3) 犯罪の競合がわかる！

Case A子さんは、B男くんの家に侵入して、B男くんの所有するダイヤモンドを盗み出しました。

この場合、A子さんには住居侵入罪（3年以下の懲役または10万円以下の罰金）と窃盗罪（10年以下の懲役または50万円以下の罰金）の二罪が成立しますが、A子さんへの科刑は、どのように行われ、何年以下の懲役または何円以下の罰金となるでしょうか？

Answer 住居侵入罪と窃盗罪とは合わせて一罪として科刑され、A子さんへの科刑は10年以下の懲役または50万円以下の罰金となります。

(1) 犯罪の競合ってなんだろう？

　Case のA子さんのように、1人の行為者に複数の犯罪が成立している場合を**犯罪の競合**といいます。犯罪が競合する場合には、それらの犯罪は原則として、**併合罪**（45条）を構成し、加重された刑が科されます。

　しかし、例外的に複数の犯罪が、特殊な理由から刑を科するうえで一罪として取り扱われ、刑が加重されない場合もあります。これが**科刑上一罪**です。科刑上一罪には、**観念的競合**（54条1項前段）と**牽連犯**（54条1項後段）とがあります。

第45条　併合罪
③
確定裁判を経ていない2個以上の罪を併合罪とする。ある罪について禁錮以上の刑に処する確定裁判があったときは、その罪とその裁判が確定する前に犯した罪とに限り、併合罪とする。

第54条　1個の行為が2個以上の罪名に触れる場合等の処理
④
1　1個の行為が2個以上の罪名に触れ、又は犯罪の手段若しくは結果である行為が他の罪名に触れるときは、その最も重い刑により処断する。

（2）観念的競合について知りたい！

（a）観念的競合ってなんだろう？

観念的競合とは、1個の行為が数個の罪名に触れる場合をいいます。結果は複数生じますが、行為が1個なので、一罪として扱われます。

たとえば、ピストルを1回発射して、MとNの2人を射殺した場合などが考えられます。

観念的競合とされた場合、刑を科するうえでは一罪として扱われ、その数個の罪のうち一番重い罪について定められた刑で処断されます。

（b）どのような場合に観念的競合になるんだろう？

（i）「1個の行為」であること

「1個の行為」とは、行為者の動態が社会的見解上1個のものとの評価を受ける場合をいいます（判例）。つまり、動作が1つだということです。

たとえば、

①同一の日時・場所で、無免許で、かつ、酒に酔った状態で自動車を運転した場合には、道路交通法上の無免許運転罪と酒酔い運転罪とは観念的競合の関係にあります（判例）。

②赤信号にもかかわらず漫然と交差点に侵入し、人身事故により人を死亡させた場合には、業務上過失致死罪（現在の過失運転致死罪）と道路交通法上の信号無視の罪とは観念的競合の関係にあります（判例）。

③酒に酔った状態で自動車を運転中に、過失により人身事故を発生させて人を死亡させた場合には、業務上過失致死罪（現在の過失運転致死罪）と酒酔い運転罪とは観念的競合ではなく併合罪の関係にあります（判例）。

これらの交通事犯においては、時間の流れを点と線でイメージするとわかりやすいでしょう。無免許運転はずっと継続している犯罪なので線、酒酔い運転も同様に線、つまり、

---

5 **もっとも重い罪について定められた刑**
刑の上限も下限もそれぞれ重いほうを採用します。たとえば、科刑上一罪のA罪（1年以上15年以下の懲役）とB罪（3年以上10年以下の懲役）を犯した場合、3年以上15年以下の懲役となります。

(3) (4)で学習します。

6 試験対策講座・刑法総論 426頁

線と線で重なっていると考えて、動作が1つであるとして観念的競合となるのです。

　過失運転致死罪は一瞬のことなので点、信号無視もその瞬間のことなので点、ですから点と点で重なっています。

　これに対して、酒酔い運転の線と、過失運転致死罪の点は、線と点で重なってはいないので、併合罪となるのです。

（ⅱ）数個の罪名に触れること

　数個の罪名とは、それらが異なる罪名か同じ罪名かを問いません（判例）。つまり、1個の行為で傷害罪が複数成立する場合であっても、無免許運転罪と酒酔い運転罪という異なる罪名の罪が成立する場合であっても、観念的競合となりえます。

（3）牽連犯について知りたい！

（a）牽連犯ってなんだろう？

　牽連犯とは、数個の犯罪が、それぞれ**手段・目的**または**原因・結果**の関係にある場合をいいます。観念的競合と違い行為も複数、結果も複数なのですが、通常その一方が他方の手段となる関係にあるので、一罪として扱われます。**Case**では、A子さんの行った住居侵入罪は、目的たる窃盗罪の手段であるといえるので、2つの罪は手段・目的の関係にあり、牽連犯となります。

　手段・目的または原因・結果の関係にあるかどうかは、犯罪の性質上、類型的にそのような関係にあるかどうか（**客観的牽連関係の有無**）によって決まります。

　これに対して、たまたま犯人がある犯罪を行うつもりで、別の犯罪を行った（たとえば、殺人をするつもりで、その凶器にする刃物を盗んだ場合）や、類型的にではなく、具体的場合にたまたま手段・目的または原因・結果の関係があるにすぎない場合には、牽連犯とはなりません。たとえば、保険金を騙し取ろうという目的の放火と保険金詐欺が、これにあたります。

（b）判例の具体例はこうなる！⑦

牽連犯の関係 とされたもの	①	住居侵入と殺人、傷害、強制性交等、放火、強盗、窃盗⑧
	②	文書や有価証券の偽造罪とその行使罪
	③	偽造した文書や有価証券の行使とこれに基づく詐欺罪など
牽連犯の関係 が否定された もの	①	保険金詐欺目的の放火と保険金詐欺
	②	殺人と死体遺棄
	③	窃盗教唆と盗品等有償譲受け罪
	④	強盗殺人とその犯跡隠蔽のための放火など

⑦ 試験対策講座・刑法総論
427頁

⑧ なお、住居侵入は、通常他の犯罪の手段として用いられる関係にあるので、多くの犯罪と牽連犯になります。

（4）科刑上一罪になった場合、どう処罰されるの？

　観念的競合・牽連犯とされた場合、科刑上一罪となります。科刑上一罪の刑の処理の仕方は、その数個の罪のうちで一番重い罪について定められた刑によって処断されます。この重い罪とは、上限も下限も成立した罪のなかで一番重いものを用いるという意味です。したがって、**Case** では、懲役を科する場合は、3年以下と10年以下を比べて重いほうの10年以下となります。ちなみに、下限は両罪ともに1か月（12条1項）⑨です。罰金を科する場合は、50万円以下と10万円以下を比べて重いほうの50万円以下となります。ちなみに、下限は両罪ともに1万円（15条）です。

（5）併合罪について知りたい！

（a）併合罪ってなんだろう？

　たとえば、窃盗と傷害をそれぞれ別の機会に犯したけれど、いまだどちらの罪も裁判が確定していない場合を併合罪といいます。つまり、**併合罪**とは、確定裁判を経ていない2個以上の罪のことです。

　なお、確定裁判という言葉や、裁判が確定していないという言葉は難しいのですが、今の段階では、その罪の裁判が始まったのだけれども、まだ終わっていないというようなイメージをもっておけば大丈夫です。

⑨ **第12条　懲役**
1　懲役は、無期及び有期とし、有期懲役は、1月以上20年以下とする。
2　懲役は、刑事施設に拘置して所定の作業を行わせる。

右上：第13章

（b）併合罪の効果ってなんだろう？

　併合罪のうち2個以上の罪について有期の懲役または禁錮に処するときは、そのもっとも重い罪について定めた刑の長期にその2分の1を加えたものを長期とします。ただし、それぞれの罪について定めた刑の長期の合計を超えることはできません（47条）。

10

　たとえば、詐欺罪（10年以下の懲役）と窃盗罪（10年以下の懲役）との併合罪の場合ならば、長期は15年となります。また、詐欺罪と住居侵入罪（3年以下の懲役）との併合罪の場合ならば、長期は13年となります。

第47条　有期の懲役及び禁錮の加重

併合罪のうちの2個以上の罪について有期の懲役又は禁錮に処するときは、その最も重い罪について定めた刑の長期にその2分の1を加えたものを長期とする。ただし、それぞれの罪について定めた刑の長期の合計を超えることはできない。

2 刑罰がわかる！

(1)　刑罰の種類が知りたい！

（1）主刑と付加刑ってなんだろう？

　主刑とは、それ自体を独立に言い渡すことのできる刑のことです。死刑・懲役・禁錮・拘留・罰金・科料がこれにあたります。主刑は、受刑者の生命を奪う生命刑、自由を奪う自由刑、そして一定額の財産を奪う財産刑に分かれます。

　付加刑とは、主刑を言い渡す場合にかぎり、これに加えて言い渡すことのできる刑をいいます。刑法は、没収のみを付

13-2
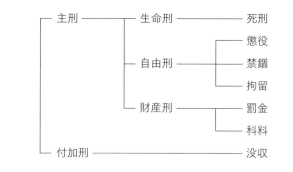

```
          ┌─ 生命刑 ──────── 死刑
          │               ┌── 懲役
   ┌─ 主刑 ─┼─ 自由刑 ──────┼── 禁錮
   │       │               └── 拘留
   │       │               ┌── 罰金
   │       └─ 財産刑 ──────┴── 科料
   │
   └─ 付加刑 ──────────────── 没収
```

加刑として定めています。

（2）刑罰にはどんなものがあるの？

死刑（11条）は、生命を奪うことを内容とする刑罰です。日本では、刑事施設内で首を絞めることによって執行されます。

懲役（12条）は、自由刑の一種であり、刑務所で作業をする義務があります。一方、**禁錮**（13条）は、刑務所で作業をする義務はありません。**拘留**（16条）も、刑務所で作業をする必要はありませんが、期間が30日未満と短いのが特徴です。

罰金（15条）も**科料**（17条）も財産刑であって、一定の金額を剥奪することを内容とします。両者の違いは、金額です。罰金は1万円以上、科料は1,000円以上1万円未満です。

(2)　刑罰にはどんなものがあるの？

刑罰には、法定刑・処断刑・宣告刑の3段階があります。

法定刑とは、刑法の各条文に犯罪構成要件に対応するものとして規定されている刑罰をいいます。たとえば、詐欺罪（246条）の場合、1か月以上10年以下の懲役が法定刑です。

処断刑とは、刑を重くしたり軽くしたりする事由があるときに法定刑に加重・減軽して修正された刑のことをいいます。たとえば、未遂罪の場合に減軽すると、詐欺未遂罪の処断刑は、半月以上5年以下の懲役となります。

宣告刑とは、裁判官が処断刑の枠内で具体的な年数を決定して被告人に言い渡す刑のことです。「被告人を懲役1年に処する」というように、懲役1年とはっきり宣告します。

(3)　刑の執行猶予について知りたい！

（1）執行猶予制度ってなんだろう？

刑の**執行猶予**とは、刑を言い渡した場合において、一定期間その刑を執り行うことを延ばし、その期間に何事もなく経過したときには、先に確定した刑を執り行うことを中止するということです。もし条件に違反したときには執行猶予を取

11　**第11条　死刑**
1　死刑は、刑事施設内において、絞首して執行する。
2　（略）

12　**第12条　懲役**
1　懲役は、無期及び有期とし、有期懲役は、1月以上20年以下とする。
2　懲役は、刑事施設に拘置して所定の作業を行わせる。

13　**第13条　禁錮**
1　禁錮は、無期及び有期とし、有期禁錮は、1月以上20年以下とする。
2　禁錮は、刑事施設に拘置する。

14　**第16条　拘留**
拘留は、1日以上30日未満とし、刑事施設に拘置する。

15　**第15条　罰金**
罰金は、1万円以上とする。ただし、これを減軽する場合においては、1万円未満に下げることができる。

16　**第17条　科料**
科料は、1,000円以上1万円未満とする。

第 25 条　刑の全部の執行猶予

1　次に掲げる者が 3 年以下の懲役若しくは禁錮又は 50 万円以下の罰金の言渡しを受けたときは、情状により、裁判が確定した日から 1 年以上 5 年以下の期間、その刑の全部の執行を猶予することができる。
①　前に禁錮以上の刑に処せられたことがない者
②　前に禁錮以上の刑に処せられたことがあっても、その執行を終わった日又はその執行の免除を得た日から 5 年以内に禁錮以上の刑に処せられたことがない者

り消して刑の執行をすることになります（25 条）。

　この制度は、刑務所帰りのレッテルを貼られると社会復帰をするのが困難になるなど、刑罰を執行することによる弊害を回避するものです。加えて、条件に違反したら刑が執行されるという心理的な強制力によって、犯罪者自身が改善や更生することに目覚めるように図ったものです。

　たとえば、「懲役 2 年、執行猶予 3 年に処する」という判決が言い渡された場合は、3 年間違法な行為をせずに過ごせば、懲役 2 年の言渡しは失効します。しかし、3 年の間に、違法な行為をしたことにより執行猶予が取り消されると、懲役 2 年の刑が執行されることになります。

（2）一部執行猶予制度ってなんだろう？

　執行猶予制度は、刑罰を執行することによるさまざまな弊害を回避したり、犯罪者自身が改善や更生をすることを目的としています。ただし、犯罪者といっても人それぞれですから、この目的を達成するための執行猶予制度も、それぞれの犯罪者により見合ったものにすることが望ましいといえます。そこで、今までの執行猶予制度に加えて、**刑の一部の執行猶予**の制度が導入されることになりました（27 条の 2 以下）。この制度は、2016（平成 28）年 6 月 1 日に施行されました。

　刑の一部執行猶予とは、言い渡した刑の年月の一部の執行を一定期間猶予し、その期間を無事に経過したときには、猶予されなかった部分の期間を刑期とする懲役または禁錮に減軽するという制度です。もし条件に違反したときは、一部執行猶予を取り消して、言い渡した刑どおりの執行をしようとするものです。

　たとえば、懲役 2 年、うち 6 か月は刑の執行を 2 年間猶予するという判決を受けたら、受刑者は 1 年半の間は刑務所で服役し、出所後 2 年間は 6 か月の懲役刑の執行が猶予されます。そして、執行猶予中に、定められた条件に違反せずに普通の生活をしていれば、猶予された 6 か月について刑の言渡

しがなかったことになり、刑務所に収容されることなく生活
を送ることになります。

プラスα文献
試験対策講座・刑法総論 22 章、23 章
条文シリーズ 1 編 2 章、4 章、9 章
ステップアップ No. 17

1	酒に酔った状態で自動車を運転中、過失によって人を死亡させた行為は、社会的見解上1個のものとみるべきであり、道路交通法の酒酔運転罪と過失運転致死罪との<u>観念的競合</u>となる。 （地方上級H9年）	× 1【3】(2) (b)
2	公務執行妨害罪（3年以下の懲役または禁錮）と傷害罪（10年以下の懲役または30万円以下の罰金もしくは科料）との観念的競合の場合、重い刑である傷害罪により処断されることになるので、<u>罰金刑が科されることがある</u>。　（地方上級H9年）	× 1【3】(4)

Topics

ここからは、刑法各論！

(1)　個々の犯罪について学習していこう！

　ここからは、刑法にはどのような犯罪があるのか、そして、個々の犯罪がどのようなものなのかについて学習していきます。具体的には、個々の犯罪の保護法益と固有の成立要件（構成要件要素）の学習が中心になります。これは、刑法各論とよばれるものです。

　刑法各論では、簡単にいうと個々の犯罪の構成要件を中心に学習していきます。ここまでの刑法総論では、構成要件として、実行行為、結果、因果関係、故意・過失について説明しました。これはすべての犯罪に共通する構成要件の仕組みです。ここからの刑法各論では、この構成要件を個々の犯罪ごとに検討していくことになります。たとえば窃盗罪では、235条で、「他人の財物を窃取した者は、窃盗の罪とし、10年以下の懲役又は50万円以下の罰金に処する」と規定されています。この条文から、窃盗罪の実行行為は何か、結果は何か、因果関係はどのような場合に認められるか、故意はどのような場合に認められるか、個々の犯罪で特に必要となる構成要件はあるか、ということを検討していくのです。

(2)　犯罪を分類すると……

　刑法上の犯罪は一般的に保護法益によって分類されます。このことから、刑法各論の学習では、個々の犯罪の保護法益が何かということが重要になります。刑法各論では、構成要件に関する多くの知識を学習することになるため、最初は大変に感じるかもしれません。けれども、個々の犯罪の保護法益が何かをしっかりとおさえておけば、そこから考え方や理論の筋道を思い出すことができるようになります。

　保護法益は、大きく3つに分けられます。Ⅰ個人に関する法益、Ⅱ社会に関する法益、Ⅲ国家に関する法益です。Ⅰを個人的法益、Ⅱを社会的法益、Ⅲを国家的法益といいます。

　さらに、個人的法益は、①個人の生命や身体、②自由、③名誉や信用、④財産に対する罪に分けられます。

また、社会的法益は、①公衆の安全、②公共の信用、③風俗秩序に対する罪に分けられます。

　そして、国家的法益は、①国家の存立、②国家の作用に対する罪に分けられます。

　刑法各論の学習を始める前に、犯罪がこのように保護法益によって分類されるということをおさえておきましょう。次に本書で扱う犯罪の全体像を示してありますので、確認してみましょう。

```
┌─────────────── 個人的法益に関する罪 ───────────────┐
│ ┌── 生命・身体に関する罪 ──┐  ┌── 名誉・信用に関する罪 ──┐ │
│ │ 殺人の罪              │  │ 名誉に対する罪          │ │
│ │ 傷害の罪              │  │ 信用・業務に対する罪      │ │
│ │ 過失傷害の罪          │  └─────────────────────┘ │
│ │ 遺棄の罪              │  ┌──── 財産に対する罪 ─────┐ │
│ └─────────────────────┘  │ 窃盗罪、強盗罪          │ │
│ ┌──── 自由に対する罪 ─────┐  │ 詐欺罪、恐喝罪          │ │
│ │ 逮捕・監禁の罪          │  │ 横領の罪              │ │
│ │ 脅迫の罪              │  │ 背任罪               │ │
│ │ 性的自由に対する罪      │  │ 盗品等に関する罪        │ │
│ │ 住居を侵す罪          │  │ 毀棄の罪              │ │
│ └─────────────────────┘  └─────────────────────┘ │
└───────────────────────────────────────────────┘

┌──── 社会的法益に関する罪 ────┐ ┌──── 国家的法益に関する罪 ────┐
│ ┌─ 公衆の安全に対する罪 ─┐  │ │ ┌── 国家の存立に対する罪 ─┐ │
│ │ 放火の罪            │  │ │ │ 内乱・外患の罪         │ │
│ └───────────────────┘  │ │ │ （本書では扱いません）   │ │
│                        │ │ └────────────────────┘ │
│ ┌─ 公共の信用に対する罪 ─┐  │ │ ┌── 国家の作用に対する罪 ─┐ │
│ │ 通貨偽造の罪        │  │ │ │ 公務の執行を妨害する罪  │ │
│ │ 文書偽造の罪        │  │ │ │ 犯人蔵匿・証拠隠滅の罪  │ │
│ └───────────────────┘  │ │ │ 偽証の罪             │ │
│                        │ │ │ 虚偽告訴の罪         │ │
│ ┌─ 風俗秩序に対する罪 ──┐  │ │ │ 職権濫用の罪         │ │
│ │ 公然わいせつ罪など    │  │ │ │ 賄賂の罪            │ │
│ │ （本書では扱いません） │  │ │ └────────────────────┘ │
│ └───────────────────┘  │ │                        │
└───────────────────────┘ └───────────────────────┘
```

生命・身体に対する罪①
——人生いろいろ、殺人罪もいろいろ

1 生命・身体に対する罪ってどんなものがあるの？

> キ……ここは基本！
> ステ……君ならできる！
> ：……できたらスゴイ！

　生命・身体に対する罪には、殺人の罪、傷害の罪、過失傷害の罪、堕胎の罪、遺棄の罪があります。ここでは、特に重要性の高い殺人の罪、傷害の罪、過失傷害の罪、遺棄の罪について説明します。

2 殺人の罪にはどんなものがあるの？

　殺人の罪は、故意に他人の生命を侵害する犯罪であり、その保護法益は人の生命です。

　殺人の罪には、殺人罪と自殺関与罪、同意殺人罪があります。

(1) 殺人罪ってどんな犯罪？

　殺人罪（199条）①は、**行為者を除く自然人**（人間）を殺す犯罪です。

　殺人罪の未遂は処罰されます（203条）②。

① 第199条　殺人
人を殺した者は、死刑又は無期若しくは5年以上の懲役に処する。

② 第203条　未遂罪
第199条及び前条の罪の未遂は、罰する。

(2) 自殺関与罪、同意殺人罪ってどんな犯罪？

　殺人の罪にも、殺人罪のほか、いろいろな種類があります。202条は、**自殺教唆罪**、**自殺幇助罪**（あわせて自殺関与罪といいます）、**嘱託殺人罪**、**承諾殺人罪**（あわせて同意殺人罪といいます）という4つの犯罪を規定しています。これらはどういったものでしょうか。

③ 第202条　自殺関与及び同意殺人
人を教唆し若しくは幇助して自殺させ、又は人をその嘱託を受け若しくはその承諾を得て殺した者は、6月以上7年以下の懲役又は禁錮に処する。

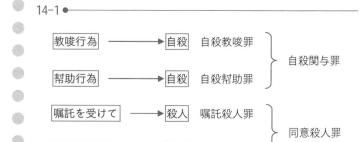

（1）自殺関与罪ってどんな犯罪？

自殺関与罪（202条前段）は、**教唆によって意思能力のある者に自殺意思を起こさせるか**（自殺教唆）、**帮助によって自殺意思のある者の自殺をしやすくさせる**（自殺帮助）**ことによって、その者を自殺させる犯罪です。**

たとえば、MがNに自殺するように唆した結果、Nが自殺を決意して自殺した場合、Mには自殺教唆罪が成立します。

また、Mが、かねてから自殺したがっていたNに対して致死量の毒薬を渡し、Nがこの毒薬を飲んで自殺した場合、Mには自殺帮助罪が成立します。

（2）同意殺人罪ってどんな犯罪？

同意殺人罪（202条後段）は、**殺人の意味を理解し、死について自由な意思決定能力をもつ被害者の依頼**（嘱託といいます）**を受け、またはその承諾**（同意といいます）**を得て、殺す犯罪です。**

たとえば、MがNから自分を殺してほしいと頼まれてNを殺した場合、Mには嘱託殺人罪が成立します。また、MがNの同意を得てNを殺した場合、Mには承諾殺人罪が成立します。

嘱託とは、仕事を頼んで任せることをいいます。

3 傷害の罪にはどんなものがあるの？

　傷害の罪は、他人の身体に対する侵害を内容とする犯罪であり、その保護法益は人の身体です。

　傷害の罪には、傷害罪、傷害致死罪があります。また、同時傷害の特例についてもここで説明します。

(1) 傷害罪ってどんな犯罪？

Case 1
①Ａ子さんは、およそ１年間にわたって、自宅から隣家に住むＢ男くん・Ｃ子さん夫妻に向けて、精神的ストレスで体調を崩したりするかもしれないが、いっそそうなってしまえと考えつつ、毎日朝から深夜まで、隣家にもっとも近い位置にある窓を開け、その近くに置いたラジオと複数の目覚まし時計のアラームを大音量で鳴らし続けました。これによって、Ｂ男くんとＣ子さんは、精神的ストレスから慢性頭痛症、睡眠障害、耳鳴症になりました。この場合、Ａ子さんには傷害罪が成立するでしょうか。

②Ｄ男くんは、つまらないことから親友であるＥ男くんと口論になり、けがを負わせるつもりはなかったものの、かっとなってＥ男くんの右肩付近を押して突き飛ばしてしまいました。すると、Ｅ男くんはバランスを崩して転倒し、その時に右腕を地面について右腕を骨折しました。この場合、Ｄ男くんには傷害罪が成立するのでしょうか。

Answer 1
①Ｂ男くんとＣ子さんはけがをしていませんが、Ａ子さんには傷害罪が成立します。

②Ｄ男くんには、傷害という結果についての認識はありませんが、傷害罪が成立します。

（１）傷害罪の行為ってなんだろう？

　傷害罪（204条）の行為は、人を傷害することです。ここで

5　第204条　傷害
人の身体を傷害した者は、15年以下の懲役又は50万円以下の罰金に処する。

いう「傷害」とは、**人の生理的機能に障害を加えることを**いうと考えられています（判例）。生理的機能に障害を加えるとは、人の身体の健康状態を不良なものに変更することをいいます。そのため、けがをさせる行為だけではなく、長時間の失神や病毒の感染、キスマークをつける（内出血させる）ことなども「傷害」にあたります。他方で、嫌がっている女性の髪を切ってしまうような行為は、人の健康状態を不良なものに変更したわけではなく生理的機能に障害を加えたとまではいえないため、「傷害」にはあたりません（ただし、第15章 生命・身体に対する罪②の1で学習する暴行罪での「暴行」にはあたります）。

204条は、傷害を生じさせる方法を暴行（有形力の行使）に限定していません。そのため、暴行によって傷害が生じた場合はもとより、**暴行によらない方法**（無形的方法といいます）で傷害が生じた場合も「傷害」にあたります。

ここで、**Case 1**①でのA子さんの行為が「傷害」にあたるかどうかを考えてみましょう。A子さんは、ラジオと目覚まし時計のアラームを大音量で鳴らし続けるという無形的方法によって、B男くんとC子さんに慢性頭痛症、睡眠障害、耳鳴症を負わせています。この行為は、B男くんとC子さんの生理的機能に障害を加えるものですから、「傷害」にあたるのです。

（2）傷害罪の故意ってなんだろう？

無形的方法による場合には、傷害罪は故意犯ですから、傷害罪の故意が認められるためには、**傷害の結果について認識・認容していたことが必要**になります。

これに対して、**暴行による傷害の場合**には、傷害の結果についての認識・認容がないときでも、暴行の故意があれば、**傷害罪の故意が認められる**と考えるのが一般的です。たとえば、MがNを脅かす意図で、Nに当たらないように石を投げたところ、誤ってNに当ててけがを負わせてしまった場合、Mは傷害の結果についての認識・認容はないものの、石を投

げるという暴行の故意があるため、傷害罪の故意が認められることになります。

208条は、「暴行を加えた者が人を傷害するに至らなかったとき」に暴行罪が成立するとしていますから、暴行を加えた者が人を傷害するにいたったときには、たとえ傷害結果の認識・認容がなくても、暴行の故意さえあれば傷害罪の故意が認められると考えられるのです。このように考えると、204条は、**傷害の故意犯**に加えて、**暴行罪の結果的加重犯**をも定めた規定といえます。

傷害の方法	暴行の故意	傷害の故意	傷害罪の成否
暴行	あり	あり	○（故意犯）
暴行	あり	なし	○（結果的加重犯）
無形的方法	—	あり	○（故意犯）
無形的方法	—	なし	×

（3）**Case 1**について考えてみよう！

ここで、**Case 1**①のA子さんと**Case 1**②のD男くんに傷害罪の故意が認められるか考えてみましょう。

Case 1①では、A子さんはラジオの音声と目覚まし時計のアラームを大音量で鳴らし続けるという無形的方法によってB男くんとC子さんに傷害を負わせているので、A子さんに傷害罪の故意が認められるためには、傷害の結果を認識・認容していることが必要となります。そして、A子さんは、B男くんとC子さんに精神的ストレスによる障害を生じさせるかもしれないことを認識かつ認容しているため、傷害罪の故意が認められます。

また、**Case 1**②では、D男くんは、E男くんの右肩付近を押して突き飛ばすという暴行によって、E男くんに右腕骨折という傷害を負わせているので、暴行の故意があれば傷害罪の故意が認められます。そして、D男くんに暴行の故意があることは明らかですから、傷害罪の故意が認められます。

《復習 Word》

> **結果的加重犯**とは、ある特定の犯罪（**基本犯**）をしたら、思いがけず、より重い結果（**加重結果**）が発生したという場合に、その特定の犯罪（基本犯）よりも重く処罰する罪のことをいいます。傷害致死罪がその典型で、これは傷害罪（基本犯）を犯したら意図しない死亡の結果（加重結果）が生じた場合です。
> 結果的加重犯では、加重結果についての故意がないことに特徴があります。逆にいうと、加重結果についての故意がある場合には結果的加重犯は成立しません（傷害致死罪を例にすると、死亡の結果についての故意がある場合には、それは傷害致死罪ではなく、まさに殺人罪なのです）。

(2) 傷害致死罪ってどんな犯罪？

第205条　傷害致死
身体を傷害し、よって人を死亡させた者は、3年以上の有期懲役に処する。

7　傷害致死罪（205条）は、傷害罪の結果的加重犯です。そのため、死亡結果の発生を認識・認容することなく行った傷害行為によって、傷害だけでなく死の結果が生じ、その行為と死の結果との間に因果関係が認められる場合には、傷害致死罪が成立します。

(3) 同時傷害の特例って何？

| Case 2 | A男くんがC男くんに対して殴る蹴るの暴行を加えていたところに偶然その場を通りかかったB男くんは、日頃からC男くんと仲が悪かったことから、この機会に自分もC男くんに暴行しようと考え、A男くんと相談することなくC男くんに殴る蹴るの暴行を加えました。これにより、C男くんは左足を骨折しましたが、A男くんとB男くんのいずれの暴行によるものかは判明しませんでした。
この場合、A男くんとB男くんには傷害罪が成立するのでしょうか。 |

Answer 2　A男くん・B男くんの暴行とC男くんの傷害との間の因果関係が不明ではありますが、A男くんとB男くんにはどちらにも傷害罪が成立する可能性があります。

(1) 207条は何のためにあるの？

第207条　同時傷害の特例
2人以上で暴行を加えて人を傷害した場合において、それぞれの暴行による傷害の軽重を知ることができず、又はその傷害を生じさせた者を知ることができないときは、共同して実行した者でなくても、共犯の例による。

同時犯とは、2人以上の者が特にしめしあわせたりせず、同一機会にそれぞれ独立して同一客体に対して、同一の犯罪を実行する場合をいいます。

8　Case 2において、かりにA男くんとB男くんの間に共同実行の意思があれば、A男くんとB男くんには傷害罪の共同正犯（60条、204条）が成立します。

9　しかし、A男くんとB男くんには共同実行の意思はなく、同時犯にすぎないため、共同正犯は成立しません。この場合、A男くんとB男くんは、それぞれ自分の行為と因果関係のある傷害結果についてしか刑事責任を負わないため、その因果関係が不明である場合には、傷害罪ではなく、より軽い暴行

罪の罪責を負うだけです。しかし、同時犯として暴行をした場合は、発生した傷害の原因となった暴行を特定するのが難しいことが多く、暴行罪にとどまるという結論は法益保護の観点からすると正しくないと考えられます。そこで、207条は、傷害罪の同時犯（この場合を同時傷害といいます）について「共犯の例による」として、行為者を不当に軽く処罰しないようにしているのです。

（2）「共犯の例による」ってどのような意味？

「共犯の例による」とは、個々の暴行と傷害結果との間の因果関係を推定するものである、と一般的に考えられています。

（3）207条はどんなときに適用されるの？

適用される前提として、暴行した者たちは、それぞれの暴行が傷害結果を生む危険性があることと、一般的にみて共同実行に等しいと思える状況（同一の機会）で行われたことを証明しなければなりません。そして、これらが証明された場合に、自分の暴行がその傷害を発生させていないことを立証しないかぎり、207条が適用され、傷害罪の罪責を負います（判例）。

Case 2 のA男くんとB男くんについても、暴行が同一の機会で行われた場合、それぞれ自分の暴行とC男くんの骨折との間に因果関係がないことを立証しないかぎり、傷害罪の罪責を負うことになります。

10 試験対策講座・刑法各論 22〜23頁

> **プラスα文献**
> **試験対策講座・刑法各論** 1章1節〜3節
> **条文シリーズ** 2編26章■総説、199条、202条〜205条、207条
> **ステップアップ** No.18、No.19

1	Aは、Bの生理的機能に障害を引き起こさせようとして、Bに故意に風邪薬を大量に服用させ、肝機能障害に陥らせた。この場合、Aには、傷害罪が成立する。　　　　　　　　　（司書 H22-26）	○ 3【1】(1)
2	Aは、Bに傷害を負わせるつもりはなかったものの、故意にBを突き飛ばしたところ、これによりBが転倒してしまい、Bは、打ち所が悪く、頭部に傷害を負い、その傷害のために死亡した。この場合、Aには、<u>傷害致死罪は成立しない</u>。　　　（司書 H22-26）	× 3【1】(2)

Topics

いつ人になり、いつ人ではなくなるのか

　生命・身体に対する罪は「人」に対して行われることで成立する犯罪です。では、いつ人になり、いつ人ではなくなるのでしょうか。

　たとえば、まだ頭が母体から出たばかりの胎児に対して暴行を加えて死亡させた場合に、殺人罪となるのでしょうか？　この場合でも殺人罪が成立する、というのが一般的な答えです。胎児の体の一部でも母体から露出すれば、その時点で胎児は母体とは別に、攻撃の対象となるので、そのような胎児の生命・身体も守る必要があると考えるのです。つまり、一般的には、母体から一部でも露出すれば、その時点で、「人」になると考えられているのです（一部露出説）。なお、民法上は、母体から胎児が全部露出した時点で「人」となり、権利能力を取得すると考えられています（全部露出説、通説）。刑法と民法で異なるので、気をつけてください。

　では、そのような「人」は、どの時点で、もはや「人」ではなくなったと判断されるのでしょう？　言い換えれば、どの時点で人は死亡したと判断されるのでしょうか？　ここは、心臓が停止した時点と考える立場と、脳の機能が失われて元に戻らなくなった（脳死）時点と考える立場とがあります。かりに、脳の機能は失われたとしても、心臓が停止していない間はまだ「人」として扱われるのだとすると、脳死状態の人を殺せば殺人罪が成立するということになります。そのため、この立場によれば、ドラマなどでありそうな、「もう夫のこんな姿は見ていられなくて……呼吸器を外しました。夫もきっとそれを望んでいたと思います」などと言う妻にも、（たとえ夫が脳死状態であったとしても）殺人罪が成立することになります。

　では、もう1つの立場のように、脳死をもって死亡と考えれば、問題は生じないのかというと、そう簡単にもいきません。いつの時点で脳死したかという判断は容易なものではなく、脳死の判定が人によって異なり、それによって殺人罪が成立するかどうかも異なってくる、などというのでは、困ってしまいます。

　いつ人になり、いつ人でなくなるのか。特に脳死には、難しい問題が含まれています。

第15章

生命・身体に対する罪②
——大声はまさに暴力になる!?

……ここは基本！
…君ならできる！
……できたらスゴイ！

1 暴行罪ってどんな犯罪？

Case

①ブラスバンド部でドラムを担当していたA子さんは、同じブラスバンド部に属するB男くんからいつも嫌がらせを受けていたため、B男くんに仕返しをしようと考え、練習に付き合ってほしいとだましてB男くんを部室に呼びだし、ドラムを力いっぱい連打して、B男くんを意識もうろう状態にさせました。この場合、A子さんに暴行罪は成立するのでしょうか。

②C男くんは、友人のD男くんと口論になり腹を立てていたため、翌日偶然見かけたD男くんを驚かせるつもりで、コンクリート片を投げつけました。しかし、コンクリート片はD男くんのすぐ横を通過し、当たりませんでした。この場合、C男くんに暴行罪は成立するでしょうか。

Answer

①A子さんの行為は殴る・蹴るなどの典型的な暴行ではありませんが、A子さんには暴行罪が成立します。

②D男くんにコンクリート片が当たらなくても、C男くんには暴行罪が成立します。

> **第208条　暴行**
> 暴行を加えた者が人を傷害するに至らなかったときは、2年以下の懲役若しくは30万円以下の罰金又は拘留若しくは科料に処する。

(1) 暴行罪の暴行ってなんだろう？

暴行罪（208条）における暴行とは、人の身体に対する不法な有形力の行使のことをいいます。

ここでいう有形力の行使は、物理力の行使のことをいい、殴る・蹴るなどの行為はもちろん、更に音、光、熱、電気な

どのエネルギー作用も含みます。**Case** ①では、A子さんはドラムの音というエネルギー作用を用いており、これも有形力の行使にあたるため、A子さんには暴行罪が成立します。

　また、有形力は**人の身体に接触する必要はない**と一般的に考えられています。そのため、被害者を脅かすために狭い室内で日本刀を振り回す行為も暴行にあたります（判例）。**Case** ②でも、C男くんがD男くんに対してコンクリート片を投げつけた行為は暴行にあたり、C男くんには暴行罪が成立します。

② 暴行の意義
試験対策講座・刑法各論
25頁

（2） 刑法における暴行概念にはどんなものがあるの？

　暴行の包括的な定義は、**有形力の行使**です。ただし、暴行は、刑法上さまざまな犯罪類型の行為とされており、それぞれの犯罪類型の罪質や保護法益に応じて、**最広義の暴行、広義の暴行、狭義の暴行、最狭義の暴行**という4種類の意味に理解されています。暴行罪での暴行は、このなかの狭義の暴行になります。

　最広義の暴行は、物に対する有形力の行使を含みます。たとえば、騒乱罪（106条）での暴行がこれにあたります。

　広義の暴行は、直接または間接的に人に向けられた有形力の行使を含みます。たとえば、公務執行妨害罪（95条1項）での暴行がこれにあたります。

最狭義の暴行は、人の反抗を抑圧し、または著しく困難にする程度のもののみをいいます。たとえば、強盗罪（236条）や強制性交等罪（177条）での暴行がこれにあたります。

刑法における暴行概念

種類	程度	犯罪類型
最広義の暴行	人に対すると物に対すると問わず、不法な有形力の行使のすべて	内乱罪（77条）、騒乱罪（106条）、多衆不解散罪（107条）
広義の暴行	人に対する直接・間接の有形力の行使	公務執行妨害罪（95条1項）職務強要罪（95条2項）加重逃走罪（98条）逃走援助罪（100条2項）特別公務員暴行陵虐罪（195条）強要罪（223条1項）
狭義の暴行	人の身体に対する直接の有形力の行使	暴行罪（208条）
最狭義の暴行	人の反抗を抑圧するに足りる程度ないし抵抗を著しく困難にする程度の人に対する有形力の行使	強盗罪（236条）、事後強盗罪（238条）強制性交等罪（177条）強制わいせつ罪（176条）

2 過失傷害の罪がわかる！

　刑法は、第4章 故意、過失の1**(1)**（1）で学習した故意犯処罰の原則（38条1項本文）を定め、過失犯は法律の規定がある場合にかぎり例外的に処罰するという建前をとっています（38条1項ただし書）。しかし、社会生活において、過失により人の生命、身体が侵害される機会は多くあります。これに対処するのが過失傷害の罪です。

　過失傷害の罪には、過失傷害罪（209条）、過失致死罪（210条）、業務上過失致死傷罪（211条前段）、重過失致死傷罪（211条後段）があります。

(1) 過失致死傷罪ってどんな犯罪？

過失傷害罪（209条）と過失致死罪（210条）で問題となるのは過失論です。これは、第4章 故意、過失の **2** で詳しく学習しました。

(2) 業務上過失致死傷罪ってどんな犯罪？

（1）主体はだれだろう？

業務上過失致死傷罪（211条前段）は、**業務に従事する者**（業務者）であることを不真正身分とする、過失致死傷罪の**不真正身分犯**です。

（2）業務ってなんだろう？

業務上過失致死傷罪における「業務」とは、**社会生活上の地位に基づき反復継続して行う行為であって、人の生命・身体などに危害を加えるおそれのあるもの**をいいます（判例）。

たとえば、家事や育児などは社会生活上の地位に基づく行為とはいえないため、「業務」にはあたりません。また、自転車を運転する行為は、人の生命・身体に対して危害を加えるおそれのある行為ではないとされ、「業務」にあたらないと考えられています。

（3）どうして刑が重くなるの？

業務者について刑が加重されるのは、業務者は、他人の生命・身体に危害を加える危険のある行為をしているため、**通常人よりも特に重い注意義務が課せられている**からであると考えられています（判例）。

(3) 重過失致死傷罪ってどんな犯罪？

重過失致死傷罪（211条後段）の「重大な過失」とは、注意義務の違反の程度が著しいことをいいます。少し注意をすれば結果の発生を防止することができたのに、そのような注意すら怠ったような場合が「重大な過失」にあたります。

たとえば、住宅街の路上でゴルフクラブの素振りをして、

---

③ **第209条 過失傷害**
1 過失により人を傷害した者は、30万円以下の罰金又は科料に処する。

④ **第210条 過失致死**
過失により人を死亡させた者は、50万円以下の罰金に処する。

⑤ **主体と客体**
刑法各論では、しばしば「主体」と「客体」という言葉がでてきます。
主体とは、犯罪を行う人のことを意味します。身分犯である犯罪の場合に主体に着目することが多いです。
客体とは、犯罪の対象となる人や物などのことを意味します。たとえば、殺人罪の被害者や窃盗罪で盗まれた物などがこれにあたります。

⑥ **第211条 業務上過失致死傷等**
業務上必要な注意を怠り、よって人を死傷させた者は、5年以下の懲役若しくは禁錮又は100万円以下の罰金に処する。重大な過失により人を死傷させた者も、同様とする。

不真正身分犯について、詳しくは第12章 共犯の諸問題の **1（2）**を見よう！

⑦ 試験対策講座・刑法各論 30頁

⑧ 試験対策講座・刑法各論 30頁

自転車で通行中の女性を強打した場合などには、重過失が認められます。

3 遺棄の罪がわかる！

遺棄の罪は、高齢者、幼児、病人など、他人の扶助を必要とする者を保護のない状態におくことによって、その生命・身体に危険を生じさせる犯罪です。

遺棄の罪には、単純遺棄罪（217条）、保護責任者遺棄罪（218条）、これらの結果的加重犯としての遺棄致死傷罪（219条）があります。

(1) 遺棄の罪の保護法益ってなんだろう？

遺棄の罪の保護法益は、人の生命の安全のみとする考え方もありますが、一般的には、**人の生命・身体の安全**と考えられています（判例）。

遺棄罪が成立するためには、保護法益である人の生命・身体が実際に害されることは必要とされません。遺棄罪の行為があれば、遺棄罪は成立します。

(2) 単純遺棄罪ってどんな犯罪？

単純遺棄罪（217条）の客体は、老年、幼年、身体障害、疾病のために扶助を必要とする者（要扶助者）です。

単純遺棄罪の行為は遺棄です。ここでいう「遺棄」とは、作為によって要扶助者の居場所を移動させて新たな危険をつくりだす場合をいうと一般的に考えられています。

たとえば、要扶助者を山に捨てに行く行為などが単純遺棄罪にあたる典型例です。

試験対策講座・刑法各論 9
36頁

第217条　遺棄
老年、幼年、身体障害又は疾病のために扶助を必要とする者を遺棄した者は、1年以下の懲役に処する。

(3) 保護責任者遺棄罪ってどんな犯罪？

(1) 客体はだれだろう？

　保護責任者遺棄罪（218条）の客体は、老年者、幼年者、身体障害者、病者です。これは、単純遺棄罪の客体と同じです。

(2) 行為はなんだろう？

　保護責任者遺棄罪の行為は、遺棄（218条前段）または不保護（218条後段）です。

　217条の「遺棄」と218条前段の「遺棄」は、同じ言葉ではありますが、内容に違いがあるので注意が必要です。

　217条の「遺棄」は、作為によって要扶助者の居場所を移動させることにより新たな危険をつくりだす場合をいいました。これに対し、218条前段の「遺棄」は、作為によって要扶助者の居場所を移動させることにより新たな危険をつくりだす場合に加えて、保護しなければ生命の危険が生じるであろう要扶助者を放置したまま立ち去るという不作為も含むと一般的に考えられています。たとえば、母親が乳児を1人だけマンションに残して旅行する行為は、乳児の居場所を移動させていないため217条の「遺棄」にはあたりません。しかし、保護しなければ生命の危険が生じうる要扶助者を放置したまま立ち去っているため、218条前段における「遺棄」にはあたります。

　218条後段における不保護は、要扶助者の生存に必要な保護をしないという不作為を意味します。たとえば、母親が一緒に住んでいる乳児にミルクを与えないという行為は不保護にあたります。

(3) 主体はだれだろう？

　保護責任者遺棄罪の主体は、老年者、幼年者、身体障害者または病者を保護する責任のある者（保護責任者）に限定されます。

　一般的には、保護責任者の負担する保護義務は不真正不作為犯の成立要件である法的な作為義務と同じものと考えられ

11　**第218条　保護責任者遺棄等**
老年者、幼年者、身体障害者又は病者を保護する責任のある者がこれらの者を遺棄し、又はその生存に必要な保護をしなかったときは、3月以上5年以下の懲役に処する。

ています。これについては第2章 実行行為の2**(4)**(1)で
学習しました。

(4) 遺棄致死傷罪ってどんな犯罪？

第219条 遺棄等致死傷
前2条の罪を犯し、よっ
て人を死傷させた者は、
傷害の罪と比較して、重
い刑により処断する。

12 　遺棄致死傷罪（219条）は、単純遺棄罪（217条）と保護責任
者遺棄罪（218条）の結果的加重犯です。⑫

　プラスα文献
試験対策講座・刑法各論 1章3節、4節、6節
判例シリーズ 43事件
条文シリーズ 208条〜211条、2編30章
ステップアップ No. 19

1	Aは、故意にBの耳元で拡声器を用いて大声を発し続けた。それによって、Bは、意識もうろうの気分を感じた。この場合、Aには、<u>暴行罪は成立しない</u>。　　　　　　　　　　　　　　　（司書 H22-26）	× 1【1】
2	Aは、狭い4畳半の室内においてBの目の前で日本刀の抜き身を多数回にわたり振り回したが、その行為は、Bを傷つけるつもりではなく、脅かすつもりで行ったものであった。この場合、Aには、<u>暴行罪は成立しない</u>。　　　　　　　　　　　　　　　（司書 H22-26）	× 1【1】

第16章

自由に対する罪、名誉・信用・業務に対する罪
──軽率なゴシップ記事にはご注意を

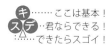

ⓚ……ここは基本！
ⓢ……君ならできる！
ⓓ……できたらスゴイ！

自由に対する罪には、逮捕・監禁、脅迫・強要、略取・誘拐、性的自由に対する罪、住居侵入があります。ここでは、逮捕・監禁罪、脅迫罪・強要罪、強制わいせつ罪・強制性交等罪および住居侵入罪をとりあげることにします。

] 自由に対する罪がわかる！

(1) 逮捕・監禁罪ってどんな犯罪？

（1）逮捕・監禁罪の保護法益ってなんだろう？

第220条　逮捕及び監禁
不法に人を逮捕し、又は監禁した者は、3月以上7年以下の懲役に処する。

1　逮捕・監禁罪（220条）の保護法益は、人の身体活動の自由です。行為の客体は人ですが、生まれたばかりの赤ちゃんや意識喪失者は、そもそも自由に身体活動が行えないため、除外されます。

このような身体活動の自由の意味についてはいろいろな考え方がありますが、一般的には、もし移動しようと思えば移動できる自由（可能的自由）であると考えられています。つまり、被害者本人は閉じ込められていると気づいていなくても、監禁罪は成立します。睡眠中の人が目を覚ましたり眠ったりすることを繰り返したときに、監禁罪が成立したり、成立しなかったりするのは不自然だからです。

（2）逮捕・監禁罪の行為ってなんだろう？

（a）逮捕って何？

逮捕とは、人の身体を直接拘束してその身体活動の自由を奪うことをいいます。その方法に制限はなく、身体をじかに縄で縛るというような直接的な方法もあれば、ピストルを突きつけて一定の間自由を奪うような間接的な方法もありえま

す。身体活動の自由が確実に拘束されることが必要なので、身体に抱きついたけれども、すぐに解放した場合には、逮捕とはいえず、暴行罪が成立します。

（b）監禁って何？

　監禁とは、人の身体を間接的に拘束してその身体活動の自由を奪うことをいいます。たとえば、部屋に鍵をかけて閉じ込める行為などがこれにあたります。監禁の方法は、鍵をかけて閉じ込めるようなものだけでなく、たとえば、銭湯の脱衣所で他人の脱いだ服を隠すことによって、隠された人を銭湯から出られない状況にすることも、監禁にあたります。

（3）継続犯って何？

　逮捕・監禁罪は、逮捕・監禁行為を継続しているかぎり実行行為の継続が認められるので、**継続犯**です。そのため、犯罪の継続している間はいつでも共犯が成立する可能性があります。

⑵　脅迫罪・強要罪ってどんな犯罪？

（1）脅迫罪・強要罪の保護法益ってなんだろう？

　脅迫罪（222条）・強要罪（223条）の保護法益は、意思決定の自由です。

（2）脅迫罪はどんな場合に成立するの？

（a）脅迫って何？

　脅迫とは、一般人を恐れおののかせる程度の害悪の告知をいいます。たとえば、Mが、「明日、お前の家に火をつけるぞ」とNに電話で伝える行為などがこれにあたります。Nがこの告知を受けたことでMは脅迫罪になり、現実にNが恐れおののくかどうかは問題にはなりません。

　告知の内容は、害を加えることです。将来の害悪であることと、告知者によってその害悪を起こすことが可能であることが必要となります。たとえば、「天罰がくだるぞ」とか「来世は虫になるぞ」というような、告知者が支配できない害悪

暴行罪について、詳しくは第15章　生命・身体に対する罪②の1 を見よう！

② **第222条　脅迫**
1　生命、身体、自由、名誉又は財産に対し害を加える旨を告知して人を脅迫した者は、2年以下の懲役又は30万円以下の罰金に処する。
2　親族の生命、身体、自由、名誉又は財産に対し害を加える旨を告知して人を脅迫した者も、前項と同様とする。

③ **第223条　強要**
1　生命、身体、自由、名誉若しくは財産に対し害を加える旨を告知して脅迫し、又は暴行を用いて、人に義務のないことを行わせ、又は権利の行使を妨害した者は、3年以下の懲役に処する。
2　親族の生命、身体、自由、名誉又は財産に対し害を加える旨を告知して脅迫し、人に義務のないことを行わせ、又は権利の行使を妨害した者も、前項と同様とする。

の告知は脅迫にあたりません。

（b）**脅迫の客体はだれだろう？**

加害の対象は、告知の相手方またはその親族についての生命・身体・自由・名誉・財産です。罪刑法定主義の原則から、加害の対象はこれらの事項にかぎられることになります。たとえば、Mが、Nに対して「恋人のOや友達のPを殺すぞ」と言ったとしても、恋人や友達は加害の対象になりませんから、脅迫罪は成立しません。

（3）強要罪はどんな場合に成立するんだろう？

（a）**強要罪の行為はなんだろう？**

強要罪は、**脅迫または暴行という行為**によって、**義務のないことを行わせ、または権利の行使を妨害**するという結果を生じさせた場合に成立します。ここでいう脅迫は、脅迫罪における脅迫と同じ意味です。ここにいう暴行は、相手方に対する不法な有形力の行使であれば足り、必ずしも人の身体に向けられたものにかぎられません。第三者や物に対する暴行であっても、被害者に恐怖心を起こさせるからです。この点は暴行罪における暴行とは意味が違ってきます。

（b）**強要罪の結果はなんだろう？**

義務のないことを行わせるとは、たとえば、謝罪文を書かせることなどをいいます。権利の行使を妨害するとは、告訴権の行使を妨害したりすることなどをいいます。

告訴については、**（3）**（4）で学習します。

なお、未遂であっても強要罪は処罰されます。

（3）強制わいせつ罪と強制性交等罪ってどんな犯罪？

強制わいせつ罪と強制性交等罪は、性的自由に対する罪です。

（1）強制わいせつ罪・強制性交等罪の保護法益ってなんだろう？

強制わいせつ罪・強制性交等罪は、人の**性的自由**を保護法益としています。

（2） 強制わいせつ罪ってどんな場合に成立するんだろう？

（a） 行為はなんだろう？

強制わいせつ罪（176条）の行為は、①被害者が13歳以上であるときは、暴行や脅迫という手段を用いて、わいせつな行為をすること、②被害者が13歳未満であるときは、被害者の同意があってもなくても、わいせつな行為をすることです。強制わいせつ罪の保護法益は、被害者その人の性的自由ですから、176条でいう「わいせつな行為」とは**被害者の性的羞恥心を害する行為**をいいます。

また、強制わいせつ罪にいう暴行・脅迫は、被害者が反抗することが著しく困難な程度のものであることが必要とされていますが、強盗罪における暴行・脅迫のように反抗を抑圧する程度であることは必要とされていません。

（b） **目的が必要？**

強制わいせつ罪が成立するためには、主観的構成要件要素として、故意のほかに行為者が**わいせつの目的**をもつことが必要とされていました。しかし、近年、新しい判例がでて、現在は、わいせつの目的は不要とされています。④

4　試験対策講座・刑法各論 65頁

（3） 強制性交等罪ってどんな場合に成立するんだろう？

強制性交等罪の行為は、①被害者が13歳以上の場合には、暴行・脅迫を手段として性交等をすること、②被害者が13歳未満の場合には、性交等をすることです。暴行・脅迫の意味については、強制わいせつ罪と同様に考えられています。

旧強姦罪の主体は、男性にかぎられていましたが、刑法の改正により強姦罪は削除され、新たに強制性交等罪が新設されました。強制性交等罪の主体は男性にかぎられていません。

（4） 親告罪ってなんだろう？

親告罪とは、訴追の要件として告訴を必要とする犯罪をいいます。改正前の刑法における性的自由に対する罪は、その捜査や裁判が行われる際に被害者の名誉やプライバシーを大きく損なう危険があるため、親告罪とされていました。しか

5　告訴とは、犯罪の被害者等から、捜査機関に対し犯罪があったことを申告し、犯人の処罰を求める意思表示のことをいいます。

し、現在の刑法では、性的犯罪被害を被った者に告訴するか否かの選択を迫ることは、かえって被害者に精神的な負担を生じさせることになるという理由で、性的自由に対する罪は親告罪ではなくなりました。

他方で、たとえば器物損壊罪は親告罪とされています。これは軽微な犯罪であることを理由としています。親告罪か否かの理由はさまざまなのです。

(4) 住居侵入罪ってどんな犯罪？

Case 1 A男くんは、強盗をする目的で、宅配員を装いB男くん宅の門を開けるよう頼みました。B男くんは宅配員だと信じ、家に入るのを許したため、A男くんはB男くん宅に立ち入りました。A男くんに住居侵入罪は成立するでしょうか？

Answer 1 A男くんに住居侵入罪が成立します。

(1) 住居侵入罪の保護法益ってなんだろう？

住居侵入罪（130条前段）の保護法益は何かに関しては、争いがありますが、一般的には、住居にだれを立ち入らせるかを決める自由（住居権）であると考えられています（住居権説）。

(2) 住居侵入罪の構成要件ってなんだろう？

130条にある「人の住居」とは、人が寝起きしたり、食事をしたりするのに使用されている所をいいます。ちなみに、使用は一時的なものでもよく、ホテルの一室も住居にあたります。また、垣根や門のような境界で囲まれ、建物の利用に関わっている土地も住居の一部に含まれます。このような土地は、居住者に通常利用され、住居と切り離せない関係にあるといえるからです。

130条の「人の看守する」とは、たとえば、管理人や守衛をおいている場合や、入口を施錠している場合などをさしています。「邸宅」とは、住居用に作られたが、現在は空き家とか

第130条 住居侵入等
正当な理由がないのに、人の住居若しくは人の看守する邸宅、建造物若しくは艦船に侵入し、又は要求を受けたにもかかわらずこれらの場所から退去しなかった者は、3年以下の懲役又は10万円以下の罰金に処する。

別荘とか、寝起きや食事をしていない所がこれにあたります。また、管理者が管理する集合住宅の1階出入り口から各室玄関前までの部分も「邸宅」にあたります。「建造物」とは、住居用以外の建物をいい、学校や工場などがこれにあたります。

　ここで重要なのは、「侵入」の考え方です。住居権説の立場からは、**住居権者または管理権者の意思に背く立入りのこと**をいいます。たとえば、万引きをする目的でスーパーに立ち入る場合は、管理権者の意思に背く立入りといえるので、「侵入」にあたります。

（3）Case 1 ではこうなる！

　Case 1 におけるA男くんのB男くん宅への立入りは、B男くんが同意しているので、住居権者であるB男くんの意思に背いてはいないとも思えます。しかし、B男くんの同意はA男くんを宅配員だと勘違いしたことに基づくものです。もしも、B男くんが「A男くんは強盗をするつもりだ」と知っていたら立入りを許さなかったでしょう。このような場合に、住居侵入罪が成立しないとすると、住居権を保護することはできません。そのため、住居権者の同意は任意かつ真意に基づくものでなければなりません。ですから、**Case 1** では、A男くんに住居侵入罪が成立します。

2 名誉に対する罪には何があるんだろう？

　名誉に対する罪には、名誉毀損罪、侮辱罪などがあります。特に、名誉毀損罪はとても重要です。

(1) 名誉毀損罪ってどんな犯罪？

（1）名誉毀損罪の保護法益って何？

　名誉毀損罪（230条）の保護法益は名誉です。名誉の意味については、いろいろな考え方がありますが、一般的には、人

第230条　名誉毀損
1　公然と事実を摘示し、人の名誉を毀損した者は、その事実の有無にかかわらず、3年以下の懲役若しくは禁錮又は50万円以下の罰金に処する。
2　死者の名誉を毀損した者は、虚偽の事実を摘示することによってした場合でなければ、罰しない。

に対して社会が与える評価（外部的名誉）であると考えられています。

（2）名誉毀損罪の構成要件って何？

230条1項にある「公然と」とは、不特定または多数人が認識できる状態をいいます。不特定とは、相手方が限定されていないという意味であり、多数人とは、相手方が特定されているがその数が多数であるという意味です。

試験対策講座・刑法各論 84頁

そして、判例の考え方によれば、気心の知れた仲間3人組（特定かつ少数人）で会話をしている状況であったとしても、それが不特定または多数人に伝わる可能性があったといえる場合には、「公然と」の要件をみたすといえます。

暴かれる事実は、人の社会的評価を低下させるのに十分な具体的なものでなければなりません。たとえば、「Aは変態野郎だ」という程度の抽象的な事実を伝えるのでは足りず、「Aは教師のくせに学校の生徒に対し、頻繁にセクハラをしている」という程度の具体性が必要になります。

230条1項にある「事実」は、真実であるか虚偽であるかを問いませんが、死者の名誉毀損については、虚偽である場合にかぎられます（230条2項）。

なお、名誉毀損罪は親告罪です（232条1項）。

（2） 名誉 vs. 表現の自由！

Case 2 新聞記者であるA男くんは、国会議員B男氏が巨額の脱税をしているという情報を入手しました。A男くんは、B男氏が国会議員としてふさわしいかどうか判断するための事実を国民に知らせるため、翌日の朝刊に、「B男氏、脱税の疑い」という見出しの記事を掲載しました。この新聞は毎月400万部以上の売り上げを記録する有名紙でした。B男氏の脱税が真実であった場合、A男くんに名誉毀損罪は成立するでしょうか。

第5章 違法性、正当行為の1(イ)を見よう！

Answer 2 特別の違法性阻却事由（230条の2第1項、2項の適用）により、A男くんには名誉毀損罪は成立しません。

（1）特別の違法性阻却事由がある！

　名誉毀損罪の成立に、暴かれている事実が真実なのか偽りなのかは影響しないのが原則です。しかし、憲法21条1項が表現の自由や知る権利を保障している以上、真実を述べる行為を常に名誉毀損として処罰することは許されません。そこで、230条の2は、名誉毀損罪の構成要件にあてはまる行為であっても、一定の要件をみたすときには例外的にこれを罰しないと定めています。つまり、個人の名誉と表現の自由の衝突を和らげるクッションのような役割を果たしています。この規定は、特別の違法性阻却事由を定めたものです。

　第1の要件は、**公共の利害に関する事実**であることです。暴かれた事実が、公共性に役立つ事実であることが必要となります。第2の要件は、**もっぱら社会の利益を図る目的**であることです。たとえば、読者の好奇心を満足させる目的であるときは、この要件をみたさないことになります。第3の要件は、**事実が真実であることを証明できた**ことです。

　Case 2のB男氏の脱税は、公訴が提起されるにいたっていない人の犯罪行為に関する事実なので、公共の利害に関する事実であるとみなされます（230条の2第2項）。

　そして、A男くんは新聞記者として、国会議員がその役職にふさわしいかどうか判断するための事実を国民に知らせようという目的によって、この事実を新聞に掲載したので、社会の利益を図る目的があるといえます。

　また、**Case 2**では、B男氏の脱税が真実だったので、第3の要件をみたします。

（2）もし真実ではなかったとしたら……

　このような第3の要件は少し厳しすぎると感じられます。真実であると証明することはかなり困難ですし、また、証明

⑨ **第230条の2　公共の利害に関する場合の特例**
1　前条第1項の行為が公共の利害に関する事実に係り、かつ、その目的が専ら公益を図ることにあったと認める場合には、事実の真否を判断し、真実であることの証明があったときは、これを罰しない。
2　前項の規定の適用については、公訴が提起されるに至っていない人の犯罪行為に関する事実は、公共の利害に関する事実とみなす。
3　前条第1項の行為が公務員又は公選による公務員の候補者に関する事実に係る場合には、事実の真否を判断し、真実であることの証明があったときは、これを罰しない。

しなければ罰せられるとなると、処罰をおそれ、事実を暴くことをためらってしまいかねません。

10　そこで、判例は、事実を真実と証明できなかった場合でも、誤って信じたことについて、確実な資料や根拠を見比べてみて相当な理由があるときは故意を阻却するとしています。逆

11　にいうと、真実でないゴシップを信じて軽率に書いた場合は、名誉毀損罪が成立することになります。

名誉毀損罪における事実
の真実性に関する錯誤
試験対策講座・刑法各論
89〜90頁

違法性阻却事由がないのにあると誤って信じているので、責任故意が阻却されると考えられます

責任故意については、第7章 責任の3(2)を見よう！

3　業務に対する罪がわかる！

業務に対する罪には、電子計算機損壊等業務妨害罪もありますが、ここでは基本的な業務妨害罪について説明します。

(1)　業務妨害罪の保護法益ってなんだろう？

12　業務妨害罪（233条後段、234条）の保護法益は、人の社会的活動の自由です。

(2)　業務妨害罪ってどんな場合に成立するんだろう？

(1) 業務妨害罪の「業務」ってなんだろう？

13　233条中にある「業務」とは、職業その他継続して従事する事務または事業をいいます。精神的であるか経済的であるかを問わず、報酬があるかないかも関係ありません。しかし、業務妨害罪の「業務」は、法益として保護すべきものに限定されます。このことから、業務上過失致死傷罪の「業務」は、娯楽を含みますが、業務妨害罪では、娯楽は含まれないと考えられています。

「業務」のなかに公務執行妨害罪で保護される公務が含ま

第233条　信用毀損及び
業務妨害
虚偽の風説を流布し、又
は偽計を用いて、人の信
用を毀損し、又はその業
務を妨害した者は、3年
以下の懲役又は50万円
以下の罰金に処する。
第234条　威力業務妨害
威力を用いて人の業務を
妨害した者も、前条の例
による。

14　れるかについてはさまざまな考え方があります。判例は、公務を①強制力を行使する権力的公務と②それ以外の公務とに分けて考えています。①の権力的公務とは、自力で妨害を排

公務に対する威力業務妨
害
試験対策講座・刑法各論
97〜99頁

除できる強制力をもった公務です。たとえば、警察による強制捜査などがこれにあたります。このような強い公務を、あえて業務妨害罪で保護する必要性はありません。反対に、選挙管理委員会における開票作業などの②の公務は、そのような強制力をもっていないため、業務妨害罪で保護する必要があります。そこで、この判例は、①の公務は「業務」に含まれないが、②の公務は「業務」に含まれると判断しています。

（2）業務妨害罪の行為ってなんだろう？

業務妨害罪の行為は、**虚偽**（うそやいつわりのことです）の**風説を流布**し、**偽計**を用い、または**威力**を用いて人の業務を妨害することです。

「虚偽の風説を流布」とは、事実とは異なる内容のうわさを、大勢または不特定のだれでもよい人たちに知れわたるような態様で伝達することをいいます。たとえば、Mが「あのレストランは賞味期限切れの肉を使って料理をしているぞ」という虚偽の事実をレストランの前で通行人に言う行為がこれにあたります。

「偽計を用い」るとは、人をだまし、誘惑し、または人の無知・錯誤を利用することをいいます。たとえば、知人宅の電話線を気づかれないよう切断して、その使用を妨げる行為がこれにあたります。

「威力を用いて」とは、人の意思を制圧するに足りる勢力を示すことをいいます。たとえば、道路上に土砂を運び込み、通行を不可能にする行為がこれにあたります。

威力は、目に見えるかたちで相手に障害の存在を示すという態様であり、目に見えない場合は偽計にあたります。

プラスα文献

試験対策講座・刑法各論2章1節、2節、4節、5節、3章
判例シリーズ47事件、48事件
条文シリーズ2編12章、22章、31章～35章
ステップアップNo.20～No.23

1	逮捕罪および監禁罪は、身体活動の自由を保護法益としており、身体活動の自由は、意思活動能力を前提としているが、その能力は、本人の意思に基づいて場所的移動をする能力でよいので、3歳程度の幼児もこれらの罪の客体となりうる。　　　　　　　（国ⅠH17年）	〇 1【1】(1)
2	逮捕罪および監禁罪は、継続犯であるので、被害者の身体活動の自由は、多少の時間、継続して拘束される必要がある。したがって、犯人が被害者を監禁する目的でその腕をつかんだがすぐに振り払われた場合には、監禁罪は成立せず、暴行罪が成立するにとどまる。　　　　　　　　　　　　　　　　　（国ⅠH17年改題）	〇 1【1】(2)(a)
3	監禁とは、人が一定の場所から脱出しえないようにして、その身体活動の自由を奪うことであるが、逮捕と区別するために、監禁する場所は、<u>少なくとも囲まれた場所であること</u>を要し、囲まれた場所でありさえすれば、極めて簡易な構造のものでも構わない。　　　　　　　　　　　　　　　　　　　　（国ⅠH17年）	× 1【1】(2)(b)
4	Aは、窃盗の目的で、夜間、Bが経営する工場の門塀で囲まれた<u>敷地内に入った</u>が、工場内に人がいる様子だったため、工場内に入るのを断念して立ち去った。この場合Aには、<u>住居侵入の既遂罪は成立しない</u>。　　　　　　　　　　　　　　　　　（司書H23-25）	× 1【4】(2)
5	Aは、現金自動預払機の利用客のキャッシュカードの暗証番号を盗撮する目的で、現金自動預払機が設置された無人の銀行の出張所の建物内に立ち入り、小型カメラを取り付けた。この場合、Aには、建造物等侵入罪が成立する。　　　　　　　　　（司書H23-25）	〇 1【4】(2)
6	Aは勤務先の同僚Bと飲酒した後、終電がなくなったため、BとともにタクシーでB方に行き、B方に泊めてもらった。翌朝、Aは、Bの財布がテーブルの上に置かれているのを見て、現金を盗むことを思いつき、Bがまだ眠っているのを確認してから、Bの財布から2万円を盗んだ。この場合、Aには、<u>住居侵入罪が成立する</u>。　　　　　　　　　　　　　　　　（司書H23-25改題）	× 1【4】(2)
7	刑法230条の2第1項の法律的意味について、違法性阻却事由とする考え方によれば、事実の真実性の証明がない以上、行為者がたとえ真実性について確信していたとしても、<u>常に処罰を免れない</u>。	× 2【2】(2)

財産に対する罪①窃盗
── 盗まれたものを取り返したら窃盗罪!?

窃盗罪は、もっとも典型的な財産犯です。財産犯とは、財産を侵害する犯罪のことをいい、窃盗罪のほかに、強盗罪、詐欺罪、恐喝罪、横領罪、背任罪、盗品等罪、毀棄・隠匿罪があります。

以下ではまず、窃盗罪についてみていきましょう。

キ……ここは基本！
ステ…君ならできる！
テ……できたらスゴイ！

ⅰ 窃盗罪の保護法益がわかる！

Case 1　A子さんはB男くんにボストンバッグを盗まれました。ところが、その後、B男くんの住居を発見したA子さんは、B男くんの住居に忍び込み、盗まれた自分のボストンバッグを取り返してきました。この場合、自分のボストンバッグを取り返したA子さんには窃盗罪が成立するのでしょうか。

Answer 1　A子さんには窃盗罪が成立します。

窃盗罪は、どのような行為を処罰の対象としているのでしょうか。これについて、窃盗罪の保護法益を占有と考えるのか、**(1)**で説明する本権と考えるのかにより結論が異なります。まずは窃盗罪の保護法益についてみていきましょう。

(1)　Case 1の問題点はどこなんだろう？

占有とは、財物に対する事実上の支配のことをいい、所持と同じ意味合いです。また、所有権や賃借権など、その事実上の支配を正当化する権原のことを、**本権**といいます。つまり、占有を正当化する権利のことをさします。

占有は、占有の意思に基づいて財物を事実上支配すれば認められます。所有権や賃借権などの本権がなくても占有は認められます。そのため、他人の財布を盗んできた泥棒であっても、その財布について占有が認められることになります。

これをふまえて **Case 1** を考えてみると、ボストンバッグはB男くんの住居にあり、B男くんの事実上の支配下におかれていたといえるので、B男くんにボストンバッグの占有がありました。しかし、元はA子さんの物ですので、所有権（本権）はA子さんにあります。

そうだとすると、かりに窃盗罪の保護法益を本権であると考えれば、自分の物を取り返したA子さんの行為には法益侵害が認められないので、**窃盗罪は成立しないことになります**。しかし、**保護法益を占有であると考えれば**、自分の物を取り返したA子さんの行為であってもB男くんの占有を侵害しているので、法益侵害は認められます。そのため、**窃盗罪が成立することになります**。

第242条　他人の占有等に係る自己の財物
自己の財物であっても、他人が占有し、又は公務所の命令により他人が看守するものであるときは、この章の罪については、他人の財物とみなす。

この対立は、242条にある「他人が占有」をどう解釈するかという問題です。つまり、242条は、自己の所有物であっても「他人が占有」しているものは他人の財物とみなされるとしているので、ここでいう「他人が占有」とは、権原に基づいて占有している必要があるのか、それとも文字どおり占有していればよいのかが問題となるのです。

まずは、条文の文言に引きつけて問題点を考えてみました。次に、判例はどうでしょうか。

(2)　窃盗罪の保護法益は占有?!

窃盗罪の保護法益
試験対策講座・刑法各論
113〜114頁

判例は、窃盗罪の**保護法益は占有**であると判断しています。これが通説にもなっています。

それでは、なぜ窃盗罪の保護法益を占有と考えるのでしょうか。それは、近代法では、原則として自力救済を禁止しているからです。**自力救済**とは、簡単にいうと、やられたらやり返すというものです。窃盗罪でいうならば、物を盗まれたから盗み返すというのがこれにあたります。かりに、このような自力救済を一般市民に認めてしまえば、社会の秩序はとても守られません。そこで、市民間で起こった犯罪などの問

題を解決する方法は、原則として国家が間に入った裁判等の手続によることとされています。このようにして自力救済は禁止されているのです。そして、自力救済の禁止は、法が、正当な権利に基づくものであるかどうかを問わず、とりあえずは今ある事実としての財産状態を尊重している、ということの表れといえます。そのため、窃盗罪の保護法益は事実としての財産状態、つまり事実上の支配である占有と考えられているのです。

　Case 1 では、ボストンバッグはすでに B 男くんの支配下にあるので、B 男くんの占有するボストンバッグを持ち去った A 子さんに窃盗罪が成立することになります。

　この問題点は、窃盗罪以外の奪取罪（強盗罪・詐欺罪・恐喝罪）にもあてはまります。

2 窃盗罪の構成要件がわかる！

　235 条をみると、窃盗罪が成立するためには、まず①他人の財物を②窃取することが必要であることがわかります。また、条文には書かれていませんが、そのほかに③不法領得の意思というものが必要であると考えられています。

(1) ①他人の財物って何？

　窃盗罪をはじめとして、財産犯は財物を客体とします。財物とは、経済的な価値や効用があるものをいいます。現金や貴金属などの有体物のほかに、有体物ではない電気も含まれます（245 条）。しかし、情報や債権などの権利はこれに含まれません。また、土地や家などの不動産については、不動産侵奪罪（235 条の 2）という別の犯罪類型があるので、窃盗罪の客体としての財物には含まれません。

　「他人の」とは、犯人以外の者のことをさします。犯人以外の者の財物であれば、会社などの法人の財物や国、地方公共

> 4　**第 235 条　窃盗**
> 他人の財物を窃取した者は、窃盗の罪とし、10 年以下の懲役又は 50 万円以下の罰金に処する。

> 5　債権とは、ある人が特定の人に対して一定の行為を求めることができる権利をいいます。たとえば、お金を貸した人がお金を借りた人に対して貸したお金を返すように求めることができる権利が債権です。

団体の財物であっても窃盗罪の客体になります。

(2)　②窃取ってなんだろう？

（1）　窃取って盗むことでしょう？

　「窃取」とは、他人の占有する財物を、その占有者の意思に背いて自分または第三者の占有に移転させることをいいます。この「窃取」という概念から、**窃盗罪の成立のためには財物に対する他人の占有が必要である**ということがわかります。なお、他人の占有が認められない物を自分の物とする行為は、「窃取」ではなく、横領罪における「横領」（252条、253条、254条）にあたることになります。

（2）　占有があるかないかはどう判断するの？

　刑法において、占有が認められるためには、財物を事実上支配しているという**客観的な要件**に加えて、財物を**支配する意思があるという主観的な要件**が必要となります。そして、占有があるのかないのかは、この客観的な要件と主観的な要件を総合的に考慮することで判断します。

　たとえば、自分の家は、他人がむやみに出入りできる場所ではないため、自宅内にある財物については、持ち主に強い事実上の支配が認められます。また、自宅内にある財物については、現に持ち主が家にいない場合や、持っていることを忘れてしまっている場合であっても、その財物を支配する意思が当然にあるといえるでしょう。そのため、自宅内にある財物については、たとえ外出中の場合や、持っていることを忘れてしまっていた場合であっても、占有が認められます。また、他人の敷地内に自転車を置いた場合、その自転車に対する事実上の支配は弱いといえます。しかし、その敷地が事実上自転車置場として利用されている場合には、持ち主の自転車を支配する意思は強いといえるため、占有が認められます。

　これに対して、落とし物については一般に持ち主の占有が

否定されるため、落とし物を自分の物として支配下においた者に窃盗罪は成立しません。遺失物横領罪（254条）という別の犯罪になることがある程度です。

ただ、落とした状況や場所によっては、落とし主とは別の人の支配が及び、占有が認められることもあります。たとえば、ゴルフ場にあるロストボールは、元の持ち主の占有は失われるとしても、ゴルフ場の管理者の支配が及び、ゴルフ場の管理者の占有が認められると考えられています（判例）。

第254条　遺失物等横領

遺失物、漂流物その他占有を離れた他人の物を横領した者は、1年以下の懲役又は10万円以下の罰金若しくは科料に処する。

⑦ ゴルフは、プレイヤー各自がボールを持参して行いますが、プレイ中に池の中に入れてしまうなどして、ボールが見つからなくなることがあります。そのようなボールのことをロストボールといいます。

⑧ 試験対策講座・刑法各論 126頁

持ち主の占有　　　　ロストボール　　　　管理者の占有

(3)　死者の占有ってなんだろう？

他人の占有という要件に関連して、次のようなケースを考えてみましょう。

Case 2　A男くんをとても恨んでいたB子さんは、ある日A男くんを殺してしまいました。その直後、B子さんはA男くんが高価な腕時計をしていることに気づき、売ってお金に換えるため、これを自分のポケットにしまって帰宅しました。
この場合に、B子さんがA男くんを殺した行為に殺人罪が成立するのは当然として、腕時計を盗った行為について窃盗罪が成立するのでしょうか。

Answer 2 窃盗罪が成立します。

　Case 2 のような場合を、一般的に**死者の占有**の問題といいます。

　何が問題なのかというと、死者には財物に対する事実上の支配も支配の意思も認められないため、**死者に占有は認められない**ということです。つまり、**Case 2** で、死亡したA男くんには腕時計の占有がない以上、これを盗ったB子さんの行為に窃盗罪は成立しないのではないかという問題があります。

死者の占有
試験対策講座・刑法各論
128頁、131頁

9　この問題に関して、判例は、被害者が**生前もっていた占有**が、被害者を殺害した犯人との関係では、**時間的・場所的に近接した範囲内**にあるかぎり、なおも刑法上の保護に値すると考えて、このB子さんのような行為にも窃盗罪の成立を認めています。つまり、判例は、犯人の①被害者を殺害するという行為と②財物の占有を移転させる行為という2つの行為を一連の行為として捉えて、①と②の2つの行為が「時間的・場所的に近接した範囲内」にあるかぎり、犯人は被害者が生前もっていた占有を侵害したものと評価するのです。

　どのような場合に「時間的・場所的に近接した範囲内」にあるといえるかは、それぞれの具体的な事情によって異なります。たとえば、犯人が被害者の自宅で殺害した後に財物を持ち去ったケースでは、殺害の9時間後の場合に占有を否定

試験対策講座・刑法各論
131頁

10 した裁判例がある一方で、殺害の4日後の場合に占有を肯定した裁判例もあります。

　Case 2 のB子さんの場合、A男くんを殺害した直後にその場で腕時計を持ち去っていることから、B子さんの行為は、A男くんの生前の占有を侵害したものとして窃盗罪が成立することになります。

　これに対して、犯人が、はじめから財物を奪うつもりで被害者を殺害した場合には、次章で扱う強盗殺人罪になります。

(4) ③不法領得の意思ってなんだろう？

次のようなケースをみてみましょう。

Case 3　A 子さんは、同期入社した B 子さんばかり出
世するので、B 子さんに対して強い嫉妬心を
抱くようになりました。ある日、A 子さんは、B 子さんに
嫌がらせをするために B 子さんの机の周りを見渡したと
ころ、B 子さんが最新のスマートフォンを置き忘れて外出
したことに気づきました。そこで、A 子さんは、そのスマー
トフォンを隠して B 子さんを困らせようと考え、それを自
分のハンドバッグの中にしまいました。
この場合、A 子さんに窃盗罪は成立するでしょうか。

Answer 3　A 子さんに窃盗罪は成立しません。

（1）どうして不法領得の意思が必要なんだろう？

Case 3 における A 子さんの行為は、B 子さんのスマート
フォンという他人の財物を、占有者 B 子さんの意思に背いて
自分の占有に移転する行為であり、A 子さんは「他人の財物
を窃取した」といえます。そうすると、235 条により A 子さ
んには窃盗罪が成立するように思えます。

しかし、**Case 3** のような場合、A 子さんには不法領得の意
思が認められないという理由で、窃盗罪は成立しません。

不法領得の意思とは、窃盗罪の条文には書かれていない構
成要件要素であり、故意（38 条 1 項本文）とは別の主観的な要
件として、窃盗罪の成立のために必要となります。

その理由は、窃盗罪を使用窃盗および毀棄・隠匿罪と区別
するためです。どういうことか詳しくみていきましょう。

（a）どうして使用窃盗と区別する必要があるんだろう？

使用窃盗とは、他人の財物を無断で一時的に使用すること
をいいます。たとえば、友だちの家で遊んでいて、ちょっと
外に出ようと思ったときに友だちのサンダルを無断で一時使
用し、用が済んだので戻ってすぐに返却した場合の行為がこ

れにあたります。そして、このような**使用窃盗**は、被害者の被る損害が軽いことから**不可罰**であると考えられています。そこで、このような不可罰的な使用窃盗と可罰的な通常の窃盗罪を区別する必要があります。

（ｂ）どうして毀棄・隠匿罪と区別する必要があるんだろう？

　また、窃盗罪を毀棄・隠匿罪と区別する必要もあります。なぜなら、窃盗罪と毀棄・隠匿罪は他人の財産を侵害するという点では共通しますが、それを更に**自分の利益にしようとする点で窃盗罪のほうがより強く非難する必要があり、重く処罰される**ことになるからです。

（ｃ）どうしたら窃盗罪と使用窃盗や毀棄・隠匿罪を区別できるんだろう？

　窃盗罪と使用窃盗や毀棄・隠匿罪の区別が必要であるとして、なぜ、その区別のために不法領得の意思という故意とは別の主観的な構成要件を要求するのでしょうか。

　それは、**窃盗罪と使用窃盗および毀棄・隠匿罪を客観的な面と故意だけでは区別することができない**からです。たとえば、Ｍが他人のサンダルを無断で持ち去った場合に、それをそのまま自分の物にしてしまおうとしているのか、すぐに返却しようとしているのか、外から見ているだけでは区別がつきません。また、Ｎが他人の住居に侵入して高価なつぼを無断で持ち去ったときに、それを自分（N）の物にしようとしたのか、その後に家の外で壊そうとしたのか、客観的には区別できません。それは、これらを外から見た場合、すべて同じような状態だからです。

　そして、行為が同じために客観面では区別できないということは、客観的な構成要件要素で区別をすることができないだけでなく、故意の中身で区別することもできないことになります。なぜなら、故意とは客観的な構成要件に該当する事実の認識・認容をさすからです。Ｍ・Ｎの行為は、客観的には窃盗罪の構成要件にもあたる行為です。そのため、Ｍ・Ｎ

が「自分が他人の財物を無断で持ち去った」という事実を認識・認容しているかぎり、窃盗罪の故意が認められてしまいます。Mがサンダルをすぐに返すつもりであったことや、Nがつぼを壊すつもりであったことは、故意の有無に影響しません。

　ですから、窃盗罪と使用窃盗および毀棄・隠匿罪とを区別するためには、故意とは別の主観的な構成要件が必要なのです。それが不法領得の意思です。

　ここでは奪取罪のもっとも典型といえる窃盗罪について説明しましたが、不法領得の意思は、窃盗罪以外の奪取罪でも必要となります。

（2）不法領得の意思をもっと知ろう

　不法領得の意思は、①権利者を排除して、他人の物を自己の所有物として振る舞う意思（排除意思）、および②財物の経済的用法に従い利用・処分する意思（利用・処分意思）の2つから構成されます。

　①の排除意思が使用窃盗との区別の基準になり、**一時的に使用し後に返却するつもりである場合には、通常、①の排除意思が欠けて不法領得の意思が否定されることになります。**ただし、一時使用のつもりである場合に、常に①の排除意思が欠けて不法領得の意思が認められないことになるわけではありません。たとえば、自動車のような高価な物については、たとえ後に返却するつもりでも、それを無断で**数時間使用し**たような場合には、①の排除意思は認められると考えられています。

　②の利用・処分意思が毀棄・隠匿罪との区別の基準となり、他人の財物を**壊したり、隠したり、捨てたりする目的**で財物を窃取した場合には、②の利用・処分意思が欠けることになります。逆にいうと、それ以外の場合には、通常、②の利用・処分意思は認められることになります。

3 窃盗罪における実行の着手時期を知ろう！

第243条　未遂罪
第235条から第236条まで、第238条から第240条まで及び第241条第3項の罪の未遂は、罰する。

11　窃盗罪には未遂犯の処罰規定（243条）があるので、窃盗罪の実行に着手したと認められれば、結果が発生しない場合でも未遂犯が成立します（43条）。そこで、いつの時点で窃盗罪の実行に着手したと認められるのかが問題となります。

第43条　未遂減免
犯罪の実行に着手してこれを遂げなかった者は、その刑を減軽することができる。ただし、自己の意思により犯罪を中止したときは、その刑を減軽し、又は免除する。

12　窃盗罪において実行の着手が認められるのは、占有侵害の現実的危険を含む行為を開始した時点であると考えられます。

具体的にいつそのような行為の開始が認められるかはケースによって異なるので、いくつか判例の事案をみてみましょう。

試験対策講座・刑法各論 135頁

13　たとえば、住居に侵入して財物を盗もうとする**住居侵入窃盗**のケースでは、**財物をあれこれ探しだす場合**のほか、**探すためにタンスに近づいた時点**で実行の着手が認められます。

試験対策講座・刑法各論 135頁

14　また、いわゆるスリのケースでは、被害者のズボンのポケットから現金を盗む目的で、**ポケットに手を差し伸べ触れた時点**で実行の着手が認められます。別の事案ですが、**財物の存在を確かめるだけの目的でポケットの外側に手を触れる行為**（アタリ行為）をした時点では、実行の着手は認められないと

15　考えられています。

4 親族間の特例を知ろう！

(1) 親族間の特例ってなんだろう？

第244条　親族間の犯罪に関する特例
1　配偶者、直系血族又は同居の親族との間で第235条の罪、第235条の2の罪又はこれらの罪の未遂罪を犯した者は、その刑を免除する。
2　前項に規定する親族以外の親族との間で犯した同項に規定する罪は、告訴がなければ公訴を提起することができない。

244条1項には、**配偶者、直系血族または同居の親族との間**で窃盗罪を犯したとしても、その**刑は免除**されるとあります。また、244条2項には、**その他の親族**との間で窃盗罪を犯した場合は**親告罪**になるとあります。

この2つの規定は、詐欺罪、恐喝罪、背任罪や横領罪にも

あてはまるとされています（251条、255条）。

(2)　なぜ親族間の特例があるんだろう？

このような規定がおかれている趣旨は、親族間の紛争に国家は介入を控えるという考え（このような考えを「法は家庭に入らず」といいます）にあるとするのが通説です。つまり、家庭内のもめごとは家庭内で処理するべきだという発想です。

(3)　親族関係の必要な範囲ってどこまで？

たとえば、Oが父親Pの占有する腕時計を盗んだが、実はその腕時計の所有者は、Pの友人であるQであったとしましょう。この場合、窃盗犯人であるOは、腕時計の占有者Pとは親族の関係にありますが、所有者Qとは親族の関係にありません。そこで、このような場合に、親族間の特例を適用するためには**窃盗犯人とだれとの間に親族関係が必要なのか**が問題になります。

この問題に関しては、「法は家庭に入らず」という趣旨から、窃盗犯人と**占有者、所有者双方**との間に親族関係が必要であると考えられています（判例）。

そのため、この例では、Oの刑は免除されません。

16　親族相盗例
　　試験対策講座・刑法各論
　　141〜142頁

プラスα文献

試験対策講座・刑法各論 4章1節、2節
判例シリーズ 50事件、52事件、55事件
条文シリーズ 2編36章■総説、235条、243条、244条
ステップアップ No.24、No.25

1	自動車金融業者である債権者が、債務者との間で買戻約款付自動車売買契約を締結し、その後、債務者が買戻権を喪失した直後に、債務者の支配内にあった当該自動車を債務者に無断で引きあげた行為については、当該自動車の所有権が債権者にあったとしても、窃盗罪が成立する。　　　　　　　　　　　　　　　　（国ⅠH18年）	○ 1【2】
2	ゴルフ場内の池に落ちてゴルファーがその所有権を放棄したゴルフボールは、ゴルフ場側において、早晩、その回収、再利用を予定していた場合であっても、その回収、再利用について、ボールを池に落としたゴルファーの了解を得ているわけではないので、<u>あくまで無主物であると考えるべきであって、窃盗罪の客体にならない</u>。　　　　　　　　　　　　　　　　　　（国ⅠH18年）	× 2【2】(2)
3	犯人が被害者を殺害した直後、被害者が身につけていた時計に気づいてそれが欲しくなり、その時計をその場で奪取した場合、死者を占有の主体とすることはできないので、時計の奪取行為については、<u>窃盗罪ではなく、占有離脱物横領罪が成立する</u>。　　　　　　　　　　　　　　　　　　（国ⅠH18年）	× 2【3】
4	一時使用の目的で他人の自動車を乗り去った場合、相当長時間乗り回すつもりであっても、返還する意思であったときは、<u>不法領得の意思は認められないので、窃盗罪は成立しない</u>。　（司書H19-26）	× 2【4】(2)
5	嫌がらせのために、勤務先の同僚が毎日仕事に使う道具を持ち出して水中に投棄した場合、<u>不法領得の意思が認められるので、窃盗罪が成立する</u>。　　　　　　　　　　　　　　　　　　（司書H19-26）	× 2【4】(2)
6	すり犯が、人込みの中において、すりをする相手方を物色するために、他人のポケット等に手を触れ、金品の存在を確かめるいわゆる「アタリ行為」をした場合、それだけでは窃盗罪の実行の着手は認められない。	○ 3
7	犯人が所有者以外の者の占有する財物を窃取した場合、所有者以外の者の占有が必ずしも適法なものとはかぎらないため、刑法第244条（親族間の犯罪に関する特例）第1項が適用されるには、同項所定の親族関係が犯人と所有者との間にあればよく、<u>占有者との間にまでは必要ない</u>。　　　　　　　　　　　　　　（国ⅠH18年）	× 4

第18章

財産に対する罪②強盗罪
―― 欲張りな泥棒の末路は……

1 強盗罪がわかる！

キ……ここは基本！
ス……君ならできる！
デ……できたらスゴイ！

　強盗罪（236条）は、暴行または脅迫によって、相手を反抗
することができない状態にし、財物または財産上の利益を得
る犯罪です。

　強盗罪は、次のように、ほかの財産犯と比較するとわかり
やすくなります。

　まず、強盗罪と窃盗罪を比較してみましょう。強盗罪も窃
盗罪も相手の意思に背いて現金などの財物を奪う点では共通
しています。しかし、強盗罪は、窃盗罪と異なり、財物を奪
う手段として暴行・脅迫を使うものであって、**人の身体・自
由を侵害する面**もあります。ですから、強盗罪は、窃盗罪よ
りも**悪質**であるということができます。

　次に、強盗罪を恐喝罪と比較してみましょう。なお、恐喝
罪については、第19章 財産に対する罪③詐欺・恐喝の**2**で
扱うので、今は読み飛ばしていただいてもかまいません。ま
ず、強盗罪も恐喝罪も、暴行・脅迫を使って財物や財産上の
利益を得る点では同じです。しかし、強盗罪の暴行・脅迫は
相手を**反抗できない状態**にする必要があるのに対して、恐喝
罪の暴行・脅迫は、相手に怖いと思わせれば足ります。

　強盗罪にはさまざまな類型がありますが、そのなかでも特
に重要なものは、強盗罪、強盗利得罪（2項強盗罪）、事後強盗
罪、強盗致死傷罪の4つ（図18-1中の◎）です。次から、それ
ぞれの類型について詳しくみていきましょう。

> ① **第236条　強盗**
> 1　暴行又は脅迫を用
> いて他人の財物を強取
> した者は、強盗の罪と
> し、5年以上の有期懲
> 役に処する。
> 2　前項の方法により、
> 財産上不法の利益を
> 得、又は他人にこれを
> 得させた者も、同項と
> 同様とする。

18-1 ●

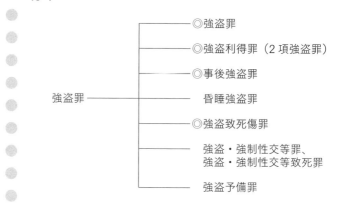

```
                              ┌─── ◎強盗罪
                              │
                              ├─── ◎強盗利得罪（2 項強盗罪）
                              │
                              ├─── ◎事後強盗罪
                              │
          強盗罪 ─────────────┤    昏睡強盗罪
                              │
                              ├─── ◎強盗致死傷罪
                              │
                              ├─── 強盗・強制性交等罪、
                              │    強盗・強制性交等致死罪
                              │
                              └─── 強盗予備罪
```

2 強盗罪ってどんな犯罪？

Case 1	A男くんは、B子さんから財布を奪い取るつもりで、普通の人ならばもはや反抗できなく

なるほどの脅迫をしました。ところが、B子さんは、意外に肝っ玉がすわっていて、反抗ができなかったわけではなかったのですが、哀れみの情から、A男くんに対し自分から財布を渡しました。A男くんはそれを受け取って、その場から逃走しました。

B子さんは自分の意思に基づいて、財布を渡しているように思えますが、この場合でもA男くんに強盗罪は成立するのでしょうか。

Answer 1 A男くんに強盗罪が成立します。

(1) 客体はなんだろう？

強盗罪の客体は、窃盗罪と同様に、他人の占有する財物です。

⑵ 行為はなんだろう？

（1）行為の内容

　強盗罪の行為は、暴行または脅迫によって、他人の財物を強取することです。ですから、強盗罪が成立するためには、**暴行または脅迫**という行為と**強取**という行為とが必要です。では、この2つの行為についてみていきましょう。

（a）暴行または脅迫

　暴行・脅迫の程度は、**相手方を反抗できない状態にするほど**のものであることが必要となります。相手方が反抗できないということを、反抗が抑圧されていると表現します。そのため、強盗罪の暴行・脅迫は、**相手方の反抗を抑圧するに足りる程度**である必要があると表現されます。

　Case 1では、A男くんはB子さんに対して、反抗を抑圧するに足りる脅迫をしています。そのため、A男くんの行為は強盗罪における「脅迫」にあたります。

（b）強取ってなんだろう？

　通説は、強取といえるためには、①暴行・脅迫、②相手方の反抗抑圧、③意思に反する占有移転があり、かつ、この①から③までの間に因果関係があることが必要と考えます。つまり、①暴行・脅迫によって、②相手方の反抗を抑圧したことに基づき、③相手方の意思に背いて財物の占有が移転することが必要になるのです。

　これを**Case 1**についてみてみましょう。A男くんはB子さんに対して、反抗を抑圧するに足りる脅迫を行ってはいますが、それによってB子さんは反抗を抑圧されてはいません。つまり、②がないので、①から③までの間に因果関係がないのです。そのため、通説の考え方によれば、この場合、A男くんに強盗罪は成立しないことになります。

　しかし、判例は、強盗罪が成立するために、被害者が反抗を抑圧されることは必要ないとして、①から③までの間に因果関係は不要であるとしています。つまり、判例の考え方に

2　試験対策講座・刑法各論 147〜148頁

よれば、反抗を抑圧するに足りる暴行・脅迫が行われ、その結果として財物の占有が移転したのであれば、強盗罪が成立します。そのため、被害者が反抗抑圧状態になったからではなく、「強盗するほどお金に困っているのか、かわいそうに」という哀れみの情によって、財物を渡した場合であっても、強盗罪が成立することになります。

　Case 1では、B子さんは反抗を抑圧されず、哀れみの情から財布をA男くんに渡しています。しかし、判例の考え方によれば、この場合であってもA男くんに強盗罪が成立することになります。

（2）殴った後にほしくなっても強盗罪？

　強盗罪が成立するためには、相手方から財物を取るために暴行または脅迫が行われる必要があります。この相手方から財物を取るということは、財物を奪い取ることなので、財物奪取といいます。要するに、強盗罪が成立するためには、財物奪取のために暴行または脅迫が行われる必要があります。

　ここで問題となるのが、単なる暴行・脅迫の意思があってこれを行ったが、その結果として相手方が反抗抑圧状態になった後に財物奪取の意思（事後的奪取意思）をもち、財物を奪った場合です。たとえば、**Case 1**でA男くんがB子さんを痛めつけるつもりで反抗を抑圧するに足りる暴行を加え、B子さんが反抗できない状態になったとします。ところが、その暴行の途中でA男くんは、B子さんのポケットから財布が落ちそうになっているのを見つけ、その財布が欲しくなってしまい、それまでの暴行によってB子さんが反抗できないのをいいことに、財布を奪った場合を考えてみましょう。まず、暴行・脅迫は、財物を奪取するためになされる必要がありました。しかし、A男くんは、財物を奪取するために暴行・脅迫をしたのではなく、痛めつけるために暴行・脅迫をしています。そこで、A男くんが暴行・脅迫を加え、その後、B子さんの財布を奪った行為には、強盗罪が成立しないのではないか

が問題となります。

18-2 ●

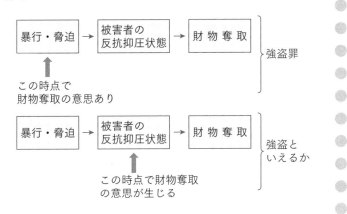

この場合、暴行・脅迫が、痛めつける目的でされたのか、財物を奪取する目的でされたのかが違うだけで、していることは強盗と同じです。そのため、強盗罪を成立させてもかまわないとも思えます。

しかし、強盗罪が成立するためには、暴行・脅迫が財物奪取のために行われる必要がありました。そして、先ほどの例では暴行はあくまでもB子さんを痛めつける目的でされており、財物を奪うためにされたものとはいえません。ですから、A男くんには強盗罪は成立しないと考えられています。なお、この場合、暴行罪と窃盗罪が成立し、この2つの併合罪となります。

ただし、財物奪取の意思を生じた後に**新たな暴行・脅迫が**加えられたといえる場合には、強盗罪が成立することになります。この場合、新たな暴行・脅迫であるといえるためには、**反抗抑圧状態を継続させるに足りる暴行・脅迫があれば十分**であると考えられています。

たとえば、先ほどの例で、A男くんが財布を奪う際にすでに反抗抑圧状態に陥っているB子さんに対して、「これをよ

こせ！」とか「もらっておく！」と言って財布を取った場合には、その言動が新たな脅迫にあたり、強盗罪が成立します。

(3) どの時点で未遂や既遂になるんだろう？

強盗罪の実行の着手時期は、暴行・脅迫行為の開始時です。そして、既遂となるのは、窃盗罪と同様に、行為者または第三者が財物を取得した時点です。そのため、Case 1 では、A男くんが脅迫をした時点で実行の着手が認められ、財布を奪った時点で、強盗罪は既遂となります。

3 事後強盗罪がわかる！

| Case 2 | A男くんは、B子さんの家から指輪を盗んだ後、暗くなるのを待つため天井裏に隠れていました。窃盗の約1時間後に帰宅したB子さんは、天井に犯人がまだ隠れていることに気づきました。A男くんはB子さんの通報により駆けつけた警察官に発見されたため、逮捕を免れようとして、警察官に向かって包丁を振りまわしました。この時点でA男くんがB子さんの指輪を盗んでから、約3時間が経過していました。
A男くんが指輪を窃取してから警察官に向かって包丁を振りまわすまで3時間もの時間が経過していますが、この場合でもA男くんに事後強盗罪は成立するのでしょうか。

Answer 2　A男くんに事後強盗罪が成立します。

第238条　事後強盗
窃盗が、財物を得てこれを取り返されることを防ぎ、逮捕を免れ、又は罪跡を隠滅するために、暴行又は脅迫をしたときは、強盗として論ずる。

(1) 事後強盗罪ってどんな犯罪？

事後強盗罪（238条）とは、窃盗犯が、盗んだ物を取り返されることを防ぎ、逮捕を免れ、または証拠を隠滅するために、暴行・脅迫をすることを内容とする犯罪です。事後強盗罪は、窃盗犯人が犯行現場を離れる際、その家の人などに暴行・脅

迫をすることが多いことに着目して規定されたものです。

18-3

〈通常の強盗罪〉

| 暴行・脅迫 | → | 反抗抑圧 | → | 財物奪取 |

この時点で財物奪取の目的

〈事後強盗〉

| 財物奪取 | → | 暴行・脅迫 | → | 反抗抑圧 |
| （窃盗） | | | |

この時点で取戻しを
防ぐ等の目的

（2） 事後強盗罪はどんな場合に成立するの？

（1）「窃盗」って何？

　事後強盗罪の主体は、「窃盗」ですが、これは窃盗犯人のことをいいます。これには、窃盗既遂犯だけでなく、窃盗未遂犯も含まれます。

　Case 2 では、A男くんは指輪を盗んでいるので、窃盗犯人といえ、「窃盗」にあたります。

（2）実行行為の着手時期

　事後強盗罪の行為は、暴行または脅迫と考えられています。そのため、実行行為の着手は、窃盗の開始時点ではなく、暴行または脅迫の開始時点に認められます。

　一般に、包丁を振りまわす行為は相手方の反抗を抑圧するに足りる暴行といえます。そのため、**Case 2** では、A男くんが警察官に向かって包丁を振りまわした時点で、実行の着手が認められることになります。

（3）被害者以外の者に対する暴行でもいいの？

　暴行・脅迫行為は、必ずしも窃盗の被害者に対してされる必要はありません。犯行を目撃し、追いかけてきた第三者や警察官に対するものも含まれます。

Case 2 では、暴行を受けた警察官は、指輪を盗まれた被害者ではありませんが、A男くんの暴行は事後強盗罪の「暴行」にあたります。

（4）窃取行為から数時間経っても事後強盗になるの？

事後強盗罪は、窃盗犯人が暴行・脅迫を加えた場合には、強盗に似ている面もあるので、強盗と同様に扱うものです。しかし、窃盗と暴行・脅迫があまりに時間的・場所的に離れている場合には、もはや強盗に似ているということはできません。そこで、窃盗行為と暴行・脅迫行為との間には一定のつながりがあることが必要となります。具体的には、暴行・脅迫行為は、**窃盗の機会の継続中**に行われる必要があると考えられています。そして、この窃盗の機会が継続中といえるかどうかは、時間的に近いかや、窃盗犯人に対する**追及が継続**していたかなどにより判断します。

これを **Case 2** でみてみましょう。

たしかに、A男くんの暴行は窃盗から3時間も経過してから行われているため、時間的にやや離れています。しかし、A男くんは、B子さんに見つかってから、ずっと天井裏に隠れており、B子さんは天井裏に犯人がいることをわかっていました。ですから、窃盗犯人であるA男くんに対する追及は、Aが警察官に暴行をするまでの間、継続しているといえます。そのため、A男くんの暴行は窃盗の機会の継続中に行われたものといえます。

（5）既遂・未遂はどう決まるの？

事後強盗罪の未遂とは、財物奪取についての未遂の場合と解するのが判例・通説の考え方です。そのため、窃盗犯人が財物を得てその取り返しを防ぐために暴行・脅迫を行う場合には常に既遂犯となり、逮捕を免れ罪跡を隠滅するために行う場合には窃取行為が完了しているか否かによって既遂・未遂が決まることになります。つまり、暴行・脅迫という実行行為を行った時点で、既遂・未遂が確定してしまうことにな

るのです。

　Case 2では、A男くんは指輪を盗み終えているので、A男くんが警察官に向かって包丁を振りまわした時点で、事後強盗罪の既遂犯が成立することになります。

（6）事後強盗罪の成立に目的は必要なの？

　事後強盗罪の行為は、財物を取り返されることを防ぎ、**逮捕を免れ**、または、**罪跡を隠滅する目的**をもって行われることが必要となります。そのため、このような目的がなければ事後強盗罪は成立しません。

　Case 2では、A男くんは逮捕を免れようとして警察官に向かって包丁を振りまわしているので、逮捕を免れる目的があるといえます。

4 強盗致死傷罪がわかる！

（1）　強盗致死傷罪ってどんな犯罪？

　強盗致死傷罪（240条）は、強盗の際には人を死亡させたり、負傷させたりする場合が多いことから、死亡や傷害という結果を引き起こした強盗により重い刑を科すことで**生命・身体を保護**しようとする趣旨で設けられた規定です。強盗致死傷罪の刑は、傷害を生じさせた場合でも無期または6年以上の懲役であり、死亡結果を生じさせた場合には無期懲役または死刑しかないという非常に重いものです。

④　**第240条　強盗致死傷**
強盗が、人を負傷させたときは無期又は6年以上の懲役に処し、死亡させたときは死刑又は無期懲役に処する。

（2）　強盗致死傷罪の主体はだれだろう？

　強盗致死傷罪の主体は、「強盗」です。強盗には、強盗既遂犯も強盗未遂犯も含まれます。また**Case 2**のように、事後強盗罪が成立する場合も、「強盗」にあたります。

⑤　事後強盗罪は「強盗」として論じられます（238条）ので、強盗と同様に扱われます。

（3）　強盗が何をすると罪が重くなるの？

　強盗致死傷罪の行為は、人を**負傷**させ、または、人を**死亡**

させることです。また、**強盗の機会**に他人を死傷させたならば、強盗致死傷罪は成立すると考えられています。

(4) いつ既遂になるの？

強盗致死傷罪の刑が非常に重いのは、生命・身体を第1次的に保護しようとした点にあります。そのため、強盗致死傷罪は、他人を**死傷**させた時に既遂となると考えられています。判例も同様の判断をしています。

試験対策講座・刑法各論
168頁

⑥

たとえば、強盗が暴行・脅迫行為を開始したものの、財物の取得にいたっていない（強盗未遂）状態で、被害者にけがを負わせてしまった場合には、強盗致傷罪の既遂犯になります。

プラスα文献
試験対策講座・刑法各論 4章3節
条文シリーズ 2編36章■総説、236条、238条、240条
ステップアップ No. 26、No. 27

1	AはBから財物を強取するつもりでBを脅迫し、その反抗を抑圧したところ、Bが所持していた鞄から財布を落としたので、その財布を奪ったが、Bは、上記脅迫により畏怖していたため、財布を奪われたことに気づかなかった。この場合、Aには、<u>強盗（既遂）罪は成立しない</u>。　　　　　　　　　　　　　　　　（司書 H22-25）	× 2【2】
2	Aは、かねてからうらみを抱いていたBを殺害し、その後、その場所でBの財物を奪取する犯意を抱き、Bの財物を奪取した。この場合、Aには、強盗殺人罪は成立しない。　　　　　　（司書 H22-25）	○ 2【2】(2)
3	甲は、A女の手足を縛り上げて強制性交等をした後、A女がまったく抵抗できないことに乗じA女の財布を奪うことを決意し、財物奪取の目的で特段の暴行または脅迫を加えることなく、A女が携帯していた財布を奪い取った場合、甲は<u>強盗罪の罪責を負うことはない</u>。　　　　　　　　　　　　　　　　（国ⅠH19年改題）	× 2【2】(2)
4	Aは、路上でBを脅迫してその反抗を抑圧し、その財物を強取したがすぐにBが追いかけてきたので、逃走するため、Bを殴打して負傷させた。この場合、Aには、<u>強盗致傷罪は成立しない</u>。　　　　　　　　　　　　　　　　（司書 H22-25）	× 4【3】
5	Aは、通行人Bから財物を強取するつもりで暴行を加え、その反抗を抑圧したが、負傷させただけで、財物奪取に失敗した。この場合、Aには、強盗致傷罪の未遂罪が成立する。　　　（司書 H22-25）	× 4【4】

財産に対する罪③詐欺・恐喝
——詐欺罪って、1種類じゃないんだ!?

キ……ここは基本！
ステ…君ならできる！
……できたらスゴイ！

1 詐欺罪がわかる！

Case | A男くんは、B子さんに150円で市販されている単なる栄養剤をがんの特効薬であるとうそをついて販売し、代金として150円を受けとりました。B子さんとしては、薬が単なる栄養剤であるという真実を知っていれば、A男くんから栄養剤を買うことはありませんでした。しかし、A男くんはB子さんが払った代金相当の栄養剤を提供しているので、B子さんは代金に見合った価格の栄養剤を入手しています。この場合、B子さんは払った代金に見合った価格の栄養剤を入手しているので、損はしていません。

このような場合でも、A男くんに詐欺罪が成立するのでしょうか。

Answer A男くんに詐欺罪が成立します。

第246条　詐欺
1　人を欺いて財物を交付させた者は、10年以下の懲役に処する。

一般的にいう交付は、役所や機関などが、一定の手続をふんだ人に金銭を供与したり書類などを発行したりすることですが、刑法では、他人の財物を自分に渡させる行為程度に思ってください。

(1) 詐欺罪ってどんな犯罪？

　詐欺罪（246条）とは、人をだまして、勘違いを生じさせ、その勘違いによる意思に基づいて財物や財産上の利益を交付させる罪のことをいいます。

　人をだます行為のことを詐欺行為といいます。そして、それによる勘違いのことを錯誤といいます。また、錯誤に基づく意思のことを、瑕疵ある意思といいます。瑕疵とは、傷があることです。傷がある意思とはどういうことかというと、ここでは、錯誤があるため真意ではない意思くらいの意味で

す。

　詐欺罪をより正確に表現すれば、詐欺罪とは、詐欺行為によって、錯誤を生じさせ、その錯誤による瑕疵ある意思に基づいて、財物や財産上の利益を交付させる犯罪といえます。

　詐欺罪は、被害者の占有を侵害し、それを自分または第三者の占有に移転させる点では、窃盗罪・強盗罪と共通しています。しかし、窃盗罪・強盗罪が**相手方の意思とは関係なく財物の占有を移転させる盗取罪**であるのに対し、詐欺罪は**意思に基づいて交付させる交付罪**である点で異なります。この**意思に基づくという点が詐欺罪を検討する際のポイント**になります。

19-1 ●

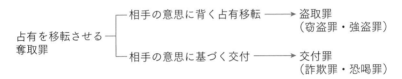

```
占有を移転させる ─┬─ 相手の意思に背く占有移転 ──→ 盗取罪
奪取罪            │                              （窃盗罪・強盗罪）
                  └─ 相手の意思に基づく交付 ──→ 交付罪
                                                 （詐欺罪・恐喝罪）
```

　また、詐欺罪は、相手方の意思に基づく行為によって財物または財産上の利益を得る点で、後に詳しく扱う恐喝罪と共通しているといえます。しかし、恐喝罪では相手方が恐怖心から財物などを渡すのに対して、詐欺罪では相手方が欺かれて錯誤（勘違い）に陥り、財物などを渡す点が異なります。

19-2 ●

```
瑕疵ある意思に基づく交付 ─┬─ 錯誤に基づく ──→ 詐欺罪
                          └─ 恐怖心に基づく ──→ 恐喝罪
```

　このような詐欺罪が保護しようとしている利益（保護法益）は、個人の財産です。

(2) 詐欺罪についてもっと知りたい！

(1) 詐欺罪の客体はなんだろう？

他人の占有する他人の財物が詐欺罪の客体となります。

Case では、A男くんはB子さんの占有する現金の交付を目的としています。ですから、B子さんの占有する現金は、詐欺罪の客体となります。

(2) 詐欺罪の行為はなんだろう？

(a) 基本構造

「人を欺いて財物を交付させた」という行為を分けて考えると、次のようになります。

①詐欺行為

人を錯誤に陥らせる行為をいいます。詐欺行為は、相手方に財物を交付させることを目的としていることが必要となります。交付行為については、(d)で詳しく説明します。

②錯誤

①の詐欺行為によって相手方が現実に錯誤に陥ることが必要です。詐欺行為を行ったものの、相手方が錯誤に陥らなかった場合は、詐欺罪の未遂となります。

③交付行為

②の錯誤に基づいて相手方が財物を交付する行為をいいます。

④財物の移転

③の交付行為に基づいて、財物が交付され、行為者または第三者が財物を取得することをいいます。

このように、詐欺罪は①から④までの要素から成り立っており、この過程が相当な因果関係にあるときに成立します。

19-3 ●

| 詐欺行為 | → | 錯　誤 | → | 交付行為 | → | 財物の移転 |

更に細かくみていきましょう。

（b）詐欺行為

　詐欺行為とは、人をだます行為、つまり、人を錯誤に陥らせる行為をいいました。詐欺行為は、相手方を錯誤に陥らせ、その錯誤によって財産の交付などの処分行為をさせるための手段です。

　Case では、A男くんは、現金を交付させることを目的として栄養剤をがんの特効薬と偽って、B子さんに販売しています。このようなA男くんの行為は、B子さんを錯誤に陥らせようとする行為であるといえます。そのため、A男くんの行為は詐欺行為にあたります。

（c）錯誤

　詐欺罪は、詐欺行為によって相手方が現に錯誤に陥る場合に成立します。そのため、詐欺行為が行われても相手方がそれを見抜き、錯誤に陥らなかった場合は、詐欺罪は**未遂**となります。

19-4 ●

| 詐欺行為 | → | 錯　誤 | ‥‥▶ | 交付行為 | → | 財物の移転 |

　このように、詐欺罪は人の錯誤を利用する犯罪なので、**人に向けて行われる犯罪**です。ですから、**機械を相手とする場合には成立しない**と考えられています。たとえば、MはNの承諾がないのに、N名義のキャッシュカードを悪用して、O銀行の現金自動支払機（ATM）から、現金を引き出したとします。この場合、MはATMという**機械をだます**行為を行っているので、詐欺罪は成立しません。この場合は、O銀行の意思とは関係なくATM内の現金の占有を自分の支配下に移転させているため、O銀行に対する窃盗罪が成立することになります。

（d）交付行為に基づく財物の移転

　「財物を交付させる」とは、相手方が錯誤に基づいて交付行

為をすることにより、行為者側が財物の占有を取得すること
をいいます。この交付行為は、瑕疵ある意思に基づく占有の
移転を本質とする詐欺罪と、相手の意思とは関係なく占有を
移転させることを本質とする窃盗罪とを区別するもので、詐
欺罪に不可欠な要件です。たとえば、MがNを欺いてその注
意をほかに向けさせて、その隙_{すき}にNの財布を奪ったとしま
す。この場合、Nは自分の知らない間に財布の占有をMに奪
われているため、錯誤に基づいてMに財布を交付したとは
いえません。そのため、このようなMの行為は交付行為に向
けられた詐欺行為にあたらないといえます。そうすると、こ
の場合、詐欺行為という**実行行為自体**が認められないので、
詐欺未遂にもならず詐欺罪は成立しません。しかし、MはN
の意思とは関係なく、財布の占有を自分の支配下に移転させ
ているため、Mには窃盗罪が成立します。

　Case では、B子さんは錯誤に陥って、A男くんに売買代金
を交付しているため、A男くんは財物を交付させたといえま
す。

（e）財物の移転―どの時点で詐欺罪は成立するの？―

　詐欺罪は、被詐欺者の交付行為に基づいて財物が交付され、
行為者または第三者が財物を取得した時点で成立します。

　Case の場合には、B子さんが現金150円をA男くんに引
き渡した時点で、詐欺罪が成立します。

（3）財産的損害も忘れずに！

　条文には明記されていませんが、詐欺罪は財産犯なので、
詐欺罪の成立要件として財産的損害の発生が必要であると考
えられています。それでは、詐欺罪が成立するためには、ど
のような内容の財産の損害が要求されるのでしょうか。

　これについて、詐欺罪の損害の内容としては、詐欺行為に
よる財産の交付それ自体だと考えられています。

　Case では、B子さんはA男くんの詐欺行為により、代金
150円をA男くんに交付しています。そのため、B子さんに

は、代金の交付という財産の損害が認められます。

　B子さんは、A男くんに交付した150円に見合う価格の栄養剤を入手しています。しかし、A男くんの詐欺行為による代金150円の交付それ自体で、B子さんには財産の損害が発生しているといえます。そのため、B子さんが栄養剤を入手したことは、A男くんの詐欺罪の成立に影響しません。

(3) 詐欺利得罪ってどんな犯罪？

　詐欺利得罪（246条2項）の要件は、人を欺いて財産上不法の利益を得ること、または他人にこれを得させることです。つまり、客体が財物ではなく、財産上不法の利益である点で、246条1項の詐欺罪と異なります。詐欺利得罪との区別のため、246条1項の詐欺罪のことを1項詐欺罪ともよびます。

第246条　詐欺
2　前項の方法により、財産上不法の利益を得、又は他人にこれを得させた者も、同項と同様とする。

(1) 財産上の利益ってなんだろう？

　詐欺利得罪の客体は、財産上の利益となります。財産上の利益とは、財物以外の財産的価値のある利益のいっさいのことをいいます。たとえば、タクシーで運転してもらうことやマッサージをしてもらうなどのサービスを受ける行為や、支払義務の免除を承諾させる行為のほか、支払の猶予を承諾させる行為などがこれにあたります。

(2) 詐欺利得罪の交付行為について知りたい！

(a) 詐欺利得罪の交付行為って具体的にはどんな行為なの？

　詐欺利得罪での交付行為とは、どのような行為なのでしょうか。たとえば、Mは所持金がなく、代金を支払う意思もないのにタクシーに乗り、運転手Nに目的地まで運転させたとしましょう。この場合、Mが代金を支払う意思がないのに、それを隠してタクシーに乗りこむことが詐欺行為にあたり、それによって、運転手NがMには代金を支払う意思があるという錯誤に陥っています。そして、錯誤に陥ったNは、Mの目的地までタクシーを運転するというサービスの提供を行っています。このNがタクシーを運転するというサービス

を提供する行為が、Nの交付行為にあたります。これにより、Mは役務の提供という財物以外の財産上の利益を受けているので、Mには、詐欺利得罪が成立するのです。

（b）どうして交付行為が必要なの？

　1項詐欺罪の場合には、交付行為が認められないときであっても窃盗罪が成立することがあります。しかし、詐欺利得罪のように、客体が財産上の利益の場合には、交付行為が認められないときであれば、窃盗罪が成立する余地はありません。なぜなら、現行刑法では、財産上の利益を客体とする窃盗罪を処罰する規定がないからです。そのため、詐欺利得罪における交付行為は、不可罰とされる利益窃盗と詐欺罪を区別する機能を有するといえます。

2 恐喝罪がわかる！

（1）恐喝罪ってどんな犯罪？

第249条　恐喝
1　人を恐喝して財物を交付させた者は、10年以下の懲役に処する。

④　恐喝罪（249条）は、人を脅して財物を交付させること、または財産上不法の利益を得、もしくは他人にこれを得させることを内容とする犯罪です。このように、人を脅して財物などを得る行為のことを恐喝といいます。

　恐喝罪は、被害者の**瑕疵ある意思に基づいて財物等を取得する**点で詐欺罪と共通します。ただし、詐欺罪が詐欺行為を手段とするのに対し、恐喝罪は、恐喝つまり**人に恐怖心を抱かせる行為**を手段とする点で、両者は異なります。

　また、恐喝罪と強盗罪とは、客体が共通するだけでなく、脅迫または暴行を手段とする点でも共通します。しかし、恐喝罪の暴行・脅迫は相手方に恐怖心を抱かせる程度で足りるのに対し、強盗罪の暴行・脅迫は相手方の反抗を抑圧する程度であることが必要である点で、両者は異なります。

(2) 恐喝罪についてもっと知りたい！

恐喝罪の行為は、人を恐喝して財物を交付させることです。

(1) 恐喝ってなんだろう？

「恐喝」とは、脅迫または暴行を使って、相手方の反抗を抑圧するにいたらない程度に怖がらせ、財物の交付を要求する行為をいいます。

恐喝罪における脅迫は、人を怖がらせるくらいの害悪の告知であって、相手方の反抗を抑圧する程度にいたらないものにかぎられます。たとえば、「金を払わなければ親を暴力団に襲わせるぞ」などがこれにあたります。

(2) 財物の交付ってなんだろう？

財物を交付させるとは、相手方が恐怖心に基づいて交付行為をすることにより、行為者側が財物の占有を取得することをいいます。この例の場合、行為者が「金を払わなければ親を暴力団に襲わせるぞ」と言って被害者を怖がらせて、金銭を支払わせることが、これにあたります。

恐喝罪では、詐欺罪と同様に、恐喝行為と財物の占有の移転の間に因果関係が必要となります。ですから、恐喝行為によって被害者が怖がらなかった場合には、恐喝罪は既遂とはなりません。たとえば、MがNを脅迫して金銭の支払を要求したのに対し、Nは怖くはなかったものの哀れみの情から現金を交付したとします。この場合、被害者であるNは恐怖心

金を出せよ

そんなにお金がないのか。かわいそうに……

に基づいて交付行為をしたわけではないので、M には恐喝既遂罪は成立せず、恐喝未遂罪が成立するにとどまります。

（3）恐喝罪の実行の着手はいつ？　既遂になるのはいつ？

恐喝罪の実行の着手は、恐喝行為を開始した時点に認められます。恐喝行為と財物の交付の間には因果関係が必要となるので、被害者が恐怖心によるものではなく、哀れみの情から財物を交付した場合には、恐喝罪は未遂となります。

(3)　恐喝利得罪ってどんな犯罪？

財産上不法の利益を得るとは、恐喝によって行為者または行為者と一定の関係にある第三者が不法に財産的利益を取得することをいいます (249条2項)。たとえば、家主を恐喝して家賃の支払および借家の返還請求をためらわせて、一時その義務の履行を免れた場合などがあげられます。

<table>
<tr><td>**第 249 条　恐喝**
2　前項の方法により、財産上不法の利益を得、又は他人にこれを得させた者も、同項と同様とする。</td></tr>
</table>

プラスα文献

試験対策講座・刑法各論 4 章 4 節、5 節

条文シリーズ 2 編 37 章■総説、246 条、249 条

ステップアップ No. 28、No. 29

1	A は、B に対して、うそを言ってその注意をそらし、そのすきに B のかばんから財布をすり取った。この場合、A には、B に対する<u>詐欺罪が成立する</u>。　　（司書 H21-26）	× 1【2】(2)
2	A は B の承諾がないのに、B 名義のキャッシュカードを悪用して、C 銀行の現金自動支払機（ATM）から、現金を引き出した。この場合、A には、C 銀行に対する<u>詐欺罪が成立する</u>。　　（司書 H21-26）	× 1【2】(2)
3	A は、B に対し、単なる栄養剤をがんの特効薬であると欺いて販売し、代金の交付を受けた。この場合、真実を知っていれば B が A に代金を交付しなかったとしても、A の提供した商品が、B の交付した代金相当のものであれば、<u>詐欺罪は成立しない</u>。　　（司書 H18-26）	× 1【2】(3)
4	A は、銀行の係員 B に対し、自分が C であるかのように装って預金口座の開設を申し込み、C 名義の預金通帳 1 冊の交付を受けた。この場合、真実を知っていれば B が A に預金通帳を交付しなかったとしても、<u>詐欺罪は成立しない</u>。　　（司書 H18-26）	× 1【2】(3)
5	A は、所持金がなく代金を支払う意思もないのにタクシーに乗り、目的地に到着すると、運転手 B のすきを見て何も言わずに逃げた。この場合、A には B に対する詐欺罪が成立する。　　（司書 H21-26）	○ 1【3】

Topics

あなたも釣銭詐欺?!

　買い物をしたときに、「あれ、お釣りが多いぞ……。この店員さん、間違えているな」と思ったことや、家に帰って財布を確認したら、「あれ、買い物をしたのに、出かける前より財布の中身が増えているぞ……」などという経験をしたことはありませんか？　実は、釣銭を本来よりも多くもらったことに気づいたのに、それを返却しないと、詐欺罪になることがあるのです。

　たとえば、あなたが、釣銭をもらう段階で釣銭が余分であることに気づいたにもかかわらず、何も言わずに受け取ったとします。この場合、「何も言わない」という不作為によって店員を欺いて、錯誤に陥らせ、本来もらえないはずの余分な釣銭という財物の交付を受けたことになるので、詐欺罪（246条1項）が成立します。「お店の人が勝手に間違えたのだし……」と、ついそのまま受け取ってしまいたくなりますが、実は、これは詐欺罪にあたるので、気をつけましょう。

　それに対し、買い物を終えて家に帰った後に財布を確認してみたら、なぜかお金が増えていて、店員が間違えて余計に釣銭を渡したのだろうと気づいたなどという経験をしたこともあるかと思います。この場合にも、その余分な釣銭を返さなかったら詐欺罪になってしまうのでしょうか？この場合、現に余分な釣銭を受け取った時点では、もらいすぎていることを認識していないので、故意がなく、1項の詐欺罪は成立しません。また、余分な釣銭を返す義務を免れた点で2項の詐欺罪が成立しないか問題になりますが、何らの詐欺行為も存在しないので、成立しません。そのため、この場合には、詐欺罪は成立しないということになるのです（ただし、占有離脱物横領罪は成立します）。

　このように、釣銭が余分であることに気づくのがどの時点かによって、詐欺罪の成否が変わってくるのは興味深いですね。とにかく、受け取る時点で釣銭が余分であることに気づいたら、しっかり返しましょう。また、家に帰ってから気づいたときも……面倒くさいかもしれませんが、ちゃんと返さないと、犯罪（占有離脱物横領罪）になってしまいます。

第20章

財産に対する罪④横領・背任
——借りた本、無断で売ったら横領罪！

1 横領罪がわかる！

キ……ここは基本！
ステ……君ならできる！
……できたらスゴイ！

| Case 1 | ①A男くんは、B子さんから預かっていたダイヤモンドを自分の物だと偽ってC男くんに売ってしまいました。 |

②A男くんは、自分が所有する甲土地をB子さんに売却しましたが、すぐには所有権登記をB子さんに移転しませんでした。その後、A男くんは、自分に甲土地の所有権登記があるのをいいことに、C男くんに対しても甲土地を売却し、C男くんに登記を移転しました。

それぞれの場合において、A男くんに横領罪は成立するのでしょうか？

Answer 1 ①②いずれの場合も、A男くんに横領罪が成立します。

(1) 横領罪ってなんだろう？

（1）どうして横領罪が必要なの？

横領罪（252条）①は、自分の占有する他人の財物を不法に取得する犯罪です。**Case 1**①のように、他人から預かっていた物を勝手に人に売ってしまうことが例としてあげられます。他人の占有を侵害しない、つまり物の占有はもともと行為者にある点で、奪取罪（窃盗・強盗・詐欺・恐喝の4罪）とは大きく性質が異なります。

もし横領罪がなかったらどうなるでしょうか。たとえば、あなたの友だちが、魔がさしてあなたの参考書をあなたに黙って自宅まで持っていってしまった場合、友だちには窃盗

> 1 **第252条　横領**
> 1　自己の占有する他人の物を横領した者は、5年以下の懲役に処する。
> 2　自己の物であっても、公務所から保管を命ぜられた場合において、これを横領した者も、前項と同様とする。

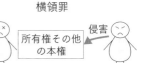

奪取罪　　　　　　　　　　　　横領罪

所有権その他
の本権

被害者　　占有　侵害　犯人

所有権その他
の本権　　侵害

被害者　占有→占有　犯人
　　　　移転済み

罪が成立します。しかし、あなたが友だちに参考書を1週間
だけ預けるといって渡した後に、1週間経っても友だちが返
してくれずに使い続けている場合は、窃盗罪は成立しません。
なぜなら、預けてから1週間経った時点では、あなたが1週
間前に友だちに預けたことによって、参考書の占有は友だち
に適法に移転しているためです。このような場合に、預けた
持ち主が保護されないとすると、日常生活が成り立ちません
（銀行に預けたお金について考えてみてください）。そのため、占有
ではなく所有権その他の本権を保護する横領罪が必要となる
のです。

（2）横領罪の保護法益ってなんだろう？

　横領罪は、いずれも他人の占有を害するものではないので、
奪取罪とは異なり、占有そのものの保護という問題が生じま
せん。そのため、横領罪の保護法益は、財物に対する**所有権
その他の本権**です。

(2)　横領罪ってどんな犯罪？

（1）横領罪の主体はだれだろう？

　横領罪の主体は、「他人の物」を「占有する」者です。この
ような身分にある者にしか犯せないという意味で、横領罪は
真正身分犯です。

真正身分犯については、
第12章 共犯の諸問題の
1(2) を見よう！

（2）横領罪の客体はなんだろう？

　横領罪の客体は、「**自己の占有する他人の物**」です。財産上
の利益、たとえばマッサージといったサービスを受けること

などは、占有ができないことから客体になりません。

（a）物

「物」とは、財物をいいます。横領罪の財物には、宝石などの動産のみならず、家や、土地のように不動産も含まれます。

（b）自己の占有

自分の占有に属する物を取得することが、窃盗罪などの奪取罪との違いであり、横領罪において不可欠の要素です。

「占有」とは、一般には、物に対する事実上の支配（たとえば実際に持っていること）をいいますが、横領罪における占有は、事実上の支配のみならず、法律上の支配（法的に他人の物の処分可能性があること。たとえば、**Case 1** ②のA男くんのように所有権登記をもっていること）をも含みます。

なぜなら、事実上の支配がなくても横領行為は可能であり、それを処罰する必要性があるからです。**Case 1** ②のA男くんは所有権登記をもっていることにより、B子さんが所有権を取得した甲土地を、法律上更にC男くんに売却できるので、A男くんに法的に他人の物の処分可能性があるといえます。

占有は、委託信任関係に基づくことが必要です。なぜなら、委託信任関係がない、わかりやすくいうと本人から許可をもらっていないのに他人の物を使っているということは、その物は自分が占有する際に他人から奪ったか他人がなくした物を拾って占有を取得したかのどちらかであるといえるので、単純横領罪・業務上横領罪ではなく窃盗罪などの奪取罪か、② 委託信任関係を必要としない横領罪の類型である遺失物等横領罪がすでに成立していることになるからです。つまり、使用許可をもらっていながら（委託されながら）、その委託信任関係を破るところに単純横領罪と業務上横領罪の本質があります。

単純横領罪と業務上横領罪をあわせて**委託物横領罪**といいます。

2　業務上横領罪と区別するため、通常の横領罪を単純横領罪ともよびます。

業務上横領罪は **（3）** で詳しく学習します。

事務管理とは、法律上の義務はないのに他人のために事務を処理することをいいます。たとえば、隣の家の人に頼まれたわけでもないのに、隣の家の塀を修理した場合などがあげられます。

③ 委託信任関係の発生原因は、賃貸借や委任のような当事者間の契約が一般的ですが、必ずしも契約にかぎらず、事務管理や慣習・条理などもありえます。

Case 1 ②では、売主である A 男くんは売買契約に基づき買主である B 子さんに対して登記名義を移転することに協力する義務を負っており、それまでの間はその登記名義を買主のために保存する義務があるので、A 男くんの占有（登記を有していること）は委託信任関係に基づきます。

（c）他人の物

委託信任関係に基づく占有物は、「他人の物」であることが必要です。**Case 1** ②では、売買契約によってすでに B 子さんに甲土地の所有権が移転していますので、甲土地は「他人の物」にあたります。

（3）横領行為ってなんだろう？

横領行為とは、**不法領得の意思を実現する行為**をいいます。横領罪にいう不法領得の意思とは、自分に預けてもらった物を、許可もなく勝手に処分してしまう意思のことです。これをより正確に表現すれば、不法領得の意思とは、**他人の物の占有者が委託の趣旨に背いて、その財物につき権限がないのに、所有者でなければできない処分をする意思**をいいます。窃盗罪のところで学習した不法領得の意思とは意味が異なるので注意してください。

窃盗罪における不法領得の意思については、第17章 財産に対する罪①窃盗の2**(4)** を見よう！

Case 1 ①②では、B 子さん所有のダイヤモンドまたは甲土地の占有者である A 男くんは、権限がないのに、C 男くんへの売却という所有者でなければできない処分をしていますので、不法領得の意思の実現があったといえます。

（4）いつ着手？　いつ既遂？

横領罪には、ほかの多くの財産犯と異なり、**未遂を処罰する規定がありません。**これは、**実行の着手があればただちに既遂となる**からです。つまり、不法領得の意思の実現があった以上、処分が完了しなくても横領罪は成立するということ

です。

Case 1①では、A男くんはダイヤモンドをC男くんに売却する意思を表示した時点で、所有者でなければできない処分をする意思を実現したといえ、既遂となります。**Case 1**②ではA男くんはC男くんに登記を移転しています。不動産の二重譲渡の場合、移転登記の時点で、確定的に不法領得の意思が実現したと考えられるので、既遂となります。

(3) 業務上横領罪ってどんな犯罪？

業務上横領罪（253条）は、業務上占有する物を横領した場合に成立する、単純横領罪の刑の重いタイプです。たとえば、会社の経理担当者が、所持している会社の経費を私用で使ってしまった場合などに成立します。

（1）業務上横領罪の主体はだれだろう？

主体は、業務上他人の物を占有する者です。業務上横領罪は、占有者という身分にあることによってはじめて成立する犯罪なので、真正身分犯です。また、業務上横領罪は、業務者という身分がなくとも犯罪として成立しますが、業務者という身分があることによって刑が重くなっているので、不真正身分ともいえます。このように、業務上横領罪は、真正身分犯としての性質と、不真正身分犯としての性質をもっています（複合的身分犯）。

「業務」とは、社会生活上の地位に基づいて反復継続して行われる事務をいいます。業務上横領罪においては、更に他人の物を占有・保管する性質のものをいいます。たとえば、質屋、倉庫業者、運送業者などをいいます。無免許であってもかまいません。

（2）業務上横領罪の客体はなんだろう？

業務上横領罪の客体は、業務と関連して保管・占有する他人の物です。業務者であっても、業務と関係なく占有する物を横領した場合には、業務上横領罪は成立しません。

> **第253条　業務上横領**
> 業務上自己の占有する他人の物を横領した者は、10年以下の懲役に処する。

不真正身分犯については、第12章 共犯の諸問題の1 *(2)* を見よう！

(4) 遺失物等横領罪ってどんな犯罪？

遺失物等横領罪（254条）は、他人の占有に属しない物を横領することを内容とする犯罪で、いわゆるねこばばです。

遺失物等横領罪の客体は、**占有を離れた他人の物**です。遺失物、漂流物はその例示です。「占有を離れた他人の物」とは、占有者の意思に基づかずにその占有を離れ、まだだれの占有にも属していない物のことをいいます。

遺失物等横領については、第17章 財産に対する罪①窃盗の2（2）を見よう！

2 背任罪がわかる！

Case 2	甲社の従業員のA男くんは、甲社と同業の乙社からお金をもらうために、自分が所属する部門の企業秘密を乙社に流出させました。この企業秘密の流出によって甲社には損害が発生しました。A男くんに背任罪が成立するでしょうか。

Answer 2 A男くんには背任罪が成立します。

(1) 背任罪ってどんな犯罪？

背任罪（247条）は、刑法の「詐欺及び恐喝の罪」という章（第37章）に規定されています。しかし、背任罪は、他人との信任関係に基づき事務を処理する者が、その信任関係を裏切って財産上の損害を加えることを本質とします。ですから、むしろ横領罪と似た犯罪といえます。

背任罪とは、他人のためにその事務を処理する者が、その任務に反する行為をして財産上の損害を加える犯罪です。

第247条　背任
他人のためにその事務を処理する者が、自己若しくは第三者の利益を図り又は本人に損害を加える目的で、その任務に背く行為をし、本人に財産上の損害を加えたときは、5年以下の懲役又は50万円以下の罰金に処する。

20-2

(2) 背任罪の主体はだれだろう？

背任罪の主体は、「他人のためにその事務を処理する者」です。つまり、背任罪は他人の事務処理者のみに成立するので、真正身分犯です。

247条の「他人」とは、行為者以外の者をいいます。

「事務」とは、**他人の事務**を意味します。わかりやすくいうと、他人がしなければならないことを代わりにやってあげると、他人の事務を行ったことになります。

(3) 背任ってなんだろう？

「**任務に背く行為**」とは、本人との信任関係を破る行為、つまり、本人の事務を処理する者として当然に行うべき法律上の義務に違反する行為をいいます。

Case 2 では、A男くんは甲社の企業秘密を流出させています。A男くんは甲社の従業員として、雇用契約上、甲社の企業秘密を他人に教えてはならない守秘義務を負っています。ですから、企業秘密を流出させる行為は、甲社との信任関係を破る行為といえます。

(4) 背任罪の目的も忘れずに！

背任罪の故意は、自己の行為が任務に背くものであること、および本人に財産上の損害を加えることの認識です。

故意に加えて、背任罪が成立するには、自分もしくは第三者の利益を図る目的（利益を図る目的なので、**図利目的**といいます）、または、本人に損害を加える目的（害を加える目的なので、**加害目的**といいます）を必要とします。**Case 2** では、A男くんは乙社からお金をもらうことを目的としているので、図利目的があるといえます。

(5) 財産上の損害ってなんだろう？

背任罪は、任務に背く行為があっただけでは成立しません。

財産上の損害を加えた場合にはじめて成立します。ここにいう損害は、本人（被害者）の財産が減ったこと（全体財産の減少）を意味します。

　また、損害があるかないかは、法律的な観点ではなく、**経済的な観点から判断**すると考えられています（経済的損害説といいます）。たとえば、倒産寸前の会社へお金を貸した銀行員が背任罪で処罰されることがあります。つまり、銀行は、100万円を貸した場合には、貸した100万円を返してくれという権利を取得するので法律的な観点からの損害はないのですが、倒産寸前の会社から貸したお金が返ってくる可能性はかぎりなく0に近いので、銀行が取得した100万円を返してくれという権利は100万円の価値がないことになります。そのため、経済的な観点から判断すると損害があるとされます。

　プラスα文献
試験対策講座・刑法各論 4章6節、7節
条文シリーズ 38章
ステップアップ No. 30

第20章 Exercise

第20章

1	Aは、帰宅途中、公園で乗り捨てられた自転車を見つけると、それが自分のものではないことを知りながら、それに乗って帰った。この場合、Aには、単純横領罪が成立する。　　　　　（司書 H20-27 改題）	× 1【2】(2) (b)、1【4】
2	Aは、Bから公務員Cに対して賄賂として渡すように頼まれた現金を、Cに渡さず自分で使い込んだ。この場合、Aには、横領罪が成立する。　　　　　　　　　　　　　　　　　　（司書 H20-27）	○ 1【2】(2) (c)
3	Aは、Bに対する借金が返済できないため、自己所有の土地を借金の代わりに譲渡することで合意し、登記を移転すべき旨の契約をしたが、登記名義は、Aのままにしておいた。ところが、そのことを知らないCが当該土地を買いたいと言って来たため、Aは、Cに当該土地を売却し、所有権移転登記を了した。Aに横領罪が成立する。　　　　　　　　　　　　　　　　（地方上級 H4年改題）	○ 1【2】(2)、(3)
4	Aは、レンタルビデオを借りて保管していたが、自分のものにしたくなり、貸ビデオ店に対して、盗まれたとうそをついてビデオを返さず自分のものにした。この場合、Aには、横領罪が成立する。　　　　　　　　　　　　　　　　　　（司書 H20-27）	○ 1【2】(3)

第21章

財産に対する罪⑤その他の財産犯
—— 盗品と知りつつ買ったら罪になる

キ……ここは基本！
ステ…君ならできる！
……できたらスゴイ！

1 盗品等に関する罪がわかる！

Case　A男くんは、B子さんの家からダイヤモンドを盗み出し、友人のC男くんにそのダイヤモンドの売却を依頼しました。その依頼を受けたC男くんは、そのダイヤモンドが盗品であることを知りながら、盗品の返還を条件に被害者から多額の金銭をもらおうと、B子さん宅に盗品を運びました。そしてC男くんは、B子さんにダイヤモンドを売却し、その代金として多額の金銭を受け取りました。

C男くんの行為によりダイヤモンドは被害者であるB子さんのもとに戻ってきていますが、この場合にも、C男くんに、盗品等関与罪が成立するのでしょうか。

Answer　C男くんに盗品等関与罪が成立します。

第256条　盗品譲受け等
1 盗品その他財産に対する罪に当たる行為によって領得された物を無償で譲り受けた者は、3年以下の懲役に処する。
2 前項に規定する物を運搬し、保管し、若しくは有償で譲り受け、又はその有償の処分のあっせんをした者は、10年以下の懲役及び50万円以下の罰金に処する。

本犯者とは、財産に対する罪にあたる行為を行った者のことをいいます。

あっせんとは、うまく事が進むように間に入って世話をし、間を取りもつ行為をいいます。
(4)(5)で詳しく学習します。

(1) 盗品等に関する罪ってどんな犯罪？

盗品等に関する罪（256条）は、本犯者が窃盗などの財産に対する罪にあたる行為により取得した物を、行為者が無償で譲り受ける行為（256条1項）、あるいは保管、運搬、有償で譲り受ける行為、またはその有償の処分のあっせんをする行為（256条2項）を罰するものです（それぞれの意味は、後述します）。

盗品等に関する罪の行為者は、本犯者が取得した利益を確保し、その利用を手助けしているといえるので、盗品に関する罪には、犯罪完遂後に本犯者の手助けをするという側面もあります（事後従犯的性格）。

(2) 盗品等に関する罪の保護法益はなんだろう？

　行為者が盗品を譲り受けたりすることで、被害者は本来窃盗犯人を捕まえれば盗まれたものが戻ってきたはずなのに、盗品譲受人まで捕まえなければならなくなります。そのため、盗品等関与罪が行われることによって、被害者の盗品への追求はより困難になってしまうのです。

　判例は、盗品等に関する罪の保護法益は被害者が財物に対してもつ回復請求権、つまり**追求権**であるとする考え（追求権説）を基本として、盗品等関与罪の助長性も考慮しました。

④　試験対策講座・刑法各論
242〜243頁

(3) 盗品等に関する罪の客体はなんだろう？

　客体は、「盗品その他財産に対する罪に当たる行為によって領得された物」です。財産犯以外の客体である偽造文書、偽造貨幣、賄賂は、盗品等に関する罪の客体とはなりません。

(4) 盗品等に関する罪の行為はなんだろう？

（1）盗品等無償譲受け罪って何？

　無償譲受けとは、盗品等をただで自分の物として取得することをいいます。

　たとえば、贈与を受けることや、無利息の消費貸借などがあげられます。

（2）盗品等運搬罪って何？

　運搬とは、委託を受けて盗品等の所在を移動させることをいいます。運搬行為については、有償か無償かは問題にはなりません。

　Case では、A男くんから頼まれて、C男くんがB子さんのもとに盗品であるダイヤモンドを運んでいるので、C男くんの行為は運搬にあたります。

　しかし、**Case** では、被害者のもとに盗品を運搬しているので、むしろ被害者の追求を容易にする行為であるともいえます。そこで、被害者のもとに盗品を運搬する行為に、盗品等

運搬罪が成立するかが問題となります。

被害者を相手方とする盗
品等有償処分あっせん罪
の成否
試験対策講座・刑法各論
247〜248頁

　　判例は、被害者のもとへの運搬であっても、被害者に盗品
の正常な回復を困難にすることを理由に、盗品等運搬罪は成
立すると判断しています。

　　つまり、たとえ被害者のもとに運搬する場合でも、被害者
は高価な対価を支払わなければ被害品を回収することができ
ないため、被害者は盗品等を正常に取り戻すことができると
はいえないのです。そのため、**Case** のC男くんには盗品等運
搬罪が成立します。

（3）盗品等保管罪って何？

　　保管とは、委託を受けて本犯者のために盗品などを管理す
ることをいいます。この行為が有償か無償かは問題とはなり
ません。**Case** では、売却までの間にC男くんがダイヤモンド
の管理をしていると考えられます。この場合、C男くんのこ
のような行為は保管にあたります。

（4）盗品等有償譲受け罪って何？

　　有償譲受けとは、盗品等を売買などによって有償で取得す
ることをいいます。本犯者から委託を受けなくても、盗品等
有償譲受け罪は成立します。

　　たとえば、最近、少年が万引きしたマンガを古書店に売却
してお金を稼ぐ事件が多発しているようです。もし古書店が、
少年から買い取る際に万引きされた物であることを認識して
いれば、盗品等有償譲受け罪が成立します。

（5）盗品等有償処分あっせん罪って何？

媒介・あっせんとは、
他人の間に立って、他
人を当事者とする法律
行為の成立に尽力する
事実行為のことをいい
ます。

　　有償処分あっせんとは、盗品等の有償的な法律上の処分行
為を媒介またはあっせんすることをいいます。あっせんの行
為の例としては、盗品等の売買、交換、質入などがあげられ
ます。あっせんの対象となる本犯者と第三者との間の取引に
お金のやり取りが必要であって、あっせん者があっせん代金
を受け取らなくても有償処分あっせん罪は成立します。友人
に頼まれて盗品売買のあっせんをしたが、「わたしは1円も

友人や買主からお金をもらっていないのだから、犯罪は成立しないでしょう」、という言い訳は通用しないということです。

Case では、C男くんがA男くんとB子さんを当事者として、盗品であるダイヤモンドの売買契約を結んでいるので、このC男くんの行為は有償処分のあっせんにあたるといえます。

(5) 盗品等に関する罪の行為者には盗品等の認識が必要！

盗品等に関する罪は故意犯であるため、行為者に盗品等であることの認識が必要となります。また、盗品であることを知らずに物品の保管を開始した後、盗品であることを知るにいたったのに、なおも本犯者のためにその保管を継続するときにも保管罪が成立します（判例）。

7　試験対策講座・刑法各論
248〜249頁

Case では、C男くんはダイヤモンドが盗品であることを認識しているので、故意が認められます。

(6) 複数の行為に該当する場合、罪数はどうなるの？

盗品等に関する罪の構成要件に該当する行為を相次いで行った場合には、原則的には包括一罪となります。**Case** のように、有償処分あっせんのため保管・運搬しつつ続いて有償処分をあっせんした場合は、有償処分あっせん罪一罪が成立すると考えられています。

2 毀棄の罪がわかる！

(1) 毀棄罪ってどんな犯罪？

毀棄罪とは、不法領得の意思がなく、単に他人の物を侵害する行為を内容とする犯罪をいいます。毀棄という言葉は、壊したり、捨てたりするという意味です。保護法益は個人の財産としての物および物の効用です。たとえば、他人の庭に

置いてある花瓶を割った場合、花瓶はもはや花を生ける器という効用を失ってしまったといえるので、毀棄罪が成立するといえます。

毀棄の対象となる物の種類によって、構成要件が異なることになります。次から詳しくみていきましょう。

(2) 公用文書等毀棄罪ってどんな犯罪？

(1) 公用文書等毀棄罪の客体はなんだろう？

公用文書等毀棄罪（258条）の客体は、**公務所の用に供する文書または電磁的記録**となります。「公務所の用に供する」とは、**公務所で使用されるか、保管されること**を意味します。たとえば、区役所に提出する各種申請書などがあげられます。また私文書であっても、公務所が使用するための文書であれば公用文書とされます。たとえば、私人が作成した婚姻届などがあげられます。

(2) 公用文書等毀棄罪の行為はなんだろう？

公用文書等毀棄罪の行為は、公用文書を毀棄することです。文書の毀棄とは**文書の効用を害するいっさいの行為**をいうと考えられています。たとえば、文書を破り捨てる行為がこれにあたります。また、文書の内容によっては、署名捺印を消すことでその文書の効用が失われる場合があり、この場合、署名捺印を消す行為は「毀棄」に含まれます（判例）。

(3) 私用文書等毀棄罪ってどんな犯罪？

(1) 私用文書等毀棄罪の客体はなんだろう？

私用文書等毀棄罪（259条）の客体は、権利義務に関する文書、つまり**権利・義務の存否・喪失・変更などを証明するための文書**または電磁的記録です。「他人の文書」とは、その文書の名義人がだれであるかとは関係がなく、**他人が所有している文書**のことをいいます。

公務所が所有・保管しているときは公用文書であるため私

第258条　公用文書等毀棄
公務所の用に供する文書又は電磁的記録を毀棄した者は、3月以上7年以下の懲役に処する。

私文書については、第22章　社会的法益に対する罪の2(2)(3)で詳しく学習します。

試験対策講座・刑法各論
253頁

第259条　私用文書等毀棄
権利又は義務に関する他人の文書又は電磁的記録を毀棄した者は、5年以下の懲役に処する。

用文書等毀棄罪の客体とならず、公用文書等毀棄罪の客体となります。公務所以外の法人・私人が所有している権利・義務に関する文書は、すべて私用文書等毀棄罪の客体となります。たとえば、私人間で結んだ売買契約の契約書などがあげられます。

　また、自己の所有する文書であっても、差押えを受け、物権を負担し、または賃貸したものであるときは私用文書等毀棄罪の客体となります（262条）。

（2）私用文書等毀棄罪の行為はなんだろう？

　公用文書毀棄罪と同じです。

（4）　器物損壊罪ってどんな犯罪？

（1）器物損壊罪（261条）の客体はなんだろう？

　器物損壊罪の客体は、公用文書、私用文書、建造物損壊罪（260条前段）の客体以外の物です。物とは財物のことをさします。「傷害」と規定されていることから、財物には動物も含まれます。また、私用文書等毀棄罪と同様に、自分の所有する物であっても、差押えを受け、物権を負担し、賃貸し、または配偶者居住権が設定されたものであるときは器物損壊罪の客体となります（262条）。

（2）器物損壊罪の行為はなんだろう？

　「損壊」とは、物の本来の効用を失わせることをいうと考えられています。物質的に器物の形状を変更・滅失させる場合にかぎらず、事実上または感情上その物の本来の用途に従って使用できなくなることも含まれます。たとえば、土地に無断で耕作物を植える行為や校庭に杭を打ち込む行為のほか、食器に放尿して感情的に使えなくする行為などがこれにあたります。

　また「傷害」とは動物を殺傷することをいいます。ここにいう傷害も、動物としての効用を失わせる行為を広く含むものとされ、たとえば養魚池で養殖されている鯉を逃がす行為

11 **第262条　自己の物の損壊等**
自己の物であっても、差押えを受け、物権を負担し、賃貸し、又は配偶者居住権が設定されたものを損壊し、又は傷害したときは、前3条の例による。

12 **第261条　器物損壊等**
前3条に規定するもののほか、他人の物を損壊し、又は傷害した者は、3年以下の懲役又は30万円以下の罰金若しくは科料に処する。

13 **建造物等損壊罪の客体**
他人の所有する建造物または艦船が建造物等損壊罪の客体となります（260条）。

なども「傷害」にあたるとされます。

プラスα文献

試験対策講座・刑法各論 4 章 8 節、9 節
判例シリーズ 78 事件
条文シリーズ 256 条、258 条〜262 条

1	横領罪の被害物が第三者により即時取得された場合には、これにより被害者の当該被害物に対する追求権は失われるから、以後、盗品等に関する罪は、成立しない。 (司書 H19-27)	○ 1【2】
2	本犯が詐欺罪の場合、欺罔による財産移転の意思表示を取り消す前には、被害者は、当該財産に対する追求権を有しないから、盗品等に関する罪は、成立しない。 (司書 H19-27)	× 1【2】
3	本犯の被害物が同一性を失った場合には、被害者の当該被害物に対する追求権は失われるから、本犯の被害物である紙幣を両替して得た金銭の贈与を受けても、盗品等に関する罪は、成立しない。 (司書 H19-27)	× 1【3】
4	本犯の被害者を相手方として本犯の被害物の有償処分のあっせんをしても、被害者の追求権の行使を困難にしないので、盗品等に関する罪は、成立しない。 (司書 H19-27)	× 1【4】(2)、(5)
5	公用文書等毀棄罪の客体としての公用文書には、偽造罪における公文書と同様に、名義人が私人の私文書は含まれない。 (地方上級 H10 年)	× 2【2】(1)
6	自己所有の文書は、差押えを受けたり、他人に賃貸したものであっても私用文書等毀棄罪の客体たりえない。 (地方上級 H10 年)	× 2【3】(1)
7	公用文書等毀棄罪の場合と異なり、私用文書等毀棄罪の客体には電磁的記録は含まれない。 (地方上級 H10 年)	× 2【3】(1)

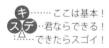

第22章

社会的法益に対する罪
── 火の用心、マッチ１本で重罪に！

キ……ここは基本！
ス……君ならできる！
デ……できたらスゴイ！

ここでは、公衆の安全を脅かす犯罪を中心に学習します。社会的法益は、①公衆の安全、②公共の信用、③風俗秩序に対する罪に分けられますが、そのなかでも重要なものを取り上げています。

1 放火の罪がわかる！

> **Case 1**
> ①A男くんは、なんだかとても何かを燃やしたい気分になり、一人暮らしの自分の家に火をつけました。幸い、火は途中で消し止められて、天井の30センチメートル四方が焼けた程度でした。A男くんにどのような放火罪の既遂犯が成立するのでしょうか？
> ②A男くんの家に保険金がかけられていた場合、どのような放火罪の既遂犯が成立するのでしょうか？

Answer 1
①A男くんには、自己所有非現住建造物放火罪の既遂犯が成立します。
②A男くんには、他人所有非現住建造物放火罪の既遂犯が成立します。

(1) 放火罪ってどんな犯罪？

あなたは、放火罪なんて火をつければ成立するから単純だと思うかもしれません。しかし、そうではないのです。**(4)** 以下で説明するように、放火罪にも、いろいろな種類があるのです。たとえば、マンションではなく車に火をつけた場合、どのような放火罪が成立するのでしょうか。放火罪は、意外

と複雑な犯罪です。

ところで、**放火罪**は、これまで学習してきた傷害罪や窃盗罪と異なり、個人の権利を侵害したから処罰するという性質に加えて、社会に危険を生じさせたから処罰するという性質をもっています。そのため、放火罪は、**社会的法益に関する罪**のひとつとして分類されています。また、放火罪は、その目的物によって、危険性や財産侵害の度合いが異なることから、目的物ごとに条文が定められています。

(2) 放火罪の保護法益ってなんだろう？

放火罪の保護法益は、公共の安全、つまり**不特定または多数人の生命・身体・財産の安全**です。ですから、**不特定または多数人の生命・身体・財産に対する危険**（公共の危険）を発生させることが、放火罪の本質であるといえます。

(3) 放火罪についてもっと知りたい！

（1）放火行為ってなんだろう？

「**放火**」とは、目的物の焼損を惹起せしめる行為をいいます。つまり、目的物が燃え続けることを引き起こす行為が放火行為になります。

放火行為は、目的物に直接火を放つのが通常ですが、媒介物（たとえば、火をつけやすくするための新聞紙）を利用して点火する場合もあります。

そして、点火がなくても焼損にいたる現実的危険が発生したといえれば、放火の着手があるとされます。たとえば、ガソリンは揮発性（液体が常温で気化する性質のこと）が高く引火によって目的物が燃える危険性が大きいので、密閉された室内でガソリンをまいただけで放火に着手したとされます（判例）。一方、灯油は揮発性が低いので、灯油をまいただけでは放火に着手したとはいえません。

1 試験対策講座・刑法各論 275頁

（2） 焼損ってなんだろう？

放火罪が既遂となるには、目的物を「焼損」させることが必要とされます。

焼損とは、**火が媒介物を離れて目的物が独立して燃焼を継続しうる状態になったことを意味する**と考えられています（独立燃焼説）。つまり、何もしないでも目的物についた火が燃え続ける状態になったら、焼損したといえるのです。

Case 1 では、天井の 30 センチメートル四方が焼けています。30 センチメートル四方と範囲はきわめて小さいですが、目的物たる家の一部である天井自体が焼けていることから、目的物が独立して燃焼を継続しうる状態になったといえ、焼損したといえます（判例）。

試験対策講座・刑法各論 275 頁 ②

(4) 現住建造物等放火罪ってどんな犯罪？

現住建造物等放火罪（108 条）には、放火罪の主たる保護法益である公共の安全以外に、目的物に住んでいる人や目的物の中にいる人の生命・身体を厚く保護するために、死刑または無期もしくは 5 年以上の懲役と、かなり重い刑が定められています。

（1） 現住建造物等放火罪の客体はなんだろう？

（a） 現住性および現在性って何？

108 条の「人」とは、**行為者以外の者**をいい、行為者の家族も含まれます。

「**現に人の住居に使用し**」（現住性）とは、人が日常生活する場所として日常的に利用されていることをいいます。仮眠休憩室のある派出所や、一時的な住居である別荘も含まれます。現住性は、日常の使われ方により判断されるので、日常的に住居として使用されていれば、たまたま放火する時点で留守であったとしても現住性は認められることになります。

Case 1 で、A 男くんが放火した家には A 男くんしかおらず、住んでいるのも A 男くんだけなので、108 条の罪は成立

第 108 条　現住建造物等放火

放火して、現に人が住居に使用し又は現に人がいる建造物、汽車、電車、艦船又は鉱坑を焼損した者は、死刑又は無期若しくは 5 年以上の懲役に処する。

「現に人がいる」（現在性）とは、放火行為の時に、目的物の内部に他人が現実にいることをいいます。
現に人がいれば、行為者の所有する物件に放火した場合でも 108 条の罪が成立します。

しません。

（b）建造物って何？

「建造物」とは、家屋などの建築物をいいます。基本的には、屋根と壁ができれば、建造物にあたるといえます。

（2）いつ既遂になるの？

目的物が焼損すれば、既遂となります。焼損にいたらなければ、未遂となります（112条、108条）。
⑤

5　第112条　未遂罪
第108条及び第109条第1項の罪の未遂は、罰する。

（5）非現住建造物等放火罪ってどんな犯罪？

（1）非現住建造物等放火罪の客体はなんだろう？

（a）109条1項の場合

非現住建造物等放火罪（109条）の客体は、現実に人の住居に使用されておらず、しかも、人がその内部にいない建造物、艦船、鉱坑です。108条と異なり、汽車・電車を含みません。そのため、人のいない汽車・電車に放火したら、110条の罪（建造物等以外放火罪）となります。

（b）109条2項の場合

放火罪は、人の生命、身体、財産を侵害する危険が大きいので、重く処罰される犯罪です。しかし、目的物が自分の所有物である場合には、人の財産を侵害する危険は小さいといえます。そこで、目的物が自分の所有物であるときには、刑の軽い109条2項が適用されます。また、109条2項の場合、公共の危険が発生しないかぎり処罰されません。

なお、自分の所有物であっても、**差押え**を受け、**物権を負担**し、**賃貸**し、配偶者居住権が設定され、または**保険**に付している物である場合には、他人の財産権を侵害しているといえるので、109条1項の罪となります（115条）。
⑦

Case 1②で、A男くんが放火したのはA男くんの所有する物件なので109条2項の罪が成立するとも思えますが、家が保険に付されているので、109条1項の罪が成立します。

6　第109条　非現住建造物等放火
1　放火して、現に人が住居に使用せず、かつ、現に人がいない建造物、艦船又は鉱坑を焼損した者は、2年以上の有期懲役に処する。
2　前項の物が自己の所有に係るときは、6月以上7年以下の懲役に処する。ただし、公共の危険を生じなかったときは、罰しない。

7　第115条　差押え等に係る自己の物に関する特例
第109条第1項及び第110条第1項に規定する物が自己の所有に係るものであっても、差押えを受け、物権を負担し、賃貸し、配偶者居住権が設定され、又は保険に付したものである場合において、これを焼損したときは、他人の物を焼損した者の例による。

（2）非現住建造物等放火罪はいつ既遂になるの？

（a）109条1項

109条1項の罪は、108条と同様、焼損すれば、既遂となります。焼損しなければ、未遂となります（112条、109条1項）。

（b）109条2項

焼損することに加えて、**公共の危険が発生しない場合は不可罰**とされます。**公共の危険**とは、不特定または多数人の生命・身体・財産に対する危険のことです（判例）。⑧

刑法110条1項にいう「公共の危険」の意義
試験対策講座・刑法各論283頁

8

(6) 建造物等以外放火罪ってどんな犯罪？

（1）建造物等以外放火罪の客体ってなんだろう？

9

建造物等以外放火罪（110条）の客体は、108条、109条に記載されている物以外の物です。⑨目的物が自己の所有である場合には、財産権侵害がないので、刑が軽くなります（110条2項）。

（2）建造物等以外放火罪はいつ既遂になるの？

焼損することがまず必要です。そして、109条とは異なり、他人物でも自己物でも公共の危険が発生しないと不可罰となります。

> **第110条　建造物等以外放火**
> 1　放火して、前2条に規定する物以外の物を焼損し、よって公共の危険を生じさせた者は、1年以上10年以下の懲役に処する。
> 2　前項の物が自己の所有に係るときは、1年以下の懲役又は10万円以下の罰金に処する。

2 偽造の罪がわかる！

Case 2｜A男くんは、買い物に使うため、精巧に偽1万円札を作りました。その後、デパートで店員にその偽造1万円札を出して、洋服を買いました。
　A男くんに通貨偽造罪、偽造通貨行使罪が成立するでしょうか？

Answer 2｜A男くんには通貨偽造罪、偽造通貨行使罪が成立します。

(1) 通貨偽造罪ってどんな犯罪？

（1）通貨偽造罪の保護法益ってなんだろう？

通貨偽造罪（148条1項）の保護法益は、**通貨に対する公共の信用**です。

（2）通貨偽造罪の客体はなんだろう？

通貨偽造罪の客体は、**貨幣、紙幣または銀行券**です。**通貨**というのは、これらの総称です。そのため、すでにお金としての効力（強制通用力）を失っている古銭などは、いかに高価であっても通貨偽造罪の客体とはなりません。

（3）通貨偽造罪の行為はなんだろう？

通貨偽造罪の行為は偽造または変造です。**偽造**とは、通貨を作る権限がない者が、偽物を作ることです。より正確には、発行権限がない者が類似した外観の物を作成することをいいます。偽札作りが典型例です。

行使の目的とは、偽造通貨や変造通貨を本物の通貨として、流通させる目的のことをいいます。たとえば、偽札を本物のお札として使い、商品を買うような場合には、行使の目的が認められます。これに対して、演劇用の小道具として、本物そっくりな偽札を作る場合には、それを本物のお金として流通させる目的はないので、行使の目的は認められません。

Case 2 で、A男くんは買い物に使うために偽造していますので、本物の通貨として流通させる目的が認められ、行使の目的があったといえます。

（4）偽造通貨を使ったら処罰されるの？

偽造または変造された通貨を行使することで、偽造通貨行使罪（148条2項）が成立します。その偽造通貨をだれが偽造したかは問いません。行使とは、**偽造通貨や変造通貨を本物の通貨として流通させること**をいいます。

10　**第148条　通貨偽造及び行使等**
1　行使の目的で、通用する貨幣、紙幣又は銀行券を偽造し、又は変造した者は、無期又は3年以上の懲役に処する。
2　偽造又は変造の貨幣、紙幣又は銀行券を行使し、又は行使の目的で人に交付し、若しくは輸入した者も、前項と同様とする。

11　変造とは、通貨を作る権限がない者が、本物の通貨に手を加えて偽物を作ることです。

12　行使とは、一般には、「権力を行使する」というように、権利・権力、また非常手段を実際に使うことですが、ここでは、本物のようにして使う、という意味です。

第22章

(2) 文書偽造の罪ってどんな犯罪？

Case 3	①A男くんは、銀行にお金を借りる担保として B子さん所有の土地を自分のものである

かのようにみせるため、何の権限もないのに、勝手にB
子さんの名前で土地の売買契約書を作りました。

②A男くんは、弁護士資格をもっていないのに、実在の弁
護士と同姓同名であることを利用して、弁護士であるか
のように装い、「弁護士報酬について」という書面を作成
して、「弁護士A男」と署名しました。

それぞれの場合において、A男くんに私文書偽造罪が成立
するでしょうか？

Answer 3	①②どちらの場合でも、A男くんに私文書偽造罪が成立します。

(1) 文書偽造罪の保護法益ってなんだろう？

文書偽造罪の保護法益は、文書に対する公共の信用です。

わたしたちは、日常生活を営むうえで、多くの文書を信用
しています。もし、文書を信用できないということになれば、
わたしたちは安心して日常生活を営むことはできません。そ
こで、刑法は、文書に対する公共の信用を保護法益として、
文書偽造罪を処罰しているのです。

(2) 偽造ってなんだろう？

普段、偽造という言葉は、偽物を作るという意味で使いま
す。しかし、文書偽造罪の偽造は、普段私たちが使う言葉の
意味とは少し違いますので、注意してください。

偽造とは、**文書の名義人と作成者の人格の同一性を偽るこ
と**をいいます。つまり、名義人と作成者がズレている場合を
偽造というのです。では、この名義人や作成者とは一体だれ
のことをさしているのでしょうか。

(a) 名義人ってだれだろう？

名義人とは、「ある文書を読んだ人が、その文書を作成した
人として想定する人」のことをいいます。たとえば、あなた

13

名義人とは、より正確
には、文書から理解さ
れる意思や観念の表示
主体をいいます。

は、このファーストトラック刑法を読んで、伊藤真という人が書いた本だと思うはずです。つまり、この本の名義人は、伊藤真となります。

Case 3①では、B子さんの名前で土地の売買契約書が作られているので、その契約書を読んだ人は、B子さんが契約書を書いたと思うはずです。つまり、この契約書の名義人は「B子」さんだということになります。

Case 3②では、文書に「弁護士A男」と署名されていること、また、「弁護士報酬について」と題された文書であることから、その文書を読んだ人は、「この文書は、弁護士A男が書いた文書だ」と思うはずです。つまり、この文書の名義人は、「弁護士A男」となります。

（b）作成者ってだれだろう？

作成者は、普通ならば、その文書を書いた人のことをいいます。[14]また、だれかに代わりに書かせた場合には、その書かせた人も作成者だと考えられています。

> [14] 作成者とは、より正確には、文書の内容を表示させた意思の主体をいいます。

Case 3①②では、いずれもA男くんが文書を書いたので、「A男」くんが作成者です。

（c）**Case**ではこうなる！

偽造とは、**文書の名義人と作成者の人格の同一性を偽ること**でした。では、**Case 3**①②において、偽造は認められるでしょうか。

まず、**Case 3**①では、文書の名義人はB子さんであり、作成者はA男くんなので、名義人と、作成者との間にズレが生じています。ですから、人格の同一性があるとはいえません。

また、**Case 3**②においても、文書の名義人は、「弁護士A男」であり、作成者は単なる「A男」くんなので、やはり、名義人と作成者との間にズレが生じています。ですから、名義人と作成者の間で人格の同一性がありません。

そのため、**Case 3**①②でのA男くんの行為は偽造であるといえます。

（3）文書偽造罪の客体はなんだろう？

15　公文書を偽造したら、公文書偽造罪（155条1項）が成立します。公文書とは、公の機関が法令上の根拠に基づいて作成するものです。たとえば、市役所で発行される市長名義の住民票などです。

　それ以外の文書（私文書）であって、**権利義務または事実証明に関するもの**を偽造した場合、私文書偽造罪（159条1項）が成立します。

　Case 3①②の書面は、いずれも公の機関が作成したものではないので、私文書にあたります。ということは、A男くんには、私文書偽造罪が成立するということができます。

（4）偽造された文書を使ったらどうなるの？

16　偽造文書を行使した場合、行使の罪が成立します（公文書の場合について158条、私文書の場合について161条）。「行使」とは、偽造した文書を真正な文書として、他人に認識させることまたは認識できる状態におくことをいいます。つまり、偽造された文書を本物の文書として使った場合には、行使罪として処罰されてしまうのです。**Case 3**①でも、A男くんが作成した虚偽の売買契約書を、B子さんが作成した契約書として銀行に示した場合には、偽造私文書行使罪が成立します。

プラスα文献

試験対策講座・刑法各論 5章2節、6章1節、4節
判例シリーズ 85事件
条文シリーズ 2編9章、16章、17章
ステップアップ No. 32、No. 33

第155条　公文書偽造等
1　行使の目的で、公務所若しくは公務員の印章若しくは署名を使用して公務所若しくは公務員の作成すべき文書若しくは図画を偽造し、又は偽造した公務所若しくは公務員の印章若しくは署名を使用して公務所若しくは公務員の作成すべき文書若しくは図画を偽造した者は、1年以上10年以下の懲役に処する。
2　公務所又は公務員が押印し又は署名した文書又は図画を変造した者も、前項と同様とする。

第159条　私文書偽造等
1　行使の目的で、他人の印章若しくは署名を使用して権利、義務若しくは事実証明に関する文書若しくは図画を偽造し、又は偽造した他人の印章若しくは署名を使用して権利、義務若しくは事実証明に関する文書若しくは図画を偽造した者は、3月以上5年以下の懲役に処する。
2　他人が押印し又は署名した権利、義務又は事実証明に関する文書又は図画を変造した者も、前項と同様とする。

1	甲は、Aが住居にしようしている家屋を焼損する目的で、Aが一時不在中灯油を散布してライターで火を放ったが、間もなく発見されて当該家屋の床板 30 センチメートル四方および押入床板等約 1 メートル四方を燃焼しただけで消し止められた。この場合、甲は<u>現住建造物等放火未遂罪の罪責を負うとする</u>のが判例である。 （国ⅠH20年）	× 1【3】(2)
2	甲は、自殺する目的で、甲以外に人のいない電車内において、ガソリンを散布したうえで新聞紙にライターで点火したものを投げて火を放ち、当該電車の車体を全焼させたが、甲は、早期に救出されたため自殺することはできなかった。甲が当該電車の焼損のみを認識していた場合、甲は<u>現住建造物等放火罪の罪責を負うとする</u>のが判例である。 （国ⅠH20年）	× 1【5】(1) (a)、【6】
3	保険金をだまし取る目的で、火災保険の対象である自己所有の倉庫に火を付けて焼損させた場合には、その周囲に建物等がなく、他の建物に延焼するなどの具体的危険がないときでも、非現住建造物等放火の既遂罪が成立する。 （司書H24-26）	○ 1【5】(1) (b)
4	官公所発行の証明書類原本の写真複写についてもそれが原本と同一の意識内容を保有し、証明文書として原本と同様の社会的機能と信用性を有するものと認められるかぎり、文書偽造の罪が成立するとするのが判例である。 （地方上級Ｈ7年）	○ 2【2】(2)
5	Aは、司法書士ではないのに、同姓同名の司法書士が実在することを利用して、Bから司法書士の業務を受任したうえ、当該業務に関連してBに交付するため、「司法書士A」の名義で報酬金請求書を作成した。この場合には、Aに私文書偽造罪は<u>成立しない</u>。 （司書H25年）	× 2【2】(2)

Topics

刑事が仕事でお金をコピーするのも通貨偽造罪なの?!

　「紙幣をコピーしてしまえば、お金持ちになれるのでは？」と、考えたことがある人もいるかもしれませんね。通貨偽造罪（148条1項）があることを学習しましたから、いくら性能の良いコピー機があったとしても、日本銀行券（紙幣）をコピーすることはないと思います。

　某有名警察ドラマの映画で、犯人に大金を要求された事件において、主人公たち刑事が、犯人に渡す前にお札のナンバーを控えるというシーンがありました。初めは手書きでしていたのですが、とても間に合わないということで、コピーをとることにしました。コピーを始めたところ、それを上司に見られ、「やっぱりコピーはだめですよね」ということになり、結局手書きで番号を控えていました。この主人公のコピー行為は、通貨偽造罪にあたるのでしょうか。

　通貨偽造罪の成立には、「行使の目的」が必要です。行使の目的とは、偽造通貨や変造通貨を本物の通貨として流通させようとする目的をいいます。主人公たちは、単にお札の番号を控えるためだけにコピーしたのですから、「行使の目的」がないので、通貨偽造罪は成立しません。ですから、主人公たちは、そのままコピーを続けても通貨偽造罪に問われることはありません（とはいえ、刑事がお札をコピーする行為は倫理上問題があるでしょう）。

　よく誤解されていますが、このように「行使の目的」さえなければ、紙幣をコピーすることは、通貨偽造罪にあたらないのです。ということは、マジックでお札を燃やすというパフォーマンスのために、お札のコピーを用意することも、少なくとも刑法上は適法なのです。

　ただし、日本銀行券（紙幣）や貨幣（硬貨）と紛らわしい外観をしている物の製造または販売は、「通貨及証券模造取締法」により禁止されています。ですから、この法律に抵触する場合は警察当局の取締りの対象となりますので、注意してください。

第23章

国家的法益に対する罪
――警官を殴ったら、暴行罪じゃすまない！

国家的法益は、①国家の存立、②国家の作用に対する罪に分けられます。ここでは、国家の法益を犯すような犯罪を学習します。

キ……ここは基本！
スデ…君ならできる！
△……できたらスゴイ！

1 公務の執行を妨害する罪がわかる！

| Case 1 | A男くんが車の運転でスピード違反をしたところ、ミニパトカーに乗ってきた警察官に呼 |

び止められて違反切符を切られました。警察官の態度に腹が立ったA男くんは、
① 警察官を殴りました。
② 警察官のすぐ横に止めてあるミニパトカー（車内にはだれもいない）を蹴りました。
それぞれの場合において、A男くんに公務執行妨害罪が成立するでしょうか。

Answer 1 ①②いずれの場合も、A男くんには公務執行妨害罪が成立します。

(1) 公務執行妨害罪ってどんな犯罪？

公務執行妨害罪（95条1項）は、暴行または脅迫によって公務（公務員の職務のことです）の執行を妨害する場合に成立します。公務の執行という国家的法益に対する罪のひとつになります。

1 **第95条 公務執行妨害及び職務強要**
1 公務員が職務を執行するに当たり、これに対して暴行又は脅迫を加えた者は、3年以下の懲役若しくは禁錮又は50万円以下の罰金に処する。

(2) 「職務を執行するに当た」るときってどんなとき？

公務の執行が保護法益ですから、職務を執行している公務

員に暴行・脅迫を加えた場合にのみ、公務執行妨害罪は成立
します。

　ただ「**職務を執行するに当たり**」とは、現実に職務を執行
中の場合にかぎらず、職務の執行に影響が生じるような時間
帯をも含みます。たとえば、県議会の委員会で休息する旨の
宣言をした後、退室しようとした委員長に対して暴行を加え
た場合であっても、「職務を執行するに当たり」といえ、公務
執行妨害罪が成立します（判例）。

試験対策講座・刑法各論
386頁

②

　Case 1では、ミニパトカーに乗ってきた警察官は職務中で
あることは明らかなので、「職務を執行するに当たり」といえ
ます。

(3)　職務の適法性も必要！

　条文上は、「公務員が職務を執行するに当たり」とあるだけ
で、「適法な職務」とはされていません。しかし、違法な公務
は保護には値しませんので、**公務の適法性**が、条文にはない
（書かれていない）構成要件であると考えられています。

　Case 1では、A男くんはスピード違反をしており、警察官
の行動に違法性はないので、公務の適法性があります。

(4)　公務執行妨害罪の暴行・脅迫ってなんだろう？

　ここでいう「暴行」とは、暴行罪（208条）における暴行よ
りも広いものだと考えられています。つまり、暴行罪の場合
の暴行は、**人の身体**に対する不法な有形力の行使を意味しま
したが、ここでいう暴行は、**人（公務員）**に向けられていれば
足りるとされています。

Case 1①の場合、更に暴
行罪（208条）も成立し
ます。そして、公務執行
妨害罪と観念的競合とな
ります。

③

　Case 1①では、A男くんは警察官を殴っており、明らかに
「暴行」にあたります。**Case 1**②で、A男くんは警察官の乗っ
てきたミニパトカーを蹴っていますが、その中にだれも乗っ
ていないので、人の身体に対して直接的に有形力を行使した
とはいえません。しかし、警察官はすぐ横にいるので、人（公

務員) に向けられた不法な有形力の行使であるといえます。
そのため、A男くんの行為は「暴行」にあたります。

2 犯人蔵匿および証拠隠滅の罪が わかる！

Case 2 A男くんは窃盗をして、その後警察に捕まり ました。A男くんを助けるために、B子さんは、 窃盗の真犯人は自分であると警察にうそをついて身代わり になり、結果的にA男くんは釈放されました。
B子さんには犯人隠避罪が成立するでしょうか？

Answer 2 B子さんには犯人隠避罪が成立します。

(1) 犯人蔵匿罪・犯人隠避罪ってどんな犯罪？

犯人蔵匿罪 (103条前段)、犯人隠避罪 (103条後段) は、犯罪者 ④ を匿った場合に成立する犯罪です。犯人が匿われると、警察 は犯人を捕まえることができず、その結果、検察官も犯人を 起訴して刑事裁判にかけ、刑罰を執行することができなく なってしまいます。そこで、刑法は、**国家の刑事司法作用** (犯 罪の捜査や裁判、刑の執行などのことです) を保護法益として、犯 人蔵匿罪および犯人隠避罪を規定しています。

(1) 犯人蔵匿等罪の客体はだれだろう？

「罰金以上の刑に当たる罪」とは、法定刑に罰金以上の刑を 含む犯罪をいいます。ほとんどすべての犯罪が罰金以上の刑 を含んでいます。

「罪を犯した者」とは、犯罪の嫌疑に基づいて捜査または訴 ⑤ 追されている者をいうのですが、犯罪が発覚していない段階 であっても、真犯人であれば「罪を犯した者」にあたります (判例)。
⑥

④ **第103条 犯人蔵匿等**
罰金以上の刑に当たる 罪を犯した者又は拘禁 中に逃走した者を蔵匿 し、又は隠避させた者 は、3年以下の懲役又 は30万円以下の罰金 に処する。

⑤ **訴追**とは、検察官が公 訴を提起 (起訴) し、 これを維持することを いいます。

⑥ 試験対策講座・刑法各論 406頁

（2）犯人蔵匿等罪の行為はなんだろう？

蔵匿とは、官憲（捜査機関）による発見・逮捕を免れさせるべき隠匿場所を提供する行為をいいます。

たとえば、自分の部屋に犯人を隠す行為などが蔵匿行為にあたります。

隠避とは、**蔵匿以外の方法**で官憲による発見・逮捕を免れさせるべきいっさいの行為をいいます。

Case 2 で、B子さんは、A男くんが官憲に逮捕されていることから逃れさせるためにうそをついていますから、これは蔵匿行為以外の方法で官憲の逮捕を免れさせる行為ですので、隠避にあたります。

第 104 条　証拠隠滅等
他人の刑事事件に関する証拠を隠滅し、偽造し、若しくは変造し、又は偽造若しくは変造の証拠を使用した者は、3年以下の懲役又は30万円以下の罰金に処する。

⑵　証拠隠滅等罪ってどんな犯罪？

証拠隠滅等罪（104条）⑦とは、**他人の刑事事件に関する証拠を隠滅したり、偽造したり**するときに成立する犯罪です。たとえば、Mがナイフで人を刺し、Nがそのナイフの処分をした場合、Nに証拠隠滅罪が成立します。

犯人が**自己の犯罪**に関する証拠を隠滅しても、証拠隠滅等罪は**成立しません**。自己の犯罪の証拠を隠滅することは人の心理上仕方がなく、強く非難できないからです。

試験対策講座・刑法各論
412 頁

一方で、犯人が他人に対して自己の犯罪に関する証拠を隠滅するように頼んだ場合には、証拠隠滅罪の教唆犯（61条1項、104条）が成立します（判例）。なぜこちらは教唆犯なのかというと、他人を巻き込んでまで証拠隠滅をすることは、仕方のないことだとはいえず、強く非難できるからです。

3　偽証の罪がわかる！

第 169 条　偽証
法律により宣誓した証人が虚偽の陳述をしたときは、3月以上10年以下の懲役に処する。

偽証罪（169条）⑨とは、**宣誓した証人が虚偽の陳述をした場合に成立する犯罪です。国家の審判作用**（裁判の審理と判決のことです）**の適正な運用**が保護法益です。

たとえば、刑事裁判の法廷で、証人が宣誓したうえで被告人を無罪にしようとうそをついた場合、証人に偽証罪が成立します。

被告人は証人にはなれないので偽証罪の対象となりません。そのため、被告人がうそをついても、偽証罪は成立しません。

一方で、被告人が証人に対して虚偽の陳述をするように頼んだ場合には、先ほどの証拠隠滅罪の場合と同様に、偽証罪の教唆犯（61条1項、169条）が成立します（判例）。なぜ教唆犯になるかというと、他人を罪に陥れてまで自分の罪を免れることは道徳上許されないからです。

10　試験対策講座・刑法各論420頁

4 虚偽告訴の罪がわかる！

虚偽告訴等罪（172条）は、人に刑事処分等を受けさせる目的で、虚偽の申告をした場合に成立します。

たとえば、Mが、電車内での携帯の使用をNに注意された腹いせに、Nが痴漢であるとうそをついて、警察にNを引き渡したとしたら、Mに虚偽告訴等罪が成立します。

11　**第172条　虚偽告訴等**
人に刑事又は懲戒の処分を受けさせる目的で、虚偽の告訴、告発その他の申告をした者は、3月以上10年以下の懲役に処する。

5 職権濫用の罪がわかる！

公務員職権濫用罪（193条）は、公務員が、職権を濫用して、人に義務のないことを行わせたり、または権利の行使を妨害したりするときに成立します。

職権の濫用とは、わかりやすくいえば、職権の範囲内でやりたい放題することです。

たとえば、裁判官が被告人の女性に好意をもったので、被害弁償のことで会いたいとうそをつき喫茶店に呼び出して同席させた場合、職権濫用罪が成立します。

12　**第193条　公務員職権濫用**
公務員がその職権を濫用して、人に義務のないことを行わせ、又は権利の行使を妨害したときは、2年以下の懲役又は禁錮に処する。

6 賄賂の罪がわかる！

Case 3	公務員であるA男くんは、かつて水道局にいたころに水道業者に勤めるB子さんに不正に

内部情報を流しました。その後、A男くんは主税局に異動になりましたが、内部情報流出のお礼にとB子さんから100万円をもらいました。

A男くんには、どのような収賄罪が成立するでしょうか。
B子さんには贈賄罪が成立するでしょうか。

Answer 3	A男くんに加重収賄罪、B子さんに贈賄罪が成立します。

(1) 賄賂罪の保護法益ってなんだろう？

　賄賂罪には、*(4)*で学習する単純収賄罪、受託収賄罪、事前収賄罪、事後収賄罪、第三者供賄罪、加重収賄罪、あっせん収賄罪と、これらに対応する贈賄罪がありますが、これらの賄賂罪の保護法益は、**職務の公正およびそれに対する社会の信頼**であると考えられています。

　公務員が賄賂を受け取ると、不正な職務が行われる可能性があります。また、それを知った国民は、公務員の職務を信頼しなくなってしまいます。そのため、刑法は、職務の公正とそれに対する社会の信頼を保護法益として、賄賂罪を処罰しているのです。

(2) 賄賂罪の客体はなんだろう？

　賄賂とは、**公務員の職務に対する対価としての不正な報酬**をいいます。また、賄賂の対象となる目的物は、有形無形にかかわらず、人の需要や欲望をみたすに足りるいっさいの利益を含みます。

　Case 3 では、A男くんは100万円を不正に受け取っているので、この100万円は「賄賂」といえます。

(3) 「職務に関し」ってなんだろう？

賄賂罪の成立には、「職務に関し」といえることが必要です。この職務とは、かなり広く捉えられています。**一般的な職務権限内の行為か、職務密接関連行為**であれば、「職務に関し」といえます。

では、一般的な職務権限内の行為や、職務密接関連行為とは具体的にどのような行為なのでしょうか。

（1）一般的職務権限内の行為ってどこまで？

一般的職務権限とは、**Case 3** でいえば、Ａ男くんが水道局にいたときは水道事業に関すること、主税局にいるときなら税に関連する職務のことをいいます。

さらに、主税局に異動した後でも、水道事業に関することが一般的職務権限に含まれます（判例）。なぜなら、「その職務」とはその公務員の職務という意味であり、現在の職務に限定されないからです。

Case 3 では、Ａ男くんは主税局に異動していますが、水道事業も、Ａ男くんの「その職務」といえ、一般的職務権限の範囲内になります。そのため、Ａ男くんには、昔の権限に関する罪の事後収賄罪（197条の3第3項）ではなく、現在の職務権限に関する罪の加重収賄罪（197条の3第2項）が成立することになるのです。

（2）職務密接関連行為ってどこまで？

職務密接関連行為とは、形式的には一般的職務権限にあたらなくても、事実上の権限がある場合の行為をいいます。この点が争われた有名な事件がロッキード事件です。これは、内閣総理大臣が、ロッキード社製の航空機を日本の航空会社に購入を勧める見返りとして、ロッキード社から多額の金銭を受け取っていたという事件です。内閣総理大臣には、航空行政に関する一般的職務権限は形式上ありません。権限は、国土交通大臣にあります。しかし、内閣総理大臣には、事実上指揮権限があるため、航空機購入を航空会社に勧めたこと

---

13 一般的職務権限の変更と賄賂罪の成否
試験対策講座・刑法各論
434頁

14 **第197条の3　加重収賄及び事後収賄**
1　公務員が前2条の罪を犯し、よって不正な行為をし、又は相当の行為をしなかったときは、1年以上の有期懲役に処する。
2　公務員が、その職務上不正な行為をしたこと又は相当の行為をしなかったことに関し、賄賂を収受し、若しくはその要求若しくは約束をし、又は第三者にこれを供与させ、若しくはその供与の要求若しくは約束をしたときも、前項と同様とする。
3　公務員であった者が、その在職中に請託を受けて職務上不正な行為をしたこと又は相当の行為をしなかったことに関し、賄賂を収受し、又はその要求若しくは約束をしたときは、5年以下の懲役に処する。

は、総理大臣の職務密接関連行為にあたります。

(4)　賄賂罪の複雑な構造がわかる！

15　賄賂罪には、①単純収賄罪（197条1項前段）を中心に、②請託に基づくという修正、③公務員になる前と後という時間的な修正、④賄賂を受け取る人が異なるという修正、⑤不正な職務行為という修正、⑥職務の対価でなくあっせんの対価という修正など、さまざまなかたちがあります。

（1）単純収賄罪

基本形の単純収賄罪（197条1項前段）は、請託も不正行為も要件になっていません。単に職務に関し賄賂を収受等すれば成立します。

（2）請託による修正

単純収賄に請託のみが加わると受託収賄罪（197条1項後段）となります。請託とは、職務に関し一定の職務行為を依頼することをいいます。わかりやすくいえば、何かの仕事を依頼することです。その依頼は、正当な職務行為でも不正な職務行為でもよいと考えられています。

（3）時間的な修正

公務員になる前に賄賂を受け取ったりその要求・約束をする（収受等といいます）のが事前収賄罪（197条2項）です。請託が要件となっています。

これに対して、公務員を辞めた後に賄賂を収受等するのが事後収賄罪（197条の3第3項）です。在職中の請託と不正行為が要件となっています。

（4）受け取る人による修正

16　公務員本人が賄賂を受け取るのではなく、第三者に賄賂を渡させると第三者供賄罪（197条の2）となります。

（5）不正な職務行為による修正

不正な報酬を受け取るだけでなく、不正行為をすると、加重収賄罪（197条の3第1項、第2項）となります。これは、事前

第197条　収賄、受託収賄及び事前収賄

1　公務員が、その職務に関し、賄賂を収受し、又はその要求若しくは約束をしたときは、5年以下の懲役に処する。この場合において、請託を受けたときは、7年以下の懲役に処する。

2　公務員になろうとする者が、その担当すべき職務に関し、請託を受けて、賄賂を収受し、又はその要求若しくは約束をしたときは、公務員となった場合において、5年以下の懲役に処する。

第197条の2　第三者供賄

公務員が、その職務に関し、請託を受けて、第三者に賄賂を供与させ、又はその供与の要求若しくは約束をしたときは、5年以下の懲役に処する。

収賄罪であろうと、受託収賄罪であろうと、単純収賄罪であろうと、第三者供賄罪であろうと同じです。

（6）あっせんによる修正

　最後に、請託を受けて、不正行為をあっせんするとあっせん収賄罪（197条の4）が成立します。
⑰

（7）贈賄罪

　各収賄罪に対応する贈賄罪（198条）には、単純収賄罪の場合を除いて請託およびそれに対する承諾が必要です。

　これらの賄賂罪の関係をまとめると、次の表と図23-1のようになります。これらを参考にして知識を整理しておきましょう。

各種収賄罪の比較

	職務に関し 収受・要求・約束	請託	不正行為
単純収賄 （197条1項前段）	○	×	×
受託収賄 （197条1項後段）	○	○	×
事前収賄 （197条2項）	○	○	×
第三者供賄 （197条の2）	○	○	×
加重収賄 （197条の3第1項、2項）	○	○（1項)* ×（2項）	○ （実行）
事後収賄 （197条の3第3項）	○	○	○ （実行）
あっせん収賄 （197条の4）	○	○	○ （あっせん）

＊　197条の3第1項中の「前2条」のうちの収賄罪（197条1項前段）の
　　場合には×。

17　**第197条の4　あっせん収賄**
公務員が請託を受け、他の公務員に職務上不正な行為をさせるように、又は相当の行為をさせないようにあっせんをすること又はしたことの報酬として、賄賂を収受し、又はその要求若しくは約束をしたときは、5年以下の懲役に処する。

18　**第198条　贈賄**
第197条から第197条の4までに規定する賄賂を供与し、又はその申込み若しくは約束をした者は、3年以下の懲役又は250万円以下の罰金に処する。

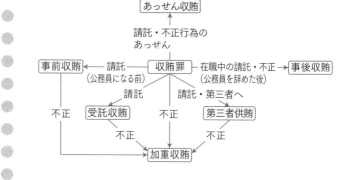

プラスα文献

試験対策講座・刑法各論 9 章 1 節、3 節〜 7 節

判例シリーズ 96 事件

条文シリーズ 2 編 5 章、7 章、20 章、21 章、25 章

ステップアップ No. 34〜No. 36

1	Aは、帰宅途中の警察官Bが喫茶店でコーヒーを飲んでいるすきに、それに対して暴行・脅迫を加えた。この場合、Aについて<u>公務執行妨害罪が成立する</u>。 (地方上級 H5年)	× 1【2】
2	<u>すでに真犯人が犯人として逮捕勾留されている場合には、これを「蔵匿」または「隠避」することはありえないから、この真犯人を釈放させる目的で身代わり犯人として名乗り出ても犯人隠避罪は成立しない</u>。 (国ⅠH11年改題)	× 2【1】(2)
3	公務員が行った権利侵害行為であれば、その行為がその公務員の職権とまったく無関係であっても<u>公務員職権濫用罪が成立する</u>。 (地方上級 H11年)	× 5
4	X省職員AがY省に出向し、従前とは一般的職務権限を異にする職務に従事することとなった後、出向前の職務に関してBに有利な取り計らいをしたことの謝礼として、Bから現金50万円を受け取った場合には、<u>事後収賄罪が成立する</u>。 (国ⅠH20年)	× 6【3】(1)、【4】(3)

Topics

国公立大学の教授への賄賂

　国公立大学の教授は「公務員」にあたるので、教授が物やサービスを受け取る場合、収賄罪（197 条 1 項前段）の成立が問題になることがあります。たとえば、卒業式後の謝恩会で、卒業論文の指導でお世話になったお礼に、国立大学の教授に対し、卒業記念の印字が入った記念品ワインと花束をプレゼントしたとしましょう。この行為に収賄罪は成立するのでしょうか。

　まず、この場合、卒業論文の指導は、教授の「職務に関し」といえます。

　問題は、「賄賂」といえるかどうかです。賄賂とは、公務員の職務に対する対価としての不正の報酬をいいます。ただ、公務員が受け取った報酬が社交儀礼の範囲内にある場合には、職務行為と対価関係にあったとしても、社会的に是認されるので賄賂にはあたらないと考えられています。そして、社交儀礼の範囲内かどうかは、贈答者相互の地位、交際関係などを基礎にして社会通念によって判断されます。プレゼントをしたワインがロマネ・コンティのような超高級ワイン（どんなに安くても 1 本 30 万円）であれば、社交儀礼の範囲内とはいえないでしょうから「賄賂」といえ、教授には収賄罪、プレゼントをした人には贈賄罪（198 条）が成立する可能性があります。これに対して、プレゼントしたワインが 2,000 円程度のものであれば、社交儀礼の範囲内といえ、「賄賂」とはいえないでしょう。

　みなさんも、教授にお礼をする際には、不相当に高級な物を渡さないように注意しましょう。お礼において一番大事なことは、物ではなく気持ちだということを忘れないでください。

事項索引

♠伊藤　真（いとう　まこと）

　1981年、大学在学中に1年半の受験勉強で司法試験に短期合格。同時に司法試験受験指導を開始する。1982年、東京大学法学部卒業。1984年、弁護士として活動しつつ受験指導を続け、法律の体系や全体構造を重視した学習方法を構築し、短期合格者の輩出数、全国ナンバー1の実績を不動のものとする。

　1995年、憲法の理念をできるだけ多くの人々に伝えたいとの思いのもとに15年間培った受験指導のキャリアを生かし、伊藤メソッドの司法試験塾をスタートする。

　現在は、予備試験を含む司法試験や法科大学院入試のみならず、法律科目のある資格試験や公務員試験をめざす人たちの受験指導をしつつ、「一人一票実現国民会議」および「安保法制違憲訴訟の会」の発起人となり、社会的問題にも積極的に取り組んでいる。

　「伊藤真試験対策講座」〔全15巻〕（弘文堂刊）は、伊藤メソッドを駆使した本格的テキストとして多くの読者に愛用されている。
（一人一票実現国民会議 URL：https://www2.ippyo.org/）

伊藤塾
〒150-0031　東京都渋谷区桜丘町17-5　03（3780）1717
https://www.itojuku.co.jp

刑法 ［第2版］【伊藤真ファーストトラックシリーズ3】

2014（平成26）年6月15日　　初　版1刷発行
2021（令和3）年7月30日　　第2版1刷発行

監修者　伊　藤　　真
著　者　伊　藤　塾
発行者　鯉　渕　友　南
発行所　株式会社　弘　文　堂　　101-0062 東京都千代田区神田駿河台1の7
　　　　　　　　　　　　　　　TEL 03（3294）4801　　振替 00120-6-53909
　　　　　　　　　　　　　　　https://www.koubundou.co.jp
装　丁　大　森　裕　二
イラスト（扉・表紙・帯）　都　築　昭　夫
印　刷　三報社印刷
製　本　井上製本所

© 2021 Makoto Ito. Printed in Japan
JCOPY 〈(社)出版者著作権管理機構 委託出版物〉
本書の無断複写は著作権法上での例外を除き禁じられています。複写を希望される場合は、そのつど事前に、(社)出版者著作権管理機構（電話 03-5244-5088、FAX 03-5244-5089、e-mail: info@jcopy.or.jp）の許諾を得てください。また本書を代行業者等の第三者に依頼してスキャンやデジタル化することは、たとえ個人や家庭内での利用であっても一切認められておりません。

ISBN978-4-335-31462-9

伊藤真ファーストトラックシリーズ

Fast Trackとは、重要で大切なものに速く効率よく辿り着くための他とは別扱いのルート（＝特別の早道、抜け道、追い越し車線、急行列車用の線路）のことです。わかりやすく、中味が濃い授業をユーモアで包むと、Fast Track になりました。初学者にとっての躓きの石を取り除いてくれる一気読みできる新シリーズ。圧縮された学習量、適切なメリハリ、具体例による親しみやすい解説で、誰もが楽しめる法律の世界へ Let's Start!

▶法律学習の第一歩として最適の入門書
▶面白く、わかりやすく、コンパクト
▶必要不可欠な基本事項のみに厳選して解説
▶特に重要なテーマについては、具体的な事実関係をもとにしたCaseとその解答となるAnswerで、法律を身近に感じながら学習
▶判例・通説に基づいたわかりやすい解説
▶図表とイラスト、2色刷のビジュアルな紙面
▶側注を活用し、重要条文の要約、判例、用語説明、リファレンスを表示
▶メリハリを効かせて学習効果をあげるためのランク表示
▶もっと先に進みたい人のためのプラスα文献
▶知識の確認や国家試験等の出題傾向を体感するためのExercise
▶時事的な問題や学習上のコツを扱うTopics

1 憲法		1800円
2 民法[第2版]		2000円
3 刑法[第2版]		1900円
4 商法[第2版]		1900円
5 民事訴訟法[第2版]		1900円
6 刑事訴訟法[第2版]		1900円
7 行政法		1900円

弘文堂

＊価格(税別)は2021年7月現在

伊藤真試験対策講座

論点ブロックカード・フローチャートなど司法試験受験界を一新する勉強法を次々と考案し、導入した伊藤真が、全国の受験生・法学部生・法科大学院生に贈る、初めての本格的な書き下ろしテキスト。伊藤メソッドによる「現代版基本書」！

- ●論点ブロックカードで、答案の書き方が学べる。
- ●フローチャートで、論理の流れがつかめる。
- ●図表・2色刷りによるビジュアル化。
- ●試験に必要な重要論点をすべて網羅。
- ●短期集中学習のための効率的な勉強法を満載。
- ●司法試験をはじめ公務員試験、公認会計士試験、司法書士試験に、そして、大学の期末試験対策にも最適。

弘文堂

＊価格（税別）は2021年7月現在

伊藤塾呉明植基礎本シリーズ

愛弟子の呉明植が「伊藤真試験対策講座」の姉妹シリーズを刊行した。切れ味鋭い講義と同様に、必要なことに絞った内容で分かりやすい。どんな試験でも通用する盤石な基礎を固めるには最適である。

伊藤塾塾長 **伊藤　真**

▶どこへいっても通用する盤石な基礎を固める入門書
▶必要不可欠かつ必要十分な法的常識が身につく
▶各種資格試験対策として必要となる論点をすべて網羅
▶一貫して判例・通説の立場で解説
▶シンプルでわかりやすい記述
▶つまずきやすいポイントをライブ講義感覚でやさしく詳説
▶書き下ろし論証パターンを巻末に掲載
▶書くためのトレーニングもできる
▶論点・項目の重要度がわかるランク付け
▶初学者および学習上の壁にぶつかっている中級者に最適

憲法	3000円
民法総則［第2版］	3000円
物権法・担保物権法	2500円
債権総論	2200円
債権各論	2400円
親族・相続	
刑法総論［第3版］	2800円
刑法各論［第3版］	3000円
商法(総則・商行為)**・手形法小切手法**	
会社法	
民事訴訟法	
刑事訴訟法［第3版］	3900円

弘文堂

＊価格(税別)は2021年7月現在